明清史学术文库

清朝开国史研究

周远廉 著

故宫出版社
The Forbidden City Publishing House

周远廉，1930 年 12 月 29 日生，四川资中人。1955 年毕业于四川大学历史系，中国社会科学院历史所研究员，清史专家。1992 年享受国务院“政府特殊津贴”，兼任四川省社会科学院研究员，辽宁师范大学教授、北京满学会副会长。1982 年被日本东洋文库聘为外国研究员，并到日本东京大学、京都大学、明治大学作学术演讲。著有：《清太祖传》、《清摄政王多尔衮全传》（周远廉、赵世瑜）、《顺治帝》、《乾隆皇帝大传》（获全国畅销图书优秀奖）、《清朝开国史研究》、《清朝兴起史》、《清代八旗王公贵族兴衰史》（杨学琛、周远廉）（获第一届北方十五省市自治区哲学社会科学优秀图书一等奖）、《中国通史》之《清史卷》（分卷主编）、《中国封建王朝兴亡史》（总主编）（获第十一届中国图书奖）、《清朝通史》之《乾隆朝》、《清朝租佃制度研究》（周远廉、谢肇华）、《清高宗弘历》、《乾隆画像》。另著有长篇历史小说三部：《香妃入宫》（上下）、《乾隆皇帝下江南》、《天下第一清官》。

故宫出版社决定出版拙著《清朝开国史研究》，我非常高兴。欣喜之一是，我虽然才疏学浅，此书也有不足之处，但是，它毕竟是八九十年来国内第一次全面论述清朝开国时期的学术著作，它又是第一部以最基本的珍贵文献《满文老档》为主要史料依据写出的书，从而有不少新见解，因此第一版印了14100册。欣喜之二是，它为我以后的研究、论述，提供了指导性的宝贵经验。启迪之一，必须掌握丰富史料尤其是档案资料，深入研究。二是选择新题目，撰写此题之第一部书。三系在写已有论著之题时，不炒冷饭，尽量作到新章节、新史料、新论点。

敬佩的是，在出版界流行拜金之风时候，故宫出版社能力挽狂澜，出版《明清史学术文库》，出一些确有学术价值的好书，实为难能可贵，令人敬佩。

八十二岁愚翁周远廉写于岷江静庐

2012年5月22日

总序一

2012年是清帝退位一百周年，明清史研究也走过了百余年的风雨里程。出于总结和促进发展的目的，故宫出版社将百年来明清史专题研究的重要的甚至经典性著作，遴选四十余部再版发行，以期对当前的明清史研究有所裨益，这是令人高兴和值得肯定之举。

长达五百余年的明清两代，是中国历史上两个重要的王朝，既处于我国封建社会行将灭亡的衰落时期，又处在中国封建专制主义发展的巅峰时期。盛世与没落，帝王的文治武功与社会的演进变革，殖民者的“福音”传播与列强的坚船利炮，此起彼伏的农民起义与先进的中国人的图强探索，以及革命与改良，等等。这是一个多姿多彩且天翻地覆的历史时期。这一时期又连接着今天，影响着今天。因此，研究明清两代的历史，就有着十分重要的意义。

现代意义上的明清历史研究开始于20世纪初。面对清王朝的腐朽没落，半殖民地半封建社会的奴役屈辱，资产阶级革命的风起云涌，以梁启超、夏曾佑、严复、孟森、章太炎、向达、谢国桢、萧一山等学者为代表的中国知识界，继承中国古代社会“鉴古知今”的历史传统，吸收近代科学理论知识，开始对清先世、明满关系、南明史、学术史，后渐扩大到秘密社会史、华侨史、晚清史（这是一大热点）、民族史、历史地理、财政史、盐业史等明清历史的多个方面，进行系统研究，筚路蓝缕，取得了丰硕的成果。

新中国成立以后，特别是改革开放以来，学术界在马列主义理论指导下，继承老一辈学者的信实学风，汲取西方学术研究的科学方法，解放思想，大胆探索，推动了明清史研究的不断深入。研究领域在不断扩大，研究水平在不断提高，明清史学逐渐形成充满朝气、欣欣向荣的繁荣景象。经过数十年的发展与积淀，时间已为我们留下了一些有价值的学术著作，这些著作资料翔实，论述严密，条理贯通，至今仍为许多学者所推崇。因此，将多年以来明清史研究著作纳入《文库》，重新修订再版，可使我们回顾明清史学研究的发展轨迹，促进21世纪明清史学术研究的深入发展。

故宫博物院和故宫出版社推出这套《明清史学术文库》还有一层特殊的意义，这就是故宫和故宫博物院在明清史研究中的特殊地位。故宫作为明清两代的皇宫紫禁城，在明清两朝的统治历史中，共有24位皇帝在此生活执政，使之在五百多年中成为全国的政治中心、文化中心，演绎出一幕幕兴衰史剧，几乎明清时期的每一个重大历史事件，都与宫廷发生着密切的联系。故宫几乎每一座宫殿、每一个院落、每一处山石，甚至每一口水井、一床一案，都有一段传奇经历，蕴含着独特的、浓厚的历史文化信息，涉及建筑、园林、历史、地理、文献、文物、考古、美术、宗教、民族、典制、礼俗等诸多学科与门类。这也是研究明清时期典章制度、宫廷建筑、宫廷生活等历史问题的专家学者不能不予以关注、不能不去考察体验的诸多社会历史领域。建立在以明清两代皇宫“原址保护”基础上的故宫博物院，兼容建筑、藏品与其中蕴含丰富的宫廷历史文化为一体，这一特点及优势，决定了它在整个明清史研究中有着独特的、不可替代的重要地位。而故宫的一切研究工作也离不开明清史学术界的辛勤劳动。

正是基于这种独特关系，故宫博物院与清史编纂委员会联合举办清史研讨会，与北京大学联合主办《明清论丛》，成立明清宫廷史研究中心和故宫学研究所，组织编纂明清史研究丛书，并资助出版一大批重要的明清史学术研究成果，受到学界的广泛赞许。以突出皇宫、皇权和皇帝等皇家文化研究的"故宫学"学术概念，也得到了学界的广泛关注。浙江大学、中国社会科学院研究生院等高校已开始招收这方面的硕士研究生，浙江大学成立了故宫学研究中心，南开大学成立了明清宫廷史与故宫学研究中心，台湾清华大学开设了"故宫学概论"课程等。所有这些，必将对故宫博物院的日常工作和学术研究，以及明清史学界的进一步发展，产生重要的推动作用。

故宫出版社作为故宫博物院的重要部门，一直把促进明清史和故宫学的研究作为自己义不容辞的责任和义务，做出了积极的努力，也取得了重要的成果。本次推出这套《明清史学术文库》，在整合、出版既有学术成果的基础上，通过深入地与专家、学者沟通，对明清史及故宫学研究涉及的一些问题进行专题探讨，以提高明清史和故宫学研究的理论水平，并向成为我国明清史研究成果的出版重镇不断迈进，其精神也值得赞扬。我们相信，通过故宫出版社与明清学术界的不断努力，明清历史研究必将取得更大的发展。

郑欣淼

2012年 7 月

总序二

一百年前的1912年，清朝覆亡，宣统帝退位，中华民国建立。标志着统治中国长达两千多年封建帝制的终结。中国历史迈开了前进的脚步，中国人民觉醒奋起，在近代化的征途上努力前进。

伴随着清王朝的覆灭，中国的一大批学者对中国封建社会的最后两个王朝——明朝和清朝的历史进行了认真、系统的研究，章太炎、梁启超、孟森、钱穆、萧一山、蒋廷黻、郭廷以、郑天挺、吴晗、罗尔纲、王钟翰等学术前辈在明清史处女地上披荆斩棘、辛勤耕耘，为明清史学的发展奠定了基础。改革开放以来，学术界百花齐放、百家争鸣，以马克思主义为指导不断地解放思想，积极吸收外国的研究思想和方法，使我国明清史的研究出现了前所未有的长足进步，涌现出一批有价值的学术著作。但在当时，中国或者尚在战乱时期，或者尚在建设的探索时期，经济贫穷，文化欠发达，学术著作的印刷数量不多，流传不广，不利于学术交流和明清史研究更深入的发展，故而故宫出版社将多年来明清史专题性研究著作纳入《明清史学术文库》，重新修订再版，力求涵盖民国以来各个时期的学术大家及其代表性著作，目的就在于将涉及政治、经济、文化、社会生活等方面的研究著作汇集一起，以此反映明清社会的整体状况，为学者深入研究明清时期的社会状况提供学术平台。

明清两代，时间长达五百多年之久，道路崎岖，变化迅速，人物和事件丰富繁多，是最接近今天现实的历史，生产力已有相当发展，居于当时世界各国的前列，社会结构和各种关系已相当复杂，人口众多，经济繁荣，交流频繁，财富充盈，各种事业兴旺发达。至康雍乾时期，中国历史发展到最高峰。但社会中的各个领域存在着缺陷，各种主客观条件尚未具备，整个社会唯以协同推进，阻力重重，举步维艰。所以未能进入近代化的轨道，中国坐失了西方世界在 18 世纪所抓住的社会进步的良好时机，这是中国的不幸，也是我们前几辈先人痛心扼腕、力图奋起直追的动力和原因。今天，我们正在建设中国特色的社会主义，成绩辉煌，但前途还有许多艰难曲折，需要我们奋斗拼搏，晚近明清历史上先辈们走过的崎岖道路值得我们回顾、反思、探索、研究，以利于后人的继续快步前进。

在中华民国成立以前，明清史虽已编纂了许多重要的档案资料，但研究尚在起步阶段，历史编纂中充斥着对本朝的歌功颂德和对前朝的诋毁。民国以后的明清史研究则有了重大的进步。

其进步主要可举出三个方面：

第一，改变了形而上学和英雄史观，逐渐以社会进步史观和马克思主义唯物史观来研究历史；改变了停滞不动、堆砌史料、罗列历史事实，不讲究前因和后果，不揭示历史发展的客观规律，强调英雄创造了历史而忽视人民群众的生产斗争、阶级斗争，不能给人以真实的历史知识的做法。历史是人类进步的活动，是人民群众艰辛创造和英勇斗争的进程。经济活动是人类社会的基础，而政治、军事、法制、文化、思想都是其上层建筑，将会或早或迟地随着经济基础的变化而变化。二十世纪初进步史观和马克思主义唯物史观的出现，大大改变和推动了中国历史研究，明清史研究领域出现了许多高水平的、科学的、实证的明清史著作。

第二，研究领域的扩大。自民国以来，明清史研究的领域不断扩大，不仅着重于帝王将相活动，不仅有内外战争、官场升贬、刑律惩治，也不仅宣扬封建的纲常伦理，还涉及到中央和地方的典章制度、兴废沿革、官阶序列、财政收支、赋税征收，人口的增减迁移，城镇的设置变迁；经济方面有农林牧副各业的状况，开垦和耕作记录，各种传统的手工业和商业，以至近代工厂、矿场的兴起，电报的设置，火车轮船的建造；军事方面，有八旗、绿营、团练、湘军、淮军以至北洋水师、小站练兵等；文化方面，既有诗文词赋、绘画书法、人物传记，又有昆曲、京剧、小说、唱本各种民间艺术；加之民族、法制、科学、宗教、城市、乡镇、风俗习惯、生态海洋等方面。各种研究无所不包，覆盖了各个社会历史领域，使得每朝的史书类似于百科全书型的著作，可以阅读和寻找到各种各样的知识。

第三，史料的整理和发展大为进步。民国以后，大内档案公之于世，其数量达一千万件以上，其中尤以清朝的档案与史料为多，它们的大量公开出版为后人提供了无穷的研究宝藏。档案和各种史料是认识和研究历史的重要载体，只有对它进行积累、分析、辨识、考证，才能揭示出历史的真相。近百年来，收集、保存、整理和利用这些珍贵的历史资料取得了很大的成绩，使我们对五百多年的明清历史有了许多新的重要的发现和认识。

故宫出版社作为故宫博物院的下属部门，把服务和促进明清史和故宫学研究作为自己的责任和义务，并为此做出了不懈的努力，坚持资助出版《明清史论丛》，还抽出人力、物力出版了《明代宫廷史研究丛书》等一批颇具特色的明清史著作，逐渐成为明清史研究成果的一个重要的出版阵地，为明清史研究的深入发展，作出了积极贡献。相信本丛书的出版，无论对史学工作者还是普通的史学爱好者，都是一个极大的便利，必将对明清史学术知识和研究的深入发展与广度普及，产生积极的影响。

戴逸

2012年7月

目　录

前　言

明万历年间（1573~1620 年），建州左卫都督佥事努尔哈赤以建州女真为核心，统一海西、“野人”女真各部，吸收其他族人员，形成了一个新的民族共同体——满族，建立了强大的后金国。天聪十年四月，努尔哈赤子皇太极即帝位，改国号为大清，年号崇德。顺治元年，福临的叔父摄政王多尔衮率领清兵入关，打败李自成部农民军，迁都北京，建立了清朝中央政权，统一了全国。

努尔哈赤、皇太极执政时期的清朝开国史，是学术界十分重视的一个问题。详细叙述这个阶段政治、经济、军事、民族、文化等方面的基本情况，分析其特点，对于编写清史、满族史，阐述历史唯物主义的重要原则，探讨民族史的理论问题，都是很有益处的。

清朝建国初期，百端待举，头绪纷繁，难以一一赘述。本书以研究入关前满族的社会性质为主，联系政治、经济、军事等各个方面，对清朝开国史的重要问题进行探讨。

我的研究不够深入，水平有限，谬误难免，请读者批评指正。

著　者

一九八〇年十二月

第一章　原始社会末期

（16世纪40~80年代初）

一　生产力的逐渐提高

满族虽然是在明代后期才正式形成的，但是它有着悠久的历史渊源。夏、商、周时期的肃慎，是满族最早的先人。汉、唐的挹娄、勿吉、靺鞨，宋、辽、金、元、明的女真，既是肃慎的后裔，也是满族的先人。明代的女真分为海西、建州、“野人”三大部，其下又各分成许多小部落，明朝政府因之设立若干卫所，封授各部酋长为都督、都指挥使、指挥使等官职，进行管辖。女真各部之间，生产水平和社会制度并非一样，发展很不平衡。海西、建州女真比较进步一些，农业已经逐渐发展为主要的生产部门，狩猎、采集和畜牧仍占相当比重。

牛耕和铁制农具的使用，已相当广泛。早在明正统年间（1437~1449年），农耕已在海西、建州女真中比较普遍。正统二年六月，朝鲜平安道都节制使李葴派遣金将等人，偷渡婆猪江（佟佳江），潜入建州卫指挥使李满住部侦察，在兀喇山北隅吾弥府（今辽宁省桓仁县境内），“见水两岸大野，率皆耕垦，农人与牛，布满于野”。朝鲜官员说，李满住部，“虽好山猎，率皆鲜食，且有田业，以资其生”[1]。

---

1 《朝鲜世宗实录》卷七七。

弘治四年十一月，朝鲜北征副元帅李季同说，海西女真尼麻车部，住茅房，“室大洁净，又作大柜盛米，家家有双砧，田地沃饶，犬、豕、鸡、鸭，亦多畜矣”[1]。

嘉靖六年明监察御史卢琼谪戍三万卫后，了解到女真的社会情形。他说，建州女真，“乐住种，善缉纺，饮食服用，皆如华人”。海西女真，“俗尚耕稼”[2]。

嘉靖十九年，明大学士翟銮奏称，巡行九边时，“见辽东海西夷，室居田食”[3]。

这些事实反映出，到了嘉靖年间，建州、海西女真的大部分，已经定居，农业成为“资生”的重要部门。

至于生产率的高低，产量的多少，虽无具体数字，但是，海西女真中，已有比较富裕的人将米出卖，换取皮毛。被俘入海西女真都骨屯部的朝鲜兵士达生说，该部有的女真人，“鸡初鸣始起，终日舂米，隔一江有他种兀狄哈（即海西女真的一部），持皮物贸米而去”[4]。

从辽宁省档案馆所存明万历六年八月、十一年九月、十二年三月的三份辽东档册来看，在那样大量的交易中，没有见到女真人购买粮食的记载，相反，粮食却是建州女真在抚顺“马市”上出售的重要货物。包括努尔哈赤祖父觉昌安（叫场）在内的许多女真，多次以粮食易换汉商物品（详见后述商品交换部分）。

由此可见，到万历十一年努尔哈赤起兵前夕，女真的农业生产力已有相当的水平，海西女真粮食已有可能自给，至少不是主要依靠外地供给。建州女真已有余粮出卖，能够生产出超过维持劳动力本身所必需的物品。当然，在灾荒歉收岁月，女真人也曾

1 《朝鲜成宗实录》卷二五九。

2 卢琼：《东戍见闻录》，载《辽东志》卷七。

3 《明世宗实录》卷二三四。

4 《朝鲜成宗实录》卷二五五。

向明朝求粮。

这时的畜牧业仍占相当重要的地位。马匹一直是建州、海西女真与汉族交易的货物。明朝政府发给女真各卫敕书一千五百道，每年每道敕书许一人入京朝贡，各带马一匹。根据这个规定，每年女真至少可卖马一千五百匹。这还不包括在马市上另外出卖的马匹数目。据明代辽东档案的记载，进入抚顺马市的建州女真和到开原马市的海西女真，每次必牵马赴市，易换各物[1]。

牲畜还起着一定的货币作用。比如，建州女真沈吴应只以马一匹，从毛怜卫女真买得汉人幼童刘时[2]。

嘉靖晚年，建州女真栋鄂部长克彻怀疑其子系被努尔哈赤叔父阿哈纳所杀，引兵来攻，努尔哈赤之祖觉昌安等六弟兄（一般称之为六祖或六贝勒）一起商议如何抵抗，多数人说，“我等同祖所生，今分居十二处，甚是涣散，何不聚居，共相保守”。努尔哈赤的伯父武泰反对此议说，“我等同住一处，牲畜难以生息”，应向海西女真哈达汗借兵[3]。在涉及全族生死存亡的紧要关头，尚因照顾牲畜的牧养而放弃聚居御敌的正确主张，可见努尔哈赤家族对畜牧业的重视。

女真人喜爱狩猎，采集亦颇流行。女真地区盛产人参、珍珠和各种皮毛，是卖与汉族的主要货物。海西女真都骨屯部，有的女真人一家就有貂鼠皮三百余张[4]。满人记述万历初年的情形说：“本地所产，有明珠、人参、黑狐、元狐、赤狐、貂、猞猁狲、虎、豹、海獭、水獭、青鼠、黄鼠等皮，以备国用。”[5]这都是女真人辛勤采集、勇于捕猎的丰硕成果。

1　辽宁省档案馆藏明档乙 105、106、107。
2《朝鲜成宗实录》卷一五二。
3《满洲实录》卷一。
4《朝鲜成宗实录》卷二五五。
5《满洲实录》卷二。

女真人的手工业则长期处于不发达的状态，大多数女真部落不会开矿炼铁，不会植棉织布，不能育蚕织帛，也不会煎煮食盐。虽有少数匠人，也主要是制造与兵猎有关的器具，如从明和朝鲜买铁或铁制农具，打造弓箭。到了嘉靖初年，情况有些变化，建州女真已经是“善缉纺”，能织麻布，而且质量很好，产量也多，可以对外出售。据万历六年八月辽东档案的记载，麻布是建州女真运到抚顺马市出卖的重要物品。[1]

在商品交换方面，女真人主要以狩猎、采集所得的人参、貂皮等物易换铁制农具、耕牛、盐、布等生产、生活必需用品，大多数是通过入京“朝贡”和开原、抚顺等地马市与汉族交换。

明初规定，海西、建州女真，每年入京“朝贡”，除赏赐金银布帛外，可在会同馆互市。明又在开原、抚顺等地开设马市，海西女真叶赫部自开原城东七十里的镇北关进入马市堡交易，哈达等部由开原城东六十里的广顺关入东果园互相贸易，建州女真到抚顺城东三十里的抚顺关交换。后又增设马市于清河、瑷阳、宽甸等地。

辽宁省档案馆保存的明代辽东档案（简称明档），详细载录了当时女真与汉族交往频繁、贸易兴旺的情形。现先摘录三条材料，然后作些分析。

海西女真哈达部入市情形：

> 初七日，一起。广顺关进入夷人都督猛骨孛罗、歪卜等五百名［到市，与买卖人李］九羔等易换马匹等物，共抽银一十五两（原档残缺）。
>
> 一，入市货物抽银八两五钱三分。水靴四双，抽银八分。锅九口，抽银二钱七分。羊四十一只，抽银八［分二厘］

1　辽宁省档案馆藏明档乙105。

（残缺）牛二十七只，抽银六两七钱五分。

一，易换货物抽银六两五钱六分九厘。马二匹，抽银一两四钱。貂皮二十张，抽银五钱。蜡六十三斤，抽银六钱。蜜一千一百六十五斤，抽银一两一钱六分五厘。……狍皮六十一张，抽银三钱（残缺）蘑菇一千一百四十七斤半，抽银七钱六分五厘。狐皮十六张，抽银（残缺）鹿皮九张，抽银一钱八分。羊皮一百一十九张，抽银二钱三分八厘。大袄一件，抽银一分。木耳一百一十斤，抽银一钱一分。[1]

建州女真入抚顺马市的交易：

（万历六年五月）初三日，夷人叫场等四十五名到市，与买［卖人□□□交易，行使］猪羊等物，换过麻布、粮食等货，一号起，三（残缺）［共］抽税银五两二分八厘。[2]

抚赏海西女真哈达部酋长猛骨孛罗：

……买卖夷人都督猛骨孛［罗］（残缺）［抚赏过卓面等物］用银一十六两二钱四分（残缺）卓面七张，折猪肉二十五斤六两，连酒用银四钱八厘八毫。牛二只（残）下程猪肉一百斤，用银一两四钱三分。酒一百壶，用银六钱六分六厘六毫。酒二海，用银二（残）羊二只，用银八钱。炭二十包，用银二钱。好酒二壶，用银四分。许纸一百（残）铧子八件，用银三钱二分。青布一匹，用银一钱。平花缎十八匹，

1 《广顺、镇北、新安等关易换货物抽分银两表册》，万历十二年三月，辽宁省档案馆藏明档乙 107。

2 《定辽后卫经历司呈报经手抽收抚赏夷人银两各项清册》，万历六年八月，辽宁省档案馆藏明档乙 105。

用银十［两八分］（残）官中白布三匹。官锅四十四口。官盐八百四十斤。[1]

从万历六年八月、十一年九月、十二年三月的三份明档，我们可以看出建州、海西女真与汉族的贸易有四个特点。

第一，交易频繁，人数很多。基本上是三日一市，有时间日一市。进入开原镇北关、广顺关的海西女真，一批动辄数百人。最多的一次是海西女真叶赫部都督逞加奴等的入市，人数多达一千一百八十名。据不完全的统计，在万历十一年七至九月和十二年一至三月的半年内，海西女真进入马市买卖货物的人员有一万一千八百七十四名（不包括档案残缺无法统计的人数）。

第二，进行交易的货物，品种多、数量大。在上述半年的时间里，海西女真叶赫、哈达等部与汉族易换货物的品种、次数和数量的情形是这样的：铧子，十九次，四千八百四十八件；牛，十八次，四百九十七头；锅，十六次，三百五十四口；袄子，十五次，二百三十四件；羊皮袄，九次，三百九十七件；羊，十三次，二百一十三只；驴，十次，二十三头；猪，四次，十一只；水靴，十四次，二百零三双；缎子，十次，五十八匹；绢，四次，六匹；人参，十八次，三千六百一十九斤；马，十八次，一百七十五匹；貂皮，十八次，四千七百二十四张；狐皮，十八次，五百七十七张；狍皮，十六次，七百六十一张；珠子，八次，三十二颗；蜜，七次，一千四百六十斤；羊皮，十三次，一千七百四十三张。另外，还有鹿皮、牛皮、豹皮、木掀、松子、榛子等物。

抚顺马市的交易，虽无具体品名和数量的记载，但一般都是建州女真以人参、马匹、粮食、麻布和汉族商人易换猪羊等物。在万历六年四月十七日至七月初八日的八十天里，抚顺马市共抽

1　辽宁省档案馆藏明档乙107。

税银二百六十八两，而上述开原那样大量的交易，才征税银六百一十二两，由此也可推知，抚顺马市的贸易数量是很可观的。

第三，女真人得到了大量农器、耕牛、盐、布等生产工具和生活必需用品。有些女真进入马市后，一次就买铁铧一千一百三十四件、牛九十七头。在上述半年内，海西女真叶赫、哈达等部在开原马市买进铁铧四千八百四十八件、牛四百九十七头、锅三百四十五口、袄子六百三十一件。另外，还通过“抚赏”形式得到布一千零五十五匹、锅一千六百六十九口、盐三千二百三十斤。万历六年四至七月，建州女真从抚顺马市买了大批猪羊等物，并在七月初一至八月二十二日的五十二天中，得到“抚赏”的布一千零一十匹、锅一千一百八十九口、盐四千五百九十二斤。

第四，女真人卖出大量人参、珍珠、皮毛，获银上万两。在开原官方马市交易中，海西女真买进的主要货物是铧子、牛、羊、猪、缎，按时价计，约折银八百五十两，而卖出的商品，仅人参一项，照低价每斤九两银计算，三千六百一十九斤参当值银三万二千五百多两。至于貂皮四千七百二十四张、狐皮五百七十七张，以及其他珍珠等物，又可售银上万两。

如此频繁的往来，庞大的交易，产生了重大的影响。它大大加强了两族人民的经济交流，丰富了两族的经济生活，密切了兄弟民族之间的友好关系。

大批铁制农具和耕牛的输入，有利于女真人开垦荒地，扩大种植面积，提高生产率，增加粮食产量，推动农业生产不断发展，从而能够生产出超过维持劳动力本身所必需的产品，为榨取更多的剩余劳动提供了更大的可能性。

交易的频繁，促进了私有制的发展。人参、蘑菇、貂皮、狐皮等物的大量出售，使采集和狩猎远远超越了自己消费的范围，增加了商品生产、商品交换的因素。粮食成为建州女真卖出的重要货物，表明了种植谷物已经部分地、逐渐地卷入商品市场，带有一定的商品生产性质。这样，势必反过来促进私有制的发展。

商品货币关系的发展，日益渗入女真人社会，加速了氏族成员之间的分化，增加了酋长等氏族显贵的财富，刺激了他们掠夺和剥削的欲望。入京“朝贡”和到马市交易，主要是由带有都督、都指挥使、指挥使之类官衔的女真头人率领进行的。比如，在万历十一年九月和十二年三月的两份开原马市交易档案中，海西女真为首的人，可以肯定是都督、都指挥使的有十三次，即仰加奴二次，逞加奴二次，卜寨四次，猛骨孛罗四次，住金奴一次。万历六年八月的档册载明，建州女真都督松塔、来留住、都指挥使付羊古，以及努尔哈赤之祖觉昌安（档册写为叫场），都曾多次带领女真人到抚顺马市贸易。交易所获大批财物，纷纷流入他们的私囊。汉族官僚、地主的财富及其不劳而获的豪华寄生生活，亦使他们留下深刻印象。掠夺他人财物，榨取剩余劳动，日益成为酋长等氏族显贵追求的目的。富者益富，贫者更贫，分化加剧了。

概括起来，到了嘉靖中至万历初年（16 世纪 40 至 80 年代），建州、海西女真的大部分，已是室居耕田，以农为主，生产逐步发展，能将部分粮食投入市场，可以更多地创造出维持劳动力本身所必需的物品，商品交换日益频繁，私有制因素不断增长，酋长等显贵的财富迅速增多，这一切为剥削制度的产生和发展提供了物质条件。

二　诸申的处境和身份

迄至嘉靖中到万历初年，建州女真和早期满族的成员有三类人，即“贝勒”、诸申和阿哈。诸申的人数最多，影响最大。

诸申，乃满文 jušen 的音译[1]，是女真和早期满族人对自己的

1　本书所引满文，均以罗马字拼写。

称呼。清朝康熙帝主持编修的《清文鉴》，把 jušen（诸申）解释为“满洲奴仆”。这种解释不够确切，诸申的地位和身份有一个变化的过程。早期的诸申并不是低贱的奴仆，而是任意耕猎、不受压迫的自由的氏族成员。

研究诸申的地位，必然要涉及当时社会生产关系和上层建筑的性质问题。现在着重分析万历二十四年初努尔哈赤属下诸申讲的两句话：“前则一任自意行止，亦且田猎资生。今则既束行止，又纳所猎。”[1]

诸申所说“前则一任自意行止，亦且田猎资生”，是和后一句“今则既束行止，又纳所猎”对比而言，它指的是现在（万历二十四年）才交纳所猎，过去是不交的。为什么过去能自食所获现在却要纳贡？这显然是与围猎的山场和耕田的所有权有关系，与收获物的分配方式有关系。结合其他资料，我们可以看到，在不纳贡物的条件下的“田猎资生”，实际上表明了当时土地是公有的，没有租赋，耕者自食。

在奴隶社会和封建社会里，土地所有权确立以后，土地是剥削阶级榨取剩余劳动的主要手段，是财富的重要因素，因此，历代统治者千方百计霸占田土，非常重视对土地的处理。各个王朝颁发了许多圣谕、法令，宣布“普天之下，莫非王土”，确立帝君、国家对全部土地的最高主权，征赋收税，禁止臣民侵占官地，保障奴隶主、封建主的土地私有权，不准劳动人民拖欠租粮，禁止贫苦农民收回失去的田地。各朝还制定了详细条例，任置大批官吏，花了很大力气，处理土地的遗授、赠赐和买卖，裁处争夺土地的纠纷。

这些情况，在建州女真和早期满族那里，都是没有的。当时没有买卖土地的行为，没有土地纠纷，没有分封田地。直到努尔

1　申忠一：《建州图录》。

哈赤兴起以后，才有屯田的记载。后金天命六年进入辽沈平原后，才将田地按丁授予满族人丁。在此之前，谈论财富，一般是指牲畜、阿哈、布帛而言，从来没有把土地看作是财富。

我们可举两个事例来具体研究。《满洲实录》卷一汉文体载称[1]，努尔哈赤十岁时，亲母去世。其父塔克世听信继妻谗言，在努尔哈赤十九岁时（万历五年），与子分居，“家产所予独薄。后见太祖有才智，复厚与之，太祖终不受”。此处所谓的“家产”，指的是什么东西，是金银财帛，还是衣物田宅，或者是人口牲畜，不得而知。按照当时明朝汉族地区习俗，分家析产，一般是分受田园、府宅、银钱、衣服、器皿和奴婢。努尔哈赤得到的“家产”，是否同样情形？

稍后一些时间，后金国建立并进入辽沈地区后，努尔哈赤赏赐臣僚时，通常也是赐予庄田、牲畜、阿哈、衣帛、器具和金银。万历五年说的“家产”，是否也包括这些项目？

查看同书满文体，才知汉文体的“家产”二字，满文却是 aha ulha。aha，音译为阿哈，意为奴仆，当时就是奴隶。ulha，意为牲畜。全句应译为：“（分家时，其父）给予阿哈、牲畜甚少。后见子有才智，欲令取先前未给之阿哈、牲畜，淑勒贝勒（努尔哈赤）不取。”

从满文体的记载和汉文体的译写，我们可以了解到土地在当时女真社会中是毫不重要的东西，不是构成“家产”的因素。

后金天聪九年修的《满洲实录》原书已经不存，不知上述满文体的 aha ulha 在汉文体中是写为奴仆、牲畜，还是译为“家

1 《满洲实录》是记述清太祖努尔哈赤的实录，成书于后金天聪九年，以满、蒙、汉三种文字书写，有图，乾隆年间重绘三部。《满洲实录》是依据《满文老档》删写而成，虽然编写时已作了不少更动，乾隆重绘时又有所修改，但它毕竟是满族自己编写的载述早期历史的一部文献。而且《满文老档》残缺不全，从明万历三十五年才开始载录，在此之前的事情，只有依靠《满洲实录》的记载。经过查阅，发现《满洲实录》的满文体比汉文体更准确，改得少一些。

产”，或者是写成其他名词。如果原书的汉文体是“家产”，那么，就会出现一个疑问，天聪九年后金国已过渡到封建社会，实行“计丁授田”的制度已达十四年之久，土地已成为财富的重要内容，所谓“财产”，主要是指奴仆和庄田，牲畜的重要性已大大降低了。在这样的习俗支配下，为什么要将 aha ulha 译为“家产”？这样的译写，应是按照万历五年的习惯写的。这就是说，《满洲实录》的编写者认为，五十多年前努尔哈赤与父分家时，建州女真的“家产”，就是指阿哈和牲畜，其他东西，包括土地在内，都没有条件称为家产。当然，这样译写，意义含混，读者不易从这两个字作出确切的分析，直译为奴仆、牲畜，意思就清楚得多。

假如天聪九年《满洲实录》原书的汉文体是译为奴仆、牲畜，乾隆年间重绘时才改为“家产”，则是因为重抄的文官们不了解满族的历史，不知道两百年前老祖宗时期的社会状况，不懂得当时的土地是公有的，地广人稀，可以任意开垦，没有资格称为财富，只有牲畜才值钱，阿哈才有用，才为人们所重视，因而他们错误地套用乾隆年间的习俗，将 aha ulha 改译为“家产”。

满文体记述努尔哈赤与父分居时，其父只给与奴仆、牲畜，根本不提土地，这就有力地表明了土地还未成为私有财富，如果已确立土地私有权，则分家析产，遗授子孙时，必然要将土地瓜分。

我们再举额亦都的受赏，作为例证。额亦都是清朝“开国元勋”。《满文老档》载录了额亦都建立战功和领取赐物的详细情形，现举其早期三次作战为例。

万历十一年五月，努尔哈赤起兵，报杀害父、祖之仇，攻打敌人尼堪外兰居住的图伦城，额亦都首先毁城冲入，努尔哈赤将班达西母亲给与他。稍后，额亦都独自率领诸申，攻取舒勒布占城，努尔哈赤“将得获该城之所有物品”，尽行给与额亦都。万历十五年，额亦都攻下巴尔达城，努尔哈赤“将得获此城之敕书、户”全部赐给额亦都[1]。

这三次明确讲到赏赐敕书、人户和妇女，却只字不提田地。所谓“敕书”，是明朝政府发给女真各卫酋长的，凭敕书，可以进京朝贡，领取银、帛、衣、帽、盐、布等物，可以在会同馆买卖货物，可以到马市易换商品。敕书本身也可以买卖，努尔哈赤就曾买过兀者左卫都指挥佥事温古努家的敕书。[2]可见，敕书就是财富。“户”，指抢来的人口及其拥有的财产。人丁妇女都是劳动力，可以役使，可以榨取剩余劳动产品，可以买卖，也是一种财富。但是，偏偏不赏赐田地。这也清楚地表明，土地并不是私有财富，不重要，人人皆有，到处都可耕垦，没有价格。

还要看到，直到努尔哈赤起兵前夕，女真社会中没有发生征收赋粮的行为，也没有凭借土地所有权而逼索租谷的现象，这也从分配方面体现了土地仍属公有的性质。

土地既为公有，不是个人私产，不能倚靠土地而迫使劳动者纳租交赋，那么，耕种土地的人，不管是诸申，或者是所谓的“贝勒”，都可得到全部收获物了。谁耕，就归谁收，就由谁得。因此，诸申所说过去的“田猎资生”，其真正的含义就是土地公有，不纳租赋，耕者自食。

现在，再来看看此时女真打仗和狩猎采取什么样的组织形式。《满洲实录》对于这个问题作了如下的叙述：

> 是年（万历二十九年），太祖将所聚之众，每三百人内，立一牛录额真管属。前此，凡遇出师行猎，不论人之多寡，照依族寨而行。满洲人出猎开围之际，各出箭一枝，十人中

1 《满文老档·太宗·天聪》卷四八。

2 《满文老档·太祖》卷八〇。

立一总领，属九人而行，各照方向，不许错乱，此总领呼为牛录（汉语大箭）额真。于是以牛录额真为官名。”[1]。

剖析这段总结性的记载，结合其他资料，我们可以基本上弄清万历十一年努尔哈赤起兵以前女真的武装组织形式。主要有三点。一是当时女真人没有固定的军事组织，没有建立起长期的、正规的常备军队，遇到打仗或围猎，才临时凑编，事毕以后，各归各家，自回本族本寨。

二是组成的人员并非“贝勒”之类的酋长强迫佥充，不是依人丁多少按比例硬性征召，而是由诸申们自愿组合，自由参加，各自跟随族寨行走。

三是没有专职的统治士兵的官将，而是诸申民主推举临时性的首领，负责指挥征战和围猎。所谓牛录额真，是满文 niru ejen 的译音，niru（牛录），意为射兽用的“大披箭”，ejen（额真），意为主，niru ejen 意为箭之主。其意为，参加兵猎的诸申，每人各出箭一支，十人中推一人为首领，负责指挥，同行九诸申依其吩咐而行动。兵猎毕后，此首领即自行下台，以后出兵打猎时，另行推选。这样的牛录额真，并非君、汗、贝勒委任的固定的军官，也不是统治士兵、奴役诸申的官老爷，而仅仅是一个没有强制权力、为诸申推举的、临时性的指挥者。

这样的组织形式，就是恩格斯所说原始社会氏族制度的“居民的自动的武装组织”，而不是阶级社会中和人民大众分离的“特殊的公共权力”——军队。

与这种“居民的自动的武装组织”相适应的是，围猎和征战所获诸物，不是按照个人权力大小、等级高低来瓜分，不是被酋长或少数“显贵”所霸占，而是由参加的全体诸申均平分取。

1 《满洲实录》卷三。

《满文老档》说："历来征战，所得俘获甚多时，则均而分之。"[1]"均而分之"，清楚地显现出参加征战的全体诸申平分战利品的实际情景。这样的分配方式，是氏族制度"居民的自动的武装组织"性质的体现，很能说明社会的发展阶段问题。

这是长期流行的古老传统，深入人心，很难在短期内彻底废除。直到努尔哈赤当上金国英明汗，建立起奴隶占有制国家，进入奴隶社会后，虽然取消了"均分俘获"的旧制，代以论功按职行赏的新法，但仍然部分地保留了这种均分传统的残余，俘获诸物，除诸贝勒、大臣攫取部分外，余物由众兵均分。比如，后金军打下明朝重镇开原时，"所获金、银、绸帛、蟒段等物甚多，其他物品皆由众兵均得"[2]。

分析了"田猎资生"的具体情况后，我们进一步来探索诸申讲的"一任自意行止"的真正含义。所谓"一任自意行止"，总起来，可以概括为自由、民主、平等六个字。具体来说，可分为三个方面：自由行走，不受约束；平等相待，不遭惩罚；民主议事，共同决断。这实际上是反映了当时还没有产生国家的情景。

诸申可以自由行走。迁移、定居、耕田、打猎、采参、摘松，皆可按照己意行动，不受任何约束。朝鲜因女真人常入境内采挖人参，有的官员建议通告各部女真酋长，令其管辖禁止，当即遭到另外大臣的反对，因为这些头目虽为酋长，与其同部人员却没有"君臣上下之分"，无权禁约，不能制止[3]。清朝开国功臣额亦都，原系无家孤幼诸申，依姑为生，十九岁时，自动投靠努尔哈赤，本部酋长未加阻拦[4]。诸申这样的自由行动，和进入奴隶社会后的"束行止"，遭受奴隶占有制国家的束缚、驱使，是截然不同的。

---

1 《满文老档·太祖》卷四。

2 《满文老档·太祖》卷一○。

3 《朝鲜成宗实录》卷一七三。

4 《清史列传》卷四《额亦都传》。

诸申之间，平等相处。诸申与所谓都督、“贝勒”之类的酋长，也是平等的关系，并不仰其鼻息，唯命是从，既无尊卑之别，也无上下之分。诸申可以做有损于“贝勒”利益，不为“贝勒”所喜之事。例如，万历十二年，努尔哈赤庶母弟萨木占与族人同谋，拦路截杀努尔哈赤妹夫噶哈善，这些参与密议的诸申未遭任何惩治。作战时，面临困境，诸申可以“怯战”不攻。围城时，诸申可以不听“贝勒”谏阻，任意抢掠。

遇有重大事情，“贝勒”、诸申一起聚会，平等商议，共同决断。虽有多数人赞同某种意见，但如有异议，亦不能立即逼令不同意的人服从，仍须再次协商。

归纳以上所述，我认为，诸申所说“一任自意行止，亦且田猎资生”这句话，既生动地、准确地表明了建州女真和早期满族的诸申不是奴仆，而是不受剥削、统治的氏族成员；同时它也比较真实地反映了土地公有、不纳租赋、没有军队等方面的情况，联系下述“贝勒”的地位，我们就可以相当全面地了解当时的社会制度、社会面貌了。

三　“贝勒”的权力和地位

清朝官方编写的《满文老档》、《武皇帝实录》、《满洲实录》、《高皇帝实录》等书，都把万历十一年前后的努尔哈赤称为 sure beile，音译为淑勒贝勒。又称其祖觉昌安六弟兄为 ninggūta beile，音译为宁古塔贝勒，意译为六贝勒。对其弟舒尔哈齐、穆尔哈齐等，也称为贝勒。总之，努尔哈赤的弟兄叔侄父祖，皆是 beile，译成汉语，音译为贝勒[1]，俨然是辖兵治民世代君王的高贵

1 《清实录》把 beile 译写为“王”，是不恰当的。清之有王、公等爵位，是从崇德元年才开始分封的。

门阀。现在，我们以努尔哈赤为典型，探讨万历十一年前后“贝勒”的真正的、科学的含义，实际上这也是研究当时的上层建筑尤其是有无国家的问题。

努尔哈赤的祖父觉昌安是明朝政府封授的建州左卫的都指挥使。万历十一年觉昌安及子塔克世被明兵误杀后，明边臣令努尔哈赤承袭其职，并给与敕书三十道、马三十匹。

努尔哈赤占有少量的阿哈（奴隶）。《满洲实录》卷一汉文体载称，万历十一年九月，一“贼”潜入，欲暗害努尔哈赤，将睡在其家窗下的“部落”帕海刺死。这个帕海是什么样的人？所谓“部落”是什么地位，属于哪一个阶级？汉文体编写者没有细说，但在同书的另外几次记载中，努尔哈赤一再将诸申称为部落。这样联系起来看，似乎“部落”帕海就是诸申了。若这样解释便产生了一个问题：为什么作为诸申的帕海要为酋长努尔哈赤效劳，如果说这时的诸申必须到酋长家中干活，听从酋长的驱使，那么，诸申的身份就很低贱了，就不是无拘无束、不受奴役的氏族成员了，就下降为奴隶占有制国家统治、剥削的“自由民”了。同时，酋长的地位也就提高了，就不是与诸申平等相待的氏族制度下的酋长，而上升为帝王君汗的统治者了。这是一个关系重大的要紧问题，必须查清。

仅就汉文体的简略记载，是难以考查明白的。翻阅《满洲实录》的满文体，所谓的“部落”，满文体却是 booi niyalma。boo，意为家。i，是表示所有格的附加成分，意为之。niyalma，意为人。booi niyalma，意为“家之人”，即奴仆，当时就是奴隶。后来书写时，往往把 niyalma 一字省略了，简写为 booi，汉语音译为包衣。这就清楚了，帕海之所以为努尔哈赤服役，住在其家，睡于窗下，并不是以贬低了的、卑贱的“自由民”身份的诸申出现，而是以奴仆、奴隶的身份，为家主效劳，替家主守卫。

《满洲实录》卷一汉文体又写道，万历十二年四月，盗贼潜人，欲图行刺，努尔哈赤以刀背击仆其贼，“喝令家人缚之。家人洛汉等言，缚之何用，当杀之”。此“家人”二字，满文体为 booi niyalma，就是奴隶。

同卷汉文体又说，五月某日，努尔哈赤睡觉后，“有侍婢不寐，在灶燃灯，忽燃忽灭”，努尔哈赤见而生疑，起床巡察，发现有贼，将其击昏，“缚之。有弟兄亲族俱至，言挞之无益，不如杀之”。此“侍婢”，满文体为 booi hehe，即女奴隶。满文体在“弟兄”后面，还有 booi niyalma（奴隶）二字，被汉文体编写者删掉了。

从以上《满洲实录》满文体的记载，可以看出，万历十一年前后，努尔哈赤是占有少量奴隶的。

努尔哈赤起兵前后，还有一些 gucu（音为固楚）随同他行动。《满洲实录》卷一汉文体和《武皇帝实录》都记述说，万历十二年春噶哈善被人暗杀后，努尔哈赤“带数人”往寻遗尸。《高皇帝实录》将“带数人”改写为“率近侍数人”，又把前述五月努尔哈赤击仆贼后“弟兄亲族俱至”改为“诸弟及近侍俱至”。

《满洲实录》汉文体和《武皇帝实录》叙述的“带数人”的人，含义不明，可以是平等关系的诸申，可以是奴隶性质的阿哈，也可以是弟兄叔侄或亲友，究竟是什么身份，难以了解。但《高皇帝实录》所说的“率近侍数人行”，这近侍的性质就很明显了，必然是努尔哈赤的臣属，二者之间必然是上下隶属关系。而且，既有“近侍”数人，就必有其他不在身边的群臣，这样一来，努尔哈赤就上升为管辖文武百官的大国君汗了。

查阅《满洲实录》的满文体，所谓“带数人往”及“率近侍数人行”，其满文是 ini udu gucu be gaifi；“弟兄亲族俱至”和“诸弟及近侍”，满文为 buya deote gucuse booi niyalma。这就明白了，所谓“诸人”、“近侍”、“亲族”，都是从满文 gucu（固楚）而来。gucu，意为朋友、同伴。gucuse 是 gucu 的复数，意为伴儿们、朋友们。前一事应译为努尔哈赤“带彼之数同伴（或数友）往”，后一事为“诸弟、同伴们、奴仆俱至”。《高皇帝实录》把万历十二年基本上仍是平等的朋友关系的 gucu 写成为上下君臣关系的“近侍”，从而把一个微弱小部酋长的努尔哈赤粉饰为辖属众多臣僚的君汗，显然是违背历史真实的，应该恢复其本来面貌。

当然，也应看到，gucu（固楚）的出现，是一件不可低估的事情，是社会发展变化中出现的新现象，对努尔哈赤从酋长转化为专制君汗，对奴隶主贵族的形成，对满族从原始社会末期进入奴隶社会，都起了相当大的作用。

我认为，努尔哈赤身边的 gucu（固楚），基本上类似于恩格斯所说原始社会末期德意志人的扈从兵[1]，现以额亦都和安费扬古二人作为典型，略加分析。

额亦都，姓钮祜禄氏，小努尔哈赤三岁，世居长白山，后随祖父阿陵阿移居英峨峪。其家颇有资财，阿陵阿被人们称为 bayan。bayan，音译为巴颜，意为富翁。幼时，额亦都之父为人所害。万历元年，额亦都十三岁，拔刀杀死仇人后，避难逃往嘉木湖寨，依姑度日。万历八年，努尔哈赤在额亦都的姑父嘉木湖寨长穆通阿家住，与其见面谈论，额亦都遂和努尔哈赤同行，自此，一直跟随，南征北战。

安费扬古，姓觉尔察氏，与努尔哈赤同岁，世居瑚济寨，从小就跟随努尔哈赤，万历十一年起兵以后，四处攻打，屡立军功。

这两人之所以跟随努尔哈赤，主要是为了进行征战，掠夺人口、牲畜和财帛。以额亦都来说，祖系富翁 bayan，姑父又是寨长，耳闻目睹，朝夕熏陶，私有财产的印象自然很深，贪图财富，想从氏族显贵性质的寨长转变为真正的汗、贝勒、大臣的愿望自

1　恩格斯精辟地分析了古代德意志人的“扈从队制度”。详见恩格斯：《家庭、私有制和国家的起源》，1884 年，《马克思恩格斯选集》第 4 卷第 141 ~ 142 页。

然很强。可是，父母突遭杀害，一下子就降成无家可归、寄人篱下的贫困诸申，当然怀有报仇雪恨、重振祖业的强烈要求。史载，努尔哈赤至其姑父家时，“额亦都识为真主，请事太祖……遂从行”。这虽然是有所渲染，额亦都未必有那样好的眼力，一下就看出了微弱小部酋长之子努尔哈赤将会成为辖地数千里的后金国汗，但这也可显示出，当时额亦都已经认识到努尔哈赤能够干出一番事业，跟随他，可以达到自己的目的。

额亦都与安费扬古投向努尔哈赤后，由彼供给衣食，二人则尽力效劳，长年随行，身经百战。早期，努尔哈赤遭受族人欺侮和排挤，一再被刺，处境困难，额亦都等 gucu（固楚）竭力护卫，才渡过难关，转危为安。万历十一年五月努尔哈赤起兵，攻打敌人尼堪外兰所据的图伦城，随从诸申很少，额亦都不仅陪同从征，而且奋勇冲杀，首先毁城突入。他又率少数诸申，独取舒勒克布占城，得获大批物品。他又攻下色克济城，获其牛马。

万历十一年五月，安费扬古亦随从努尔哈赤打图伦城。同年，他又率人攻取萨尔浒城。兆嘉城主理岱引哈达兵劫努尔哈赤所属村寨，回军途中，分取人畜时，安费扬古与巴逊领十二名诸申追及，拼死砍杀，斩四十余人，尽获所掠。万历十二年正月，他又跟随努尔哈赤攻取兆嘉城。同年六月，进攻玛尔墩寨时，山险难取，连攻三日未下，安费扬古率领诸申，夜间跣足，从间道攀崖而下，攻克其寨。

此后，额亦都和安费扬古多次领兵出征，攻城略地，掠获大量人畜财帛，为女真国——后金国的建立与扩展，立下了汗马功劳。

额亦都和安费扬古的汗血没有白费，努尔哈赤多次重赏二人，既赐给大批人口、马、牛、敕书，又不断升职加官。额亦都成为清朝“开国元勋”，是五大臣之一，任至众额真、固山额真，世袭一等总兵官，并娶努尔哈赤之妹，死后追封宏毅公。其子达启娶努尔哈赤之女，图尔格等封授公、侯、伯、子等世爵，满门显贵，世代荣华。安费扬古亦为五大臣之一，子孙也封授子、男爵位。

额亦都、安费扬古等 gucu（固楚）的活动，大大促进了“王权”的产生。他们的命运紧紧和努尔哈赤连在一起。他们不断领兵出征，四处攻打，夺取了大量城堡村寨，掠获巨量人畜财帛，使得努尔哈赤辖治的地区急剧扩展，权力越来越大，因而迅速地向真正的专制君汗转化，产生了真正的“王权”。

根据这些情况，我们可以看出，额亦都等 gucu（固楚），在刚开始跟随努尔哈赤时，彼此之间基本上仍然是平等的伴侣关系，他们还是一般的诸申。随着掠夺战争的频繁和向奴隶社会转变，额亦都等的地位也就发生了变化，万历十五年以后，迅速转化为真正的汗、贝勒的“近侍”，成为后金国中统军辖民的达官贵人。这对促进王权的产生和奴隶主贵族集团的形成，对加快进入奴隶社会，起了显著的作用。

这个阶段，建州女真各部的部长（或称寨主、贝勒）已与一般诸申有着比较明显的区别，这从努尔哈赤和诺密纳等人的盟誓，可以看得清楚。万历十一年初，嘉木湖寨主噶哈善、萨尔浒部长诺密纳、沾河寨主扬书、常书，与努尔哈赤商议联合对付尼堪外兰时，立誓说:“念吾等先众来归，毋视为诸申，当待之如骨肉。”[1]既然诺密纳、噶哈善等部长不愿被当做诸申对待，可见，部长、寨主（亦即所谓的“贝勒”）已与普通的诸申有些区别了。

但这是什么样的区别？是原始社会末期酋长与氏族成员的区别，还是阶级社会中君主与臣民的区别？这是判断“贝勒”性质的关键，也是划分社会形态的重要依据。

为了正确解答这个问题，需着重研究这个阶段是否已产生了国家。

1 《满洲实录》卷一。此书的汉文体，把满文 jušen（诸巾）译写为“编氓”，是错误的，诸申下降为编氓，是以后的事，此时的诸申，仍系不受奴役的氏族成员。

女真各部酋长，对明称臣纳贡，受封官职，服从调遣，听从明帝裁处，是明属臣。因此，从广义上讲，女真人是有国家的，明朝政府就是统治女真人的国家机器。但是，明王朝并未具体地、直接地干预女真人的内部事务，没有命令各部女真须同汉民一样，完全实行汉族封建制度，没有硬性规定女真人的社会制度、政治制度，而是赐给敕书，着重强调，设立卫所，“分给印信，授以名分赏赐”。在服从明中央政权管辖的前提下，让女真各部“世居本土，自相统属，打围牧放，各安生理，经商买卖，从便往来”[1]。所以，又不能将明朝政府辖属的各个民族完全等同起来，不能将汉族的情况照搬到其他民族地区，还须具体分析，看看女真——满族内部是否建立起暴力统治机器的政权组织，以确定国家是否产生。

前面已经讲明，在这个阶段，女真人和早期满族还没有建立起专职官将统辖的军队，诸申人人皆兵，自愿参加，自由组合，并且可以任意行走，不受酋长约束、奴役，遇有要事，共同商议决定。这就是诸申自己所说的“一任自意行止”的基本情况。按现代的说法，那就是，建州女真和早期满族社会本身还没有出现与人民相分离的“公共权力”，还没有产生出自己民族的国家。在这种条件下的所谓“淑勒贝勒”努尔哈赤，也不可能成为统治人民的一国之主。

再举几个例证，对比以后奴隶社会时期的情形，看看努尔哈赤对“士兵”——披甲的诸申的态度，进一步论述努尔哈赤“贝勒”的身份、权力、地位和国家是否产生的问题。

例一，万历十二年春，努尔哈赤知悉亲密助手、妹夫噶哈善被族人谋杀后，虽然十分愤怒，但并未对参与商议的族人施加惩罚。待后来努尔哈赤成为真正的君主时，情形就大不一样了，不

1 《朝鲜太宗实录》卷七。

仅不允许族人犯上作乱，连稍有怠慢或懈于职守，亦处重罪。为了掌握全部权力，消除竞争汗位的对手，万历三十七年，努尔哈赤尽夺亲弟舒尔哈齐贝勒的部众，幽禁其身，逼之至死，并斩杀辅助其弟的族人阿萨布大臣[1]。后金天命四年，以族弟铎弼贝勒作战不力，革其固山额真职，取消其应领赏赐的俘获[2]。又因族弟旺善贝勒“无论何战，皆施狡计”，尽没赐彼的阿哈，并多次引以为例，告诫群臣[3]。

例二，万历十二年，努尔哈赤率“兵”（即披甲的诸申）四百，带战车三辆，攻玛尔墩城。守兵扔举石块击人，用巨木撞坏二车，进攻诸申“皆蔽身于一车之后，缩首不能上攻”。努尔哈赤“奋勇当前”，单人苦战，亦不能克。乃退后远围，第四日夜间始拔其城。战后，对这些畏险缩首怯战的诸申，努尔哈赤没有施加任何惩治[4]。

可是，天命三年四月出师攻明时，“英明汗”努尔哈赤发布军令：一牛录中，四十甲从征，兵士须奋勇力战。自出兵之日起，到班师回境前，甲兵不许离旗，违者，“拘而详治”。战后，以苏塞牛录的诸申阿奇私离大军，为明兵击杀，努尔哈赤恨其违令，命将阿奇尸凌迟，分与各牛录，“使众兵见之，引以为戒”[5]。因诸申伊赖攻抚顺时怯战，未跟随前面的兵士进城，割其耳鼻，贬为阿哈[6]。这又是何等鲜明的对比。

例三，万历十三年四月，努尔哈赤率诸申，八十名，与巴尔达等五城八百敌兵发生遭遇战时，诸申胆怯，不敢交锋，努尔哈

---

1 《满文老档·太祖》卷一。

2 《满文老档·太祖》卷九。

3 《满文老档·太祖》卷九。

4 《满文老档·太祖》卷一。

5 《满文老档·太祖》卷六。

6 《满文老档·太祖》卷六。

赤与弟穆尔哈齐带二阿哈“奋勇步射，直入重围”苦战时，其他兵将并未随同冲杀。待敌兵败退后，兵将方至，建议追杀，努尔哈赤“怒而不应”。事后，他亦未对这些胆怯不战的兵将加以责治[1]。

进入奴隶社会后，迥然不同了。万历三十五年三月，以大臣纳齐布、常书违背了护卫褚英、代善二子的命令，未随从二人作战，努尔哈赤大怒，严厉谴责，欲治以死罪。后虽因弟舒尔哈齐贝勒苦苦哀求，始免二臣死，但亦从重处治，罚银，没其俘获[2]。

天命六年三月进攻辽阳时，固山额真博尔锦不立梯楯于汗指定地点，使兵士皆停留于后，诸贝勒、大臣拟议，将博尔锦及其固山的五牛录额真永顺等七将定为死罪。五牛录额真满都赖等五人败走，布山参将未与兵士同进，对此六将亦拟死罪。努尔哈赤虽免其死，但仍令革去满都赖官职，尽夺此十三人按职受赏诸物[3]。相形之下，与过去的差别又是何等明显。

例四，《满洲实录》卷二汉文体载称，努尔哈赤率兵攻兆佳城时，士卒少懈，“四出掳掠牲畜财物，喧哗争夺”。努尔哈赤“解甲与大将鼐护曰：我兵争此微物，恐自相残害，尔往谕禁之。鼐护至，不禁人之掳掠，亦随众掠之”。努尔哈赤又解己绵甲，遣巴尔太往取鼐护铁甲来，以防城内冲突，巴尔太也随众掳掠。忽然，城内敌兵突出，努尔哈赤“身无甲胄”，仓促应战，异常危险。事后，对于这样不听谕令的士兵，对于奉命往禁而违令不管且随众掳掠的大将，努尔哈赤都没有斥责，没有惩治。为啥这些不听命令且几乎使“贝勒”受伤、被杀的兵将不被处罪？原因很简单，仍是前述“俘获均分”的原则在起作用。既然所得俘获人物，系“贝勒”与诸申同等分取，不是“贝勒”一人独占，当然也允许诸申可以任意掳掠，所以不会遭受处治，“贝勒”也没有

1 《满洲实录》卷二。

2 《满文老档·太祖》卷一。

3 《满文老档·太祖》卷二一。

权力施加刑罚，无力制止。查看满文体，所谓“往谕禁止”，满文却是 tafulame nakbu，意为劝谏阻止，这倒比较符合历史实际。

但是，以后就不一样了。天命四年六月进攻开原时，努尔哈赤严禁不战而掠，下令说：“和硕贝勒、众额真、固山额真，无论何人，若不杀敌而停于后方掠取财物者，尔等见之，即以汗所授之四棱尖斧斩之，以四盾刃之箭射之”[1]。这一禁令，并非虚文，确在严厉执行。错和录牛录一人，阿布泰牛录一人，虎什布牛录一人，擅自离队，“任意搜括财物”；哨探布拉依牛录一人，私往敌方，取猪宰食；哥兴牛录一人，解被缚明人，以夺其衣，此五人皆以违犯军令而处死[2]。

以上鲜明对比的事例，有力地表明了万历十五年以前和进入奴隶社会后有着重大的差别，说明了这个阶段的建州女真和满族，还没有建立起本族自己的政权组织，国家尚未出现，这时的“淑勒贝勒”努尔哈赤并不是辖兵治民的统治者，而不过是氏族制度下的酋长和军事首领。他没有强制手段，不能约束诸申的行止，不能奴役、惩办诸申。他虽然可以率众出征，指挥打仗，但并不是凭借什么特殊权力，而主要靠自己“奋勇当前”的示范作用。

这样的“贝勒”名号，或系自己僭称，或系势力强大后的追称。当时，一般诸申称努尔哈赤为 mafa。mafa 一词，音译为马法，是女真人晚辈对长辈的尊称，意为爷爷、长老、老翁、祖辈。看来，马法一词，是比较恰当地表达了万历十五年前“贝勒”的权力、地位和身份。

当然，努尔哈赤并不甘于长期处在这样的地位，正在力图争取登上统治人民的真正的汗、贝勒的宝座，而且不断向这方面转化。

1 《满文老档·太祖》卷一〇。
2 《满文老档·太祖》卷一七。

四　阿哈的性质

阿哈，乃满文 aha 的音译。有时又称为 booi aha、booi niyalma、booi。后面这三个名词，译成汉语为“家之奴仆”、“家之人”、“家之”，音译为包衣阿哈、包衣，意为奴仆。在满族早期时，大多数场合是用的阿哈或包衣阿哈，少数情况下用包衣人、包衣，入关以后，一般就简称为包衣了。

阿哈是女真——满族的重要成员，是创造物质财富的重要劳动者阶级，在推动女真——满族社会前进的斗争中作出了重大的贡献。

明初以来，海西、建州、“野人”女真经常掳掠辽东汉人为奴作婢。努尔哈赤的六世祖建州左卫女真都督猛哥帖木儿，曾与另一女真酋长杨木答兀大掠辽民，逼令为奴。宣德元年七月，被虏汉人高忠等男妇五十名逃往朝鲜，告诉咸吉道都节制使河敬复说：“我等原住开原城，曾为杨木答兀所掳到阿木河，童猛哥帖木儿、弟凡察、于沙哈、子权豆等分执为奴使唤，或转卖兀狄哈”[1]。另一汉人徐世英逃出后说：“原住开原城外五里之地，与从兄张显读书乡学，还家时，同被童猛哥帖木儿掳掠到阿木河，为奴使唤。”[2]

仅据《朝鲜世宗实录》的记载，在宣德元年、二年的两年内，朝鲜往辽东解送自建州女真处逃出的汉民就有二百九十二人。到宣德八年，送回辽东的汉民共五百六十六人[3]。

宣德八年十月，猛哥帖木儿被“野人”女真酋长杀死，其子

1 《朝鲜世宗实录》卷三三。
2 《朝鲜世宗实录》卷三六。
3 《朝鲜世宗实录》卷三三、三七、六〇。

董山袭职。成化三年，董山又被明廷诱杀，自此，建州左卫女真实力大损，掠夺汉民为奴作婢的行为相应地减少了一些。

到了嘉靖中至万历初年，建州左卫女真地区，也有阿哈，但数量很少，只有酋长之类的氏族显贵才占有一些阿哈。

《满洲实录》卷一汉文体载称，栋鄂部长克彻悬赏捕捉刺杀其子的盗贼，允诺倍赏金帛。努尔哈赤的三伯祖名叫索长阿（《清实录》追称为三贝勒），其“部落”额克沁听到这个消息后，“即往告其主。索长阿私遣人往谜克彻曰：汝子是我部下额尔绷格与额克青格谋杀，若以金帛遗我，当杀此二人”。

如果完全相信这段记载，并倚以为据，则可引出一个关系重大的结论：索长阿与其“部落”、“部下”的关系，即“贝勒”与诸申的关系，是“主”与臣下的君臣隶属关系，不仅“部落”额克沁尊奉索长阿为“主”，而且“三贝勒”索长阿可以对“部下”任意斩杀。这样一来，所谓“部落”的诸申，便成为被“贝勒”任意宰割的奴仆了。这是显然违背历史真实的。

查看满文体，才了解出现这种错乱的原因。汉文体的所谓“部落”，满文却是 booi niyalma，即阿哈（奴隶）。“我部下额尔绷格与额克青格”，满文是 mini elbengge ekcingge，意为“我之额尔绷格与额克青格”。汉文体的“当杀此二人”，满文为 mini niyalma be bi wara，其意是“我当杀我之人”。按照满文体的记载，这段话应译为：“索长阿之包衣人额克沁格闻之，即往告其主。索长阿私遣人往谜克彻曰：汝子系我之额尔绷格与额克青格谋杀，若以金帛遗我，我当杀我之人。”

这说明，原来汉文体的所谓“部落”额克沁格、“部下”额尔绷格、额克青格，皆系“三贝勒’索长阿的奴隶，因而主子有权任意斩杀。汉文体编译者把被奴役的阿哈（奴隶），写成为自由的氏族成员诸申——“部落”，贬低了诸申的身份，抬高了“贝勒”的地位，混淆了社会阶级的性质。

努尔哈赤也占有少量阿哈。《满文老档》追述其早期情形说："聪睿恭敬汗从幼贫苦时，其心公正"[1]。公正与否，难以肯定，多半是美化之词。所谓"贫苦"，也不十分恰当，一个"都指挥使"的部长之子孙，不会是一贫如洗的，但从这也可看出，努尔哈赤并不太富，可以作为他与其父分家时所得牲畜、阿哈不多的旁证。

不仅努尔哈赤没有多少阿哈，连其亲族即所谓"贝勒"、"台吉"等宗室，也须自己牧马煮饭，无人侍候。崇德元年清帝皇太极追述早期情形说："先代之上下贫苦时，曰'行围'、'用兵'，则乐，有从仆者少，各自看守马匹，煮饭，敷陈马鞍而行。"[2]既然努尔哈赤弟兄及其六祖皆是"贝勒"，他们的子弟叔侄当然也是显贵了。这些"贝勒"和显贵，都是"上下贫苦"，"有从仆者少"，必须自己饲养马匹，备鞍煮饭（努尔哈赤起兵发家后，这些杂活皆由随主从征的阿哈承担），可见，这时努尔哈赤所在的建州左卫女真，占有阿哈的人很少，阿哈不多，不是社会的主要成员。

关于阿哈遭受奴役的具体情形，从明和朝鲜的文献中，可以了解到明中叶建州、海西女真的一些情况。当时，女真人尚未达到迫使本族人为奴的社会发展阶段，皆系从外掳掠人口，主要是掠取辽东汉民[3]。

抢来的男女，逼令降为阿哈，为奴作婢，听从家主驱使。他（她）们从事伐木、运水等各种繁重的家务杂活。如像达生，被其主子强迫，"每日斫木负来，手足皆裂流血"[4]。有的耕田种地。

1 《满文老档·太祖》卷四。

2 《满文老档·太宗·崇德》卷二三。

3 成化十三年五月，朝鲜领议政郑昌孙等大臣说："野人剽掠上国边氓，做奴使唤，乃其俗也。"《朝鲜成宗实录》卷八〇。弘治九年八月，坡平府君尹弼商等大臣说："且野人之俗，不相为奴，必虏汉人，互相买卖使唤。"《燕山君日记》卷一七。

4 《朝鲜成宗实录》卷二五五。

明臣吴良出使海西女真时，“见女真野人家”多汉人，“驱使耕种”[1]。

阿哈与马牛一样，被家主买卖、遗授，或作为聘婚陪嫁的物品。《朝鲜实录》中有不少这样的记载。毛怜卫女真毛大赤从辽东抢来妇女马记，逼使为奴，后又转卖与另一女真马伊哥家[2]。建州女真赵伊时哈谈到富家聘婚习俗说，男方以甲、胄、弓、牛二头、马二匹、衣服、奴婢送往女家，作为聘礼[3]。

阿哈成年累月辛勤劳动，却吃不饱，穿不暖。家主贪婪苛刻，仅给阿哈破衣剩饭，甚至，有的连衣服都不发给。朝鲜妇女朴丹容阿被掳为奴后，生活十分悲惨，她拿自己吃的饭对另一男奴说：“汝见此饭，不淅不去沙，此犬马之食，非人之食也。……今汝所寓之家，乃富家也，汝虽无衣，其家造给之也，我则贫乏无衣”[4]。

阿哈没有人身自由，挨打受骂，痛苦不堪，甚至被家主活活打死。辽东汉民朴右被建州卫女真都督古纳哈“管下”李雄时老所掳，转卖与古纳哈为奴，“小有过失，侵责不已”[5]。古纳哈又将掠来的汉女者罗巨配与另一汉奴西亏柳为妻，“古纳哈性恶，饮酒发狂，不分金刃，打杀西亏柳”[6]。汉人金宝轨被建州女真兀纥乃抢去，“做奴听使”，金逃走，被兀纥乃子遏儿哥抓回。遏儿哥大骂金宝轨说，等父打围回家后，“便把你杀了”[7]。

从这些情况看来，阿哈衣食于主，像牲畜一样，被家主驱使打骂，甚至折磨致死，完全是“会说话的工具”，这样的阿哈就是奴隶。

---

1 《明英宗实录》卷一〇三。
2 《朝鲜成宗实录》卷一四五。
3 《朝鲜成宗实录》卷一五九。
4 《朝鲜成宗实录》卷二五五。
5 《朝鲜世祖实录》卷三五。
6 《朝鲜世祖实录》卷三九。
7 《朝鲜成宗实录》卷七九。

到了万历初年，阿哈处境变化不大。阿哈身份仍然十分低贱，与马牛等同，被家主买卖、赠赐，没有人身自由。阿哈耕田种地，从事家务杂活，随主从征厮杀，仍然是处于奴隶的地位。

五　原始社会末期诸特征的体现

根据前四部分叙述，我们可以看到，在嘉靖中到万历初年这个阶段，建州女真和早期满族的社会状况是：诸申是不受奴役的氏族成员，“贝勒”是酋长和军事首领，彼此之间不是统治与被统治的君民关系；土地公有，不纳租赋，耕者自食；诸申皆兵，俘获均分，构成“居民的自动的武装组织”，没有建立起和人民大众分离的“特殊的公共权力”的军队，没有监狱、法庭和警察；遇有要事，全体诸申民主协商，平等相待，共同决断，没有独裁，国家还未产生。这些情况表明，此时基本上还是处于原始社会的阶段。但是，阿哈的出现和另外一些因素，使得它已不是完整的原始社会，而是已经开始瓦解了。

恩格斯论述英雄时代的希腊社会制度时指出：“古代的氏族组织还是很有活力的，不过我们也看到，它的瓦解已经开始：由子女继承财产的父权制，促进了财产积累于家庭中，并且使家庭变成一种与氏族对立的力量；财产的差别，通过世袭显贵和王权的最初萌芽的形成，对社会制度发生反作用；奴隶制起初虽然仅限于俘虏，但已经开辟了奴役同部落人甚至同氏族人的前景；古代部落对部落的战争，已经开始蜕变为在陆上和海上为攫夺家畜、奴隶和财宝而不断进行的抢劫，变为一种正常的营生，一句话，古代氏族制度被滥用来替暴力掠夺财畜的行为辩护。”[1]

1　恩格斯：《家庭、私有制和国家的起源》，1884 年，《马克思恩格斯选集》第 4 卷，第 104 页。

恩格斯的这段论断十分精辟，对我们分析建州女真和早期满族社会的性质，很有指导意义。

先看“瓦解已经开始”的特征之一，即私有制家庭问题。当时，已经确立了子女继承财产的父权制，私有制的家庭成为一种与氏族相对抗的力量。以额亦都为例，他本是家道中衰、孤苦无依的贫困诸申，万历八年投靠努尔哈赤后，多次从征，大量抢掠，迅速上升为满门显贵的大贵族、大奴隶主。前面提到的安费扬古，亦由寄食于努尔哈赤家的贫寒之人，经过长期征战，掳掠人畜，领受赐物，也变成了担任高官的大贵族。这样蓬蓬勃勃发展的私有制家庭，当然会成为与公有制的氏族相对抗的力量。

“瓦解已经开始”的特征之二，是财产差别及其对社会的影响。当时，诸申之间，情况已经大不相同，有的人多马壮，比较富裕；有的则相当穷困，甚至依人为生。

部长之间，财富和实力悬殊较大。努尔哈赤的伯父阿哈纳，前往萨克达部，求聘部长巴斯翰巴图鲁之妹为妻。巴斯翰拒绝说：“尔虽六贝勒，家贫，吾妹决不妻汝”。巴斯翰“爱栋鄂部长克彻殷富，遂以妹妻其子额尔机”[1]。“六贝勒”，即努尔哈赤之祖觉昌安六弟兄。从这件事看，所谓的“六贝勒”，财产并不多，确系“家贫”，而栋鄂部长克彻，却是众所周知的“殷富”之家，《满洲实录》满文体称其为克彻巴颜（巴颜即满文 bayan 的译音，意为富翁）。同系部长，贫富分明。

财产的差别，已经对社会制度和习俗发生了强烈的影响。巴斯翰部长便因阿哈纳家贫拒绝他的求婚，改而把妹嫁与栋鄂部长克彻巴颜之子，财富的多少，对子女的婚嫁竟起了决定性的作用。

“瓦解已经开始”的特征之三，是奴隶制生产关系的产生和发展。追求财富，必然导致对阿哈的剥削，必然要扩大奴隶来源，

1 《满洲实录》卷一满文体。

增加奴隶数量。直到明中叶，建州、海西女真仍在抢掠汉民为奴作婢，尚无以本族人为奴的习俗。但是，既然生产力已提高到能够创造出超过维持劳动力所必需的物品的水平，女真人中有了较大的差别，财富的影响越来越大，就必然会产生奴役本部、本族人员的行为，稍晚一点，向奴隶社会前进时，便可看到这种情形。至于掠夺外族外部的人，逼令充当阿哈的行为，更是十分频繁了。

“瓦解已经开始”的特征之四，是抢劫盛行。私有制家庭的发展，财产差别及其相应产生的对财富的羡慕，对奴隶的剥削和增加奴隶的要求，归结到一点，就是对财富的追求，特别是丁多力强比较富裕的酋长等人，更加渴望攫取财富，从而导致大肆进行掠取人畜财帛的抢劫，使得建州、海西女真各部之间激烈冲突，干戈不息。

《满洲实录》对此情景，有一段总结性的叙述。其卷一汉文体载称：“时各部环满洲国扰乱者，有苏克素护河部、浑河部、完颜部、栋鄂部、哲陈部、长白山纳殷部、鸭绿江部、东海窝集部、瓦尔喀部、库尔喀部，呼伦国中乌拉部、哈达部、叶赫部、辉发部。各部蜂起，皆称王争长，互相战杀，甚至骨肉相残，强凌弱，众暴寡。”

这段话，虽然也反映了一些各部争杀的情形，但不少地方含混模糊，甚至有意乱译，不如满文体的记载清楚。

按照满文体，应译为：“时各地之国为乱。满洲国之苏克素护河部、浑河部、完颜部、栋鄂部、哲陈部、长白山纳殷部、鸭绿江部、东海窝集部、瓦尔喀部、库尔喀部，呼伦国之乌拉部、哈达部、叶赫部、辉发部，各地盗贼蜂起，各自僭称汗、贝勒、大人，每村每寨为主，各族为长，互相征伐，兄弟相杀，族众力强之人，欺凌、抢掠懦弱者，甚乱。”

这段总结性的论述，很重要，对于判断此时的社会性质，非常有用，现从四个方面作些分析。

第一，所谓“汗”、“贝勒”、“大人”的名称，并非原来就有，并不是当时这些头目拥有的真正的尊号、官衔和封爵，而是到此时各地盗贼蜂起后才出现的，是各贼自己的“僭称”。“僭称”二字，用得很好，它比较准确地反映了“汗”、“贝勒”的由来及其实际地位。这对弄清包括努尔哈赤弟兄及其六祖（六贝勒）在内的女真各部部长、寨主的权力、身份、地位和性质，以及了解国家是否出现的问题，都是很有用的。汉文体笼统地写为“各部蜂起，皆称王争长”，意思就太含混，与实情相距很远，史料价值不大。

第二，“每村每寨为主，各族为长”，表明了当时建州女真各部之间，是平等的，各自为主，互不相干，谁也管不了谁，不是上下关系，不是臣属关系，不是统治与被统治的关系。

第三，“互相征伐，兄弟相杀”，充分反映出女真各部混战一团的激烈景象，连同祖之孙、同父之子，弟兄之间，都互相残杀起来了。

第四，“族众力强之人，欺凌、抢掠懦弱者，甚乱”，这就非常清楚地说明了“互相征伐、兄弟相杀”的原因、目的和性质。这种争杀，已不是古代部落之间争夺田猎地区的战争，不是血族复仇古老传统的驱使，而是由于追求“最卑下的利益”，为了掠夺家畜、奴隶和财宝而进行的抢劫。

综上所述，我认为，迄至嘉靖中到万历初年，建州女真和早期满族基本上仍然处于原始社会的阶段，但已不是完整的原始社会，而是已经开始瓦解，已是原始社会末期了。

所谓原始社会末期，并不是一个独立的社会，而是属于原始社会的一个阶段，是正在向新的更高一级的社会形态转化的过渡阶段。在这个过渡阶段，并不是平静无争，一成不变的，而是出现了不少新的因素、新的矛盾，正在不断变化，向阶级社会过渡。

在这个阶段，女真和满族社会内部，新的生产关系——奴隶制已经出现而且不断发展。氏族内部，矛盾重重。努尔哈赤弟兄叔侄等“诸贝勒”、“台吉”，积累了相当多的私有财产，奴役阿哈，势力日大，渴望早日登上辖属群臣、统治军民的真正的汗、贝勒宝座。额亦都等 gucu（固楚），随同努尔哈赤，转战各地，大肆杀掠，力图摆脱一般诸申的普通地位，上升为辖军治民的大官僚、大贵族、大奴隶主。他们与一般诸申的距离越来越远，矛盾愈益尖锐。

阿哈与其家主之间的矛盾，本来就相当激烈。随着掠夺战争的频繁，很多诸申被俘为奴，阿哈数量迅速增多，他们迫切希望挣脱奴隶制锁链，取得自由，因而猛烈反抗，阶级斗争急剧发展。

各族、各寨、各部之间，为了争夺人畜财帛，互相攻打，乱成一团，关系空前紧张。

实际上，这就是生产力与生产关系、经济基础与上层建筑的矛盾的深刻反映。它表明，生产力提高后所导致的私有制、奴隶制生产关系的出现和发展，已与原始社会的生产关系发生了矛盾，不能容忍后者的限制，愈益强烈要求打破旧生产关系的束缚，确立新的奴隶制生产关系的统治地位，取消或改造旧有的共产制的氏族制度，建立新的、保护私有制和奴隶制的上层建筑形式。即是说，要求建立起暴力统治机器，以维护和发展奴隶制生产关系，剥削和统治阿哈、诸申，保护“贝勒”、“大臣”官将等奴隶主阶级的利益。集中到一点，就是要求建立维护奴隶制剥削方式的奴隶占有制国家，进入奴隶社会。正是在这样的背景下，万历十一年努尔哈赤起兵后，满族迅速前进，由原始社会末期，进入到人类历史上第一个人剥削人的奴隶社会。

第二章　进入奴隶社会

（1587~1621 年）

从明万历十五年努尔哈赤率众建立费阿拉城“定国政”起，到后金天命六年，满族是处于奴隶社会的发展阶段。

这个时期，变化急剧，头绪纷繁，难以一一枚举。我以如下两句话对这时社会的基本情况作一概括。

万历四十年九月，努尔哈赤率兵进攻海西女真乌拉时说：aha wajici，ejen adarame bajinmbi。jušen wajici，beile adarame bajimbi[1]。译成汉文应为：“若无阿哈，主（额真）何能生！若无诸申，贝勒何能生！”

我认为，这两句话包含了丰富内容，可以作为了解这个阶段的总纲，再结合具体材料，可以阐明当时满族社会的基本面貌。大体上可分为五个方面。

生产力：阿哈、诸申是主要劳动力。

生产关系：家主（额真）依赖阿哈为生，即剥削阿哈为生，无阿哈，不压榨阿哈，就没法生存。这就是说，家主剥削阿哈的奴隶制生产关系不仅已经产生，而且成为当时满族社会的主要的生产关系。

---

1 《满文老档·太祖》卷二。《满洲实录》汉文体编写者把这两句译为“无仆，何以为主！无民，何以为君！”这样译，是很不恰当的。

阶级结构：阿哈、诸申是被压迫阶级，贝勒、额真（家主）是剥削阶级。

阶级矛盾和斗争：阿哈遭受家主蹂躏，诸申被贝勒欺凌，阿哈、诸申异常愤怒，挺身反抗，阶级矛盾日益尖锐，阶级斗争急剧发展。

国家机器：贝勒、额真既要压迫阿哈、诸申，阿哈、诸申又要反抗，就必然产生奴隶主专政的奴隶占有制国家。

下面先从努尔哈赤统一女真各部建立后金国谈起。

一　微弱小部发展为强大的后金国

依据《满文老档》和《满洲实录》满文体的记载，现将万历十一年努尔哈赤起兵以后到天命五年的重要战争简要列述如下：

万历十一年五月，努尔哈赤起兵，取图伦城。

万历十二年正月，取兆嘉城。六月，取玛尔墩城。九月，攻栋鄂部，尽焚城外房屋。

万历十三年二月，掠界藩。四月，掠哲陈。九月，破安图瓜尔佳寨，杀寨主诺谟浑。

万历十四年五月，取贝欢寨。

万历十五年八月，取巴尔达城、洞城。

万历十七年，取章嘉城。

万历二十一年九月，大败叶赫、乌拉等九部联军三万，纵兵掩杀，尸满沟渠，击杀敌兵四千人，获马三千匹、甲一万副。十一月，攻纳殷部据守的佛多和山，三月乃下。

万历二十六年正月，征安楚拉库，取屯寨二十处，余皆“招服”，获人畜万余。

万历二十七年，灭哈达，尽收其国。

万历三十二年正月，收叶赫璋、阿二城七寨人畜二千余。

万历三十五年三月，收裴优城及其四周屯寨，编五百余户，击败乌拉兵一万人。五月，取赫席赫、鄂谟和苏噜、佛纳赫拖克索，获人畜二千。九月，灭辉发，“屠其兵，招服其民”。

万历三十六年三月，取乌拉宜罕山城，杀一千人，得甲三百副。

万历三十八年二月，灭瑚叶路，获俘二千。十一月，将那不都鲁、绥芬、宁古塔、尼马察四路人编户带来。十二月，取雅兰路，获人畜万余。

万历三十九年七月，取乌尔古辰、古伦路，获俘一千。十二月，取湖尔哈部扎库塔城，杀千人，获俘二千。将图勒伸、额勒伸二路长及五百户“驱护”带来。

万历四十年九月，攻乌拉，取六城，尽焚六城人家和粮食。

万历四十一年正月，灭乌拉，杀守兵万人，分俘获，编万户带回，获甲七千副，“尽得其国”。九月，攻叶赫，尽取璋、吉当阿二城子女。又取十九城，“尽焚其房谷”，编三百户带回。十一月，攻雅兰、西林，获俘一千，编二百户。

万历四十三年十二月，灭额赫库伦，杀兵八百人，获俘一万，编降户五百。

天命元年（明万历四十四年）七月，尽取东海萨哈连部及瑚尔哈部四十七寨，招服使犬部、诺垒部、实喇忻部。

天命三年四月，征明，取抚顺等三城和台堡五百余，分俘获人畜三十万，编降民一千户，又击杀援兵一万人，获马九千匹、甲七千副。五月，取明范河等十七城，尽取其谷，分俘获。七月，取清河，杀守兵一万人，分俘获。九月，掠明会安堡，获人一千，杀三百人。

天命四年正月，取叶赫克伊特城、尼雅罕寨，夺大小二十余屯寨，尽掠十里外屯寨人、马、牛，焚其住房和豆、草。三月，大败明兵于萨尔浒，收取大量俘获财物，三日未尽，降朝鲜兵五千。六月，收东海瑚尔哈部遗民，得一千户、二千丁、六千口。下开原，大杀守兵，掠巨量人畜财物。七月，取铁岭城，杀守兵，收俘获。八月，灭叶赫，将其人户尽数迁来。

天命五年七月，取明懿路、蒲河二城，尽夺其谷。

以上列举了努尔哈赤起兵以后的重要战事。通过这些征战，究竟杀了多少敌方兵民，掠夺多少人畜，编了多少降户，自己的士卒有无死伤等问题，无法统计绝对准确的数字。因为记载不全，好些战争的烧杀抢掠的真实情形，《清实录》或者是只字不提，或者是一笔带过，甚至故意含混其词，不说实数。

比如，《满文老档》载述额亦都战功时提到，努尔哈赤率兵围困索尔瑚山寨，以额亦都首先攻取，将该城男女皆委令额亦都杀戮[1]，《清实录》对此毫无记载。

又如，《满文老档》写道，万历二十一年三月，努尔哈赤遣兵攻打纳殷部七村“叛民”据守的佛多和山城，“得后皆杀之”[2]。而《清实录》却只记为“斩搜稳、塞克什，即日回兵”，删掉“得后皆杀之”五字，以掩盖屠杀七村建州女真诸申的暴行。

因此，对清朝官修文献，需慎重分析使用。

根据上述战况，我们可以看出六个问题。

第一，经过多次征战，建立了一个强大的后金国。万历十一年五月，努尔哈赤起兵，报杀害父、祖之仇，此时只有遗甲十三副，从征诸申数十名。以后，连续用兵，攻下附近各部，人口增多，辖地扩大，万历十五年在苏子河畔呼兰哈达兴建费阿拉城(今辽宁省新宾县境内旧老城)，“定国政”。

万历二十一年，大破叶赫、乌拉、哈达、辉发等九部联军，统一了建州女真各部。紧接着，灭哈达，亡辉发，取乌拉，领土

1 《满文老档·太宗·天聪》卷四八。
2 《满文老档·太宗·天聪》卷四八。

日广，人丁激增，国势愈强。明万历四十四年正月初一，努尔哈赤被诸贝勒、大臣尊奉为“英明汗”，定国号为后金，年号天命。

天命三年，以“七大恨”誓师伐明，连下抚顺、清河等城。第二年，大败明军于萨尔浒，灭叶赫，统一海西女真四部。接着，攻占明朝重镇开原、铁岭二城，击溃蒙古喀尔喀、扎鲁特部，生擒勇悍善战的斋赛贝勒，声势大振。

努尔哈赤率领八旗兵丁，南征北战三十余年，统一女真各部，屡败明军，疆土日广，东至东海，西接明朝辽东边墙，南抵鸭绿江，北达嫩江流域，辖地四千余里，在祖国东北地区建立了一个兵强马壮、蓬勃发展的后金国，这对发展边疆生产、防御外国侵略、保卫祖国神圣领土起了重大作用。

第二，拒降兵民被射被斩，伤亡惨重。这个强大的后金国，并不是经过民主协商各部女真自愿组合而成，并不是在安静和平的条件下形成、发展的，而是经过多次征战，使劳动人民付出了极大的代价才建立起来的。

在攻打女真各部时，努尔哈赤率军大杀敌兵和拒降诸申。比如，三打乌拉，第一次，取宜罕山城，杀人一千。第二次，焚烧六城的粮食和住房。第三次，经激烈交战，杀乌拉兵万人，始尽灭其国。又如，万历二十一年与叶赫、乌拉等九部联军会战时，努尔哈赤率军猛攻，大破敌军，“纵兵掩杀，尸满沟渠”。后又出动大军，攻灭辉发，“屠其兵”。其他战争，敌方伤亡也不少。正是在杀声震天、尸横遍地的基础上，后金国才建立起来，才不断扩展壮大。

第三，大量掠取人畜财帛。从上述诸例看，攻打女真各部时，得获人畜四万一千。此系大大缩小之数。这四万一千人畜，基本上是从东海瓦尔喀部女真屯寨抢来的。灭掉一个小小的额赫库伦部，便俘获人畜一万，那么，兼并哈达、辉发、乌拉、叶赫这样几倍、几十倍于额赫库伦的四个大部，所获的人畜岂不是要数十倍于此数吗！

在对明战争中，掠取的人口、牲畜更多。《满文老档》载称，天命三年四月攻下抚顺三城及其附近城堡时，俘获人畜三十万[1]。明兵科给事中薛凤翔弹劾败事边臣的奏疏说，抚顺失陷，“军民之骈死者、掳去者，各数万”[2]，可见掠民之多。

清河比抚顺大，后金军打下清河时，“杀戮军丁男妇以万计”，努尔哈赤特地留驻四日，以分俘获，这也表明抢得的人畜是很多的。

开原是明朝辽东重镇。负责全辽军事重任的明朝经略熊廷弼上奏说:“开原为河东根底”，是“古之黄龙府而元之所谓上都也。城大而民众，物力颇饶。贼住城中，用我牛马车辆，运金钱财货，数日未尽，何止数百万”[3]。满人自己也说，打下开原后，“所获金、银、绸帛、蟒缎等物甚多”。努尔哈赤下令，“将人口、财帛、金、银、牛、马、驴、骡均平置于城内各处”，让掳掠较少的牛录前往领取。“收俘获财帛，三日犹未尽”[4]。可见掠夺的人畜财帛数量是很大的。

后金军攻下铁岭时，大肆掳掠[5]。取懿路、蒲河二城“老百姓、马、牛，俘获甚多”[6]。

由此可见，经过三十多年征战，努尔哈赤率军掠取的人畜，为数可达数百万之多。

第四，编了大批降户。这段时间内，由于努尔哈赤以死威胁和以恩相诱，许多女真诸申、汉民、蒙民陆续归降，编户隶属。

1 《满文老档·太祖》卷六。
2 《明神宗实录》卷五八五。
3 《明神宗实录》卷五八三。
4 《满文老档·太祖》卷一〇。
5 《明神宗实录》卷五八五。
6 《满文老档·太祖》卷一六。

在上述战争中，努尔哈赤和女真部落一共打了三十六仗，其中七次载有具体的降民数字，累计为一万一千余户（仅乌拉就编了万户降民）。这仅只是一小部分，还有二十九次战争没有详细数目。而且，这二十九次中，包括与叶赫、哈达、辉发等大的女真部落的交战。我们可以把这三部和乌拉比较，来看看女真降户的人数。哈达曾为海西女真之首，其酋长王台被明朝封为龙虎将军，威震各部女真。努尔哈赤灭哈达时，“其军士器械，民间财物，父母妻子，俱秋毫无犯，尽收其国而回”[1]。可见，编的降民不会少于乌拉的万户。

叶赫也是大于乌拉的强部，哈达、乌拉皆曾向叶赫求援。叶赫布斋贝勒曾发兵一万进攻努尔哈赤。能发兵一万，其总人数一定不会少于万户。天命四年八月，努尔哈赤率领数万大军灭叶赫时，“无论善恶，皆全户不动，不使父子兄弟拆散，不使亲戚分离，俱尽数迁徙而来”[2]。据明人的记载，努尔哈赤将叶赫部众“挑壮丁九千余名，分隶部下八将”[3]。这也表明，编的降民是相当多的。这样，使努尔哈赤辖属的人丁迅速增加，实力更强大，国势日盛。

第五，努尔哈赤不仅率兵领将，指挥征战，而且亲自冲锋陷阵，砍杀敌兵。努尔哈赤原系小部酋长之子，二十五岁时祖、父被杀，亲族相欺，诸申离散，仇人尼堪外兰又乘机威逼。这样一个家道中衰，无将少兵的小小头目，主要是凭靠拼命厮杀，兼用计谋，才逐渐引人注意，受到部下拥戴而急剧壮大起来。比如，万历十三年，努尔哈赤进攻仇人尼堪外兰所居的鄂勒辉城，见有四十余人逃走，为首一人穿青绵甲，很象是尼堪外兰。努尔哈赤即“单身直入四十人中”，敌方一人突发一箭，射中努尔哈赤胸

1 《满洲实录》卷三。
2 《满文老档·太祖》卷一二。
3 王在晋：《三朝辽事实录》首卷总略。

部，深透肩后，其他人亦猛烈攻杀。努尔哈赤虽受伤达三十处之多，仍“奋勇”苦战，射死八人，斩一人，余皆逃窜[1]。

后来努尔哈赤回顾历次征战说，“自幼于千百军中，孤身突入，弓矢相交，兵刃相接，不知几经鏖战”[2]，这是比较符合历史实际的。

第六，后金国的建立，是广大诸申、阿哈浴血奋战、英勇牺牲的结果，并不是努尔哈赤一人“英勇盖世”之功。作为女真——满族首领和后金国英明汗的努尔哈赤，调兵遣将，四处征战，在统一女真各部、建立金国的过程中，起了相当大的作用，这一点应予充分肯定。但是，决定性的因素，仍然是人民大众的力量，不是诸申、阿哈长期苦战，强大的后金国是不可能建立起来的。

《清实录》极力颂扬努尔哈赤善于用兵，蒙天保佑，所向披靡，兵将伤亡很少。这是不完全符合实际的。三十多年战争，两军对垒，枪刺刀劈，弹矢如雨，岂有不死不伤之理。虽然努尔哈赤连连得胜，敌军惨败，但自己的士卒也是血洒战场，尸遗异乡，伤亡累累。三种《太祖实录》记述努尔哈赤领兵攻灭哈达、辉发、乌拉等部时[3]，皆只描写敌兵死亡溃散，却只字不提己方情形，似乎无一死伤，历史事实并非如此。

在攻打女真各部及明朝城镇的战争中，许多诸申和包衣阿哈被射被刺，战死疆场，尸横遍野。《满文老档》有整整两卷专门记述诸申、阿哈征战伤亡的情形。比如，努扎，在扎库塔作战时，身负三伤，进攻辉发又负一伤。苏苏布，攻乌拉时，连受三伤。塔赫达，在扎库塔，负一伤，攻乌拉时，被敌兵刺中，受二伤，又遭箭射，负一伤。赫勒，攻打瑚齐哈，受一伤，在哈达负一伤，在璋城

1 《满洲实录》卷二。

2 《满洲实录》卷二。

3 三种《太祖实录》系指《武皇帝实录》、《满洲实录》、《高皇帝实录》。

受一伤，在虎儿吉雅拉受一伤，到乌拉又负二伤。额赫楚，攻扎库塔时竟身中八伤。这样一个重伤、多伤的士兵仍须继续从军，在乌拉打仗时，遭敌军射击，受二伤，断杀肉搏时，又受一伤[1]。

很明显，仅靠努尔哈赤及其子弟叔侄一二十人的武力，是不能击败成千上万的敌军和攻克坚固大城的，这一点，努尔哈赤自己是很清楚的。例如，万历十二年，一贼潜入，欲图行刺。努尔哈赤将贼击仆后，“暗思，贼必有主，若杀之，其主必以杀人为名，加兵于我，自料兵少难敌，乃佯言曰，尔必来偷牛。……（贼承认后）遂释之”[2]。分明是谋杀自己的敌人，努尔哈赤却因兵少，无力抵挡，就不敢杀掉，并诡称系盗牛小偷，而纵其归还。

再如，万历十二年五月，努尔哈赤于夜间击倒一谋刺盗贼后，对其弟兄说：“我若杀之，其主假杀人为名，必来加兵，掠我粮石。粮石被掠，部属缺食，必至叛散。部落叛散，则孤立矣！彼必乘虚来攻，我等弓箭器械不足，何以御敌。……遂纵之。”[3]在这里，努尔哈赤非常明确地承认了诸申的力量，没有诸申，诸申离开了，则努尔哈赤一家就孤立了，就没法对付敌人的进攻。

正是由于广大诸申、包衣阿哈的拼死冲杀，才能屡败敌军，攻城略地，扩大辖区，增加人畜，才建立起强大的后金国，才使努尔哈赤弟兄子侄登上汗、贝勒的宝座。

二　生产力的迅速发展

天命四年十一月，在给蒙古扎噜特部钟嫩贝勒的信中，努尔哈赤比较满族与蒙族的区别时说：“尔蒙古国以饲养牲畜食肉着皮

1 《满文老档·太祖》卷六二、六三。

2 《满洲实录》卷一。

3 《满洲实录》卷一。

维生，我国乃耕田食谷而生也”[1]。

天命五年四月十七日，努尔哈赤致书蒙古喀尔喀五部贝勒说：“皇天赋与我地，盛产财物，有三种貂皮，黑、白、赤三种狐皮，猞猁狲皮、豹皮、海獭皮、虎皮、水獭皮、银鼠皮、黄鼠狼皮、貉皮、狍鹿皮、狍皮等皮裘。又有棉、丝棉、布、葛布、盐。复有金、银、铁，皆产于地。凡此皆有，衣食之资，皆可得之”[2]。

这两段话概括了此时生产发展的基本轮廓，与前段时间相比，有了很大的进步。现以此为线索，看看各方面的具体情况。

以农业来说，表现出四个比较明显的特点。

第一，农业生产迅速发展。这段时间内，耕地面积急剧扩大，品种增多，产量提高，农业成为后金国中占居统治地位的生产部门。

朝鲜南部主簿申忠一说，万历二十三年十二月二十二日进入努尔哈赤辖区后，从二十三日起，至二十八日到达努尔哈赤家，“所经处，无墅不耕，至于山上，亦多开垦”。粮食下种一斗，肥地可收八、九石，瘠地收一石[3]。至于好地、坏地各占若干比例，收获可否足食，申忠一未谈。但据明人估计，这时及稍后一些时间，努尔哈赤辖区的粮食还是不够吃的[4]。

万历二十七年，努尔哈赤攻灭海西女真哈达部，在其境内大力开垦，牧放马牛[5]。

明朝辽东宽甸等六堡，原曾于边外，“开拓新疆，围坏者八百余里”，军民六万余人屯垦其中。在后金不断越边耕垦的压力下，明廷于万历三十七年撤出，这块延袤八百余里的膏腴地区遂

1 《满文老档·太祖》卷一三。
2 《满文老档·太祖》卷一五。
3 申忠一：《建州图录》。
4 《明神宗实录》卷五一九。
5 《明神宗实录》卷五〇九。

为后金国占据，种植牧放[1]。

长期持续扩大耕地，农业生产进展很快，到了天命四年冬，终于达到了努尔哈赤所说“我国乃耕田食谷而生也”的水平。朝鲜从事李民寏记述所见后金农耕情形时也说：“土地肥饶，禾谷甚茂，旱田诸种，无不有之。”[2]

第二，后金国汗、贝勒主持农耕。前一时期的农田，主要是由女真各部诸申们分散地、自由地耕种，酋长并不干预。现在新建立的国家过问生产了。从万历十一年起兵以后，努尔哈赤便十分重视农耕问题。他很早就组织屯田。万历二十三年，申忠一说，努尔哈赤“于各部落，例置屯田，使其部酋长掌治耕获，因置其处，而临时取用”[3]。此后，更于万历四十一年左右佥派诸申大规模地屯垦荒地[4]。

因建州土质不良，食用缺乏，努尔哈赤不断遣发兵卒，越边进入明境垦牧。明臣多次派军驱逐，差人劝阻，移文诘责，甚至奏请明帝，谕令退地。努尔哈赤虽呈文具结，声称遵诏，却照旧越边占耕田地。从下述一事，便可了解越耕的情况和原因。

万历四十二年，努尔哈赤命将王台、二汉率领五百余人入明境“住种”，明备御董国贤等，“驱之，不去”。辽东巡按翟凤翀为此上奏说：“据开原道薛国用呈称，奴儿哈赤差部夷五百名来本边汛河口刘家孤山地名住种。又地名仙人洞，有种田达子四十四名。去年宣谕数次，令彼撤回，三见题疏，两经部覆，奉有明旨，奴投有不牧种之甘结，讵意倏忽变幻时来。以善言谕之，不肯去。以逐杀畏之，各夷云：我只怕我都督，就死在这里，也不回去。”翟凤翀分析其坚持越耕的原因说：“盖奴酋擅貂参海珠之利，蓄聚

1 《明神宗实录》卷四二四。

2 李民寏：《建州闻见录》。

3 申忠一：《建州图录》。

4 《满文老档·太祖》卷三。

綦富，独其地颇硗瘠，粮料时苦不给，欲为广垦储粮之计。”[1]

虽然明朝一再驱逐，但努尔哈赤坚不退让，继续耕垦，以致形成“近边牧种，虽驱不退，开耕年广于一年，人牛日多于一日”[2]。

天命元年，努尔哈赤开始在后金辖区种植棉花，纺织棉布，产量迅速增加[3]，改变了长期以来棉布全靠外地供应的被动局面。

第三，阿哈成为农业生产中的主要劳动力。前段时间里，基本上是诸申在耕田种地，只有少数阿哈从事农活。现在，随着战争的频繁，阿哈人数急剧增加，他们大批地被驱赶在汗、贝勒、八旗官将的拖克索中耕耘收割，对生产的发展起了重大作用，使农业中劳动力的成分和性质发生了显著的变化。

第四，劳动成果被统治者攫夺。汗、贝勒之所以如此重视农业，是出于扩大剥削的需要，是为了巩固剥削制度。诸申、阿哈辛勤耕耘，多种粮棉，所获产品却被统治阶级夺走。这从下面事例可以看得很清楚。

万历四十三年，诸贝勒、大臣力主出兵攻打叶赫与明朝，努尔哈赤坚决反对。他说:“今若征明……虽得之，所获人畜，何以食之。我国向无积储，虽战有所获，不但不足以养所获人畜，即我等之旧人尚且皆死矣。趁此暇时，先治我国……耕田收谷，以充粮库”，再行出征[4]。

努尔哈赤说得很明白，没有足够的粮食，打仗虽然胜了，掠来大批人畜，但难以供给口粮、马料，连过去掳来的阿哈、马、牛、羊、驴亦将饿死。因此，要加紧耕田储粮，以备将来的需要。

以上农业生产的新特点，基本上也体现在畜牧、狩猎、采集、

1 《明神宗实录》卷五一九。
2 《明神宗实录》卷五一九。
3 《满文老档·太祖》卷五。
4 《满文老档·太祖》卷四。

手工业及商品交换各方面。

这段时间，畜牧业也有很大的发展。牲畜仍然是构成财产的重要内容。每次战争，后金军必然大量掠取马、牛、羊、骡。《满文老档》等书的记载中仍然是人畜并提，俘获牲畜的多少，是表明出征胜利大小的重要标志。

牲畜继续被用来作为婚嫁的聘礼。连努尔哈赤这样高地位的后金国汗，也以牲畜为聘，向叶赫贝勒求婚。《满洲实录》载称，万历二十五年，叶赫布斋贝勒接受聘礼，以女许努尔哈赤。此聘礼是什么物品，《实录》没有具体说明。查看《满文老档》，才知此礼品即系牲畜。诸贝勒建议征伐叶赫时说，“叶赫将我以牲畜聘婚之女，今欲给与蒙古”[1]。

马匹仍是贡市必需之物。在天命三年以前，努尔哈赤一直是明帝属臣（初封都督佥事，继晋龙虎将军），七次入京朝贡。明朝政府发给女真各卫的一千五百道敕书，此时大都落到努尔哈赤及其官将手中，仅凭这一项，每年就需上千匹马以备朝贡之用。开原、抚顺等处马市，也需许多马匹。连年用兵，急需大批战马。至于扩大种植面积所需的耕牛，赏赐臣僚的马牛，需要量也很大。这些因素，促使努尔哈赤大力发展畜牧业。

万历二十四年，申忠一说，努尔哈赤辖区，“家家皆畜鸡、猪、鹅、鸭、羔羊、犬、猫之属”[2]。天命四年进入努尔哈赤辖区的朝鲜人李民寏说，后金国中，“家家皆用小车，驾之以牛”。特别重视养马，上自汗、贝勒，下至诸申，男女老少都喜欢饲养马匹，以“驰骋为事”[3]。因此，畜牧业进展很快。

究竟这时大体上有多少牲畜？多到什么程度？虽无确切的总的统计数字，但从下述事例，还是可以了解到大致情形。

---

1 《满文老档·太祖》卷五；《满洲实录》卷四。

2 申忠一：《建州图录》。

3 李民寏：《建州闻见录》。

万历四十一年，努尔哈赤追述过去赐予诸子财产时讲道，先曾给与长子褚英、次子代善各八百 adun。adun，意为马群、牛羊群，一般译为牧群。当时，一牧群（adu）包括多少马、牛、羊，虽难确知，但可以肯定，八百牧群是个很大的数字。根据有二。一是可和满族先人金国女真相比。南宋初年出使金国的洪皓，将其所见金国情况写了一本书，名为《松漠纪闻》。此书卷上谈到金国富室嫁女的陪嫁物品说:"金国旧俗……牛、马十数群，每群九牸一牡，以资遣之。"即牛、马一群有十匹（头）。如按满族祖先的这个习俗来推算，则八百牧群当有马、牛八千匹（头）。

一是可和顺治元年清军入关以后的状况作一比较。按照乾隆年间的规定，口外每一群马，有马三百至五百匹不等。依此折算，八百牧群应有马、牛、羊数万匹（头）。可见褚英、代善二贝勒拥有牲畜数量之多。

褚英、代善各有牧群八百，努尔哈赤及其另外的儿子，以及八旗各级官将，亦必占有大批牲畜。李民寏指出，后金国中，"六畜惟马最盛。……将胡之家，千百为群，卒胡也不下十数匹"[1]。

李民寏讲的"将胡"，是指诸贝勒和八旗官将。此时，经常带兵出征、有权有势的贝勒，有代善、阿敏、莽古尔泰、皇太极、阿巴泰、德格类、斋桑古、济尔哈朗、岳托、硕托、萨哈廉、杜度等十二贝勒。八旗大臣有五大臣、十扎尔固齐、八固山额真、十六梅勒额真、五十名左右甲喇额真，约八九十人。另外，还有二百多个牛录额真。姑按甲喇额真以上推算，约有一百名"将胡"。照李民寏所说"将胡之家，千百为群"，则这一百"将胡"当有马一万至十万匹了。

李民寏讲到"卒胡也不下十数匹"。他又说，努尔哈赤统辖

1　李民寏：《建州闻见录》。

“长甲军十万余骑，短甲军（即步兵）亦不下其数。”[1]既有马军十万余，则战马至少有十余万匹，因为一名马甲，往往不只一匹马，而是二三匹。当然，应该指出李民寏这个说法不完全符合历史实际。当时，后金国一共才二百多个牛录，每牛录三百丁，总共不过六至八万丁，怎么征调，也凑不够十八九万名士兵。按照乾隆皇帝的说法，天命四年萨尔浒大战时，后金有兵数万。这是比较恰当的，即是说，军士有战马数万匹。

拿这两个例证和前段时间相对照，前引明代辽东档册记载，万历十一年七、八、九月和万历十二年一、二、三月的半年中，海西女真叶赫、哈达部到开原马市交易的，共有一万一千八百七十四人次，卖出马才一百七十五匹。而现在，仅褚英、代善二人就各拥有牲畜数千，“将胡”有马一至十万匹，“卒胡”有军马数万匹，两者之间悬殊很大。可见后金国的畜牧业发展之快。

满族爱好打猎。努尔哈赤经常率众出围，并制定了详细的围猎规定。《满文老档》记载：

> 英明汗素好围猎用兵，制定兵猎之规定法令，甚是周密。……历来出兵行围之时，严法令，禁纷杂，戒喧哗。……汗谓曰：战时喧哗，敌先知觉。猎时喧哗，声响山谷，兽即遁走。兽入围时，勿于围中驰马。若兽向人来，则各立原处射之。若兽出围，则驰马急追，迎头阻拦射之。若系出围之兽，任何人皆可迎截而杀之。盖猎人皆有“离家不为射杀野兽何故来哉”之心。各于遇兽之处前进，不得妄阻驰追。若有马快之人将兽赶回，乘劣马者顺序相随，遇兽时，得射即射，得杀即杀，取其所获兽肉，以偿大众。
>
> 若见虎卧，勿动，即告众。若于恰当处遇见，则众人围

1 李民寏：《建州闻见录》。

而杀之。若地势不好，则弃之。若见虎奔，则勿停，追而射之。先射熊和野猪之人，能杀，即了结矣。不能杀，则呼“共杀”，而求助于他人。共杀时，平分其肉。若初遇兽者惜肉而不听他人之援助，以至熊和野猪不能杀而逃出时，则援者可取逃出之兽肉以为补偿。诸大臣射伤之兽逃出后，他人杀之，可告于其主，而尽取其肉。如此禁令。[1]

把这段叙述和前一时期相比，可以发现四点明显的区别。

一是围猎的规模扩大了。早年打猎，按照各族各寨进行，一族、一寨，仅有十来名、数十名壮丁而已。现在，几百人、几千人参加围猎，可聚众射杀凶猛野兽，如虎、熊、野猪，皆可会众围杀，可见人数之多和规模之大。

二是围猎由国家主持进行。努尔哈赤之所以制定围猎禁令，主要是以猎为兵服务，把围猎作为征战的训练和预演，因此经常是兵猎并提。他制定的各种禁令，如不许喧哗、禁于围中驰马、规定射杀兽禽的分配方式等，内容复杂，法令森严，废弃了昔日按照族寨设立临时首领的古老传统，以强制服从的法令，取代了先年自愿履行本人职责的旧习俗，把诸申们互相邀约打猎的临时性的自发的协作，纳入国家统治的轨道，由汗、贝勒、八旗官将亲自率领，统一进行。

三是猎获物品大量增加。人多，包围圈大，射杀的野兽也必然多。前述努尔哈赤列举本地盛产的貂皮、狐皮、猞猁狲皮、豹皮、虎皮、貉皮、狍皮等各种毛皮，便是广大诸申、阿哈多次大规模围猎的丰硕成果。

四是加强了后金国的财力物力。在天命三年后金军大举攻明以前，努尔哈赤将狩猎所获的巨量兽禽，一部分运往北京和各马

1 《满文老档·太祖》卷四。

市，与明交易，换回大批耕牛、铁制农具、衣、布、盐等必需物品，获得上万银两。另一部分，他用来与蒙古各部交换牲畜，或赠赐各部贝勒、台吉，从而密切了满蒙关系，拉拢了一些蒙古贵族，得到许多战马和牛羊。努尔哈赤还将貂皮、狐皮等高贵皮裘赐予有功之臣，促使八旗官将效忠于汗。这一切，都有利于巩固后金国的统治，增强自己的实力。

努尔哈赤也深知采集之利。少年时期，他曾亲自上山采挖人参，摘拾松子，带到马市出售。他把采参、捕捉貂鼠的人列为与耕田、筑城并提的三大类劳动力，声称应当“善养”[1]，可见其重视。

为了获得高价，不因搁置时间过长而腐烂和被迫降价出售，努尔哈赤与众细心钻研保存、制造方法，终于决定废弃以水浸润人参的长期习俗，改为煮熟晒干，从而可以徐徐发售，果然“得价倍常”。

为了牟取参松之利，努尔哈赤不惜用兵相胁，以武自卫。他曾因朝鲜边将截杀入朝境内采参的诸申，竟欲出兵攻朝鲜，经明廷派使劝阻乃止。明人进入女真地区采参摘松，努尔哈赤遣将驱杀，遭到明臣斥责，引起严重交涉，后来成为发兵攻明的“七大恨”之一。他还遣派诸将，充当贡使，携带大量人参，入明贸易，强迫明边将高价购买，形成明人所谓“强裁参斤，倍勒高价”的事件[2]。

由于明廷一度于万历三十五年实行禁市政策，两年之内，努尔哈赤准备出售与明的人参，竟腐烂了十余万斤，可见后金采集业规模之大。

随着辖区的扩大，农业的发展，战争的频繁，后金手工业

1 《满文老档·太祖》卷四。

2 《明神宗实录》卷四四四。

迅速地发展起来。过去，建州左卫女真地区，没有采矿业，不会炼铁，不会炼金，不会织布，不产食盐，现在，局面迥然不同了。

努尔哈赤十分重视手工业。他“宽待”掳来的各种工匠，对“善手铁匠……欣然接待，厚给杂物，牛马亦给”[1]。他派遣本族人员充当甲匠、箭匠、弓匠、冶匠，又创办铁矿，并开金、银矿[2]。

银、铁皆有专门的工匠役夫。但因用兵急需，仍特别着重打造军器。李民寏指出，后金国中，“银、铁、草、木，皆有其工，而惟铁匠极巧”[3]。在努尔哈赤所住的“汗都”，“北门外则铁匠居之，专治铁甲。南门外则弓人、箭人居之，专造弧矢”。铁匠很多，仅北门外专造铠甲的铁工，所居房屋，就“延袤数里”[4]。

铁工使用好铁，技术也很高超，打造的甲仗十分坚固。徐光启对比明、满士兵装备情形说，后金军“所戴盔甲、面具、臂手，悉皆精铁”，“极是精坚。所用长枪、飞枪、透甲箭，极是锋利”。因此，萨尔浒大战时，努尔哈赤步兵径直冲进朝鲜军营垒，朝鲜兵虽发铳箭，亦无可奈何，“甲坚固也”。而明兵盔甲，“既皆荒铁，胸背之外，有同徒袒”，金兵于“五步之内，专射面胁，每发必毙”，不能抵挡[5]。

兵器盔甲的结实坚固，表明了铁的开采、冶炼和制造的技术有了相当高的水平，这是生产上的一大进步。过去，铁铧、铁锅

1 《朝鲜宣祖实录》卷一三四。

2 《满洲实录》卷三。

3　李民寏：《建州闻见录》。

4　程令民：《筹辽硕画》卷首《东夷奴儿哈赤考》；徐光启：《辽左阽危已甚疏》，《明经世文编》卷四八八。

5　徐光启：《辽左阽危已甚疏》、《恭承新命谨陈急切事宜疏》，《明经世文编》卷四八八。

等重要的生产工具、生活必需用品，全从明与朝鲜购买，数量少、限制多，远远不能满足后金国发展生产、改善生活条件的需要。现在，可以自己开采，自己冶炼，自己锻造，制作各种器具，有力地促进了农业和其他手工业的发展。

过去只能织麻布，现在大种棉花，广育桑蚕，纺织业也在前进。但是，“织锦刺绣”，仍主要是由住居后金的汉民承担[1]。

建州左卫女真地区，素不产盐。这样重要的必需用品，全靠外地供应，主要是通过“抚赏”、“告讨”方式从明朝边将领取，数量很少，往往奔走十来日，往返数百里，才能领到十斤八斤盐，以致出现女真人中很少有盐吃，甚至吃不到盐的艰难情景。直到天命四年，李民寏仍说后金国中“盐酱极贵”，“将胡家尚有所储，而閭阎则绝乏已久云”[2]。

努尔哈赤兴起以后，辖区扩大到东海，就努力发展食盐生产。《满文老档》载称，天命五年六月，“始遣人往东海煮盐”。“十月十五日，命阿尔巴尼参将率每牛录之四人，往东海滨取所煮之盐。次年二月二十八日到达，于国内按丁给与”。又将“八堡汉人所煮之盐，计丁分与彼等”[3]。

此时，八旗有二百三十多个牛录[4]。按每牛录四人计，阿尔布尼参将共带九百二十多人前往东海滨取盐。上述材料未说明是以车载盐，还是以马、骡、驴、牛驮运。按东北地区习俗，一般是车载畜驮，当时后金也有大批马、牛，有条件备办千头牲畜驮运。如此，则运的盐就很多了。一车可装数百斤，一头牲畜也可驮数百斤，以一人照管一车或一牛计算，九百二十多人可运盐数十万斤。姑且按最差的条件即以人挑运来算，每人挑盐一百斤，也可

1 李民寏：《建州闻见录》。
2 李民寏：《建州闻见录》。
3《满文老档·太祖》卷一五、一七。
4《满文老档·太祖》卷一八。

运回盐九万多斤。

拿这个数字和过去作一比较。前述万历十一年七、八、九月及十二年一、二、三月的半年中，海西女真进入开原马市贸易的有一万一千多人次，通过“抚赏”得到的盐才三千二百三十斤，现在，九百二十多人到东海滨，可取回盐九万多斤（或数十万斤），相当于三千斤的几十甚至几百倍。可见，东海产的盐数量很大。特别是在明朝禁运食盐的条件下，其所发挥的作用，更应予以足够的估计。

另外，八堡汉人所煮的盐也不少。一堡总有上百人丁，八堡可派几百丁煮盐。用海水煮盐，几百人在一个夏季生产数十万斤盐，是不成问题的。正因为八堡汉人煎的盐很多，才能在后金国内按丁发放。

生产力的迅速发展，产生了强大的影响，为奴隶社会的确立奠定了物质基础。

恩格斯在论述从原始社会末期进入奴隶社会时指出:“生产的不断增长以及随之而来的生产率的不断增长，提高了人的劳动力的价值；在前一阶段上刚刚产生并且是零散现象的奴隶制，现在成为社会制度的一个本质的组成部分；奴隶们不再是简单的助手了；他们被成批地赶到田野和工场去劳动。”“要使奴隶劳动成为整个社会中占统治地位的生产方式，那就还需要生产、贸易和财富积聚有更大的增长。”[1]

这两段话说明了生产力的提高对原始社会转变成奴隶社会具有十分重大的作用。满族的情况也是这样。正是在辖地扩大、人丁众多、阿哈激增、生产力迅速发展的条件下，满族从原始社会末期进入奴隶社会，建立了奴隶占有制国家。

1　恩格斯：《家庭、私有制和国家的起源》，1884年，《马克思恩格斯选集》第四卷，第159页；《反杜林论》，1878年，《马克思恩格斯选集》第三卷，第200页。

三　奴隶制成为占居统治地位的生产方式

（一）广大阿哈主要从事农业劳动

这段时间的阿哈，比过去增加了好多倍。阿哈的主要来源是掠夺来的人口。同时，诸申分化加剧，穷者沦没为奴，或因犯罪贬为阿哈，以及原有的阿哈的子女，皆增加了阿哈的数量。比如，申忠一说，一些女真诸申私入朝鲜境内采挖人参，努尔哈赤“令各部刷出，每名或牛一只，或银十八两征收，以偿其私自越江之罪。其中，贫不能措价银与牛者，则并家口拿去使唤”[1]。

阿哈数量之多，从下述一些事情可以看得很清楚。首先，努尔哈赤一贯实行“抗拒者杀，俘者为奴”的政策，把攻打各部女真和明朝城乡所掠来的男女老少，强行勒令充当阿哈。因此，前述三十多年战争俘获的大量人丁，就是表明后金国中阿哈数量之多的最好证据。

其次，《满洲实录》汉文体载称，天命三年八月，努尔哈赤命纳璘、音德二人“率四百众”往嘉木湖收获。这里所谓的“四百众”是什么意思？“众”是什么身份？具体说，是诸申，还是阿哈？不清楚。查看《满文老档》，它记为，努尔哈赤遣纳璘、音德二人，“率诸贝勒之拖克索包衣八百人”打谷[2]。这就明白了。原来《满洲实录》所谓的“四百众”，却是八百人，而且是诸贝勒拖克索中的八百名阿哈。一次就能派遣八百阿哈打谷，可见诸贝勒必然拥有大量阿哈。

最后，万历四十年九月努尔哈赤率兵攻打乌拉时，其子莽古尔泰、皇太极建议直取乌拉都城。努尔哈赤拒绝说：“相等之大国，

1　申忠一：《建州图录》。
2《满文老档·太祖》卷七。

欲一举尽灭之，岂能得乎！且尽取其外所属诸部，唯存其都。若无阿哈，主何能生！若无诸申，贝勒何能生！”[1]

这段话很重要，不仅可以作为概括当时社会面貌的总纲，而且也充分反映出了此时阿哈数量众多的情形。我们可从三方面来看。

第一，与前段时间相比。查阅清朝早期的文献，找不出努尔哈赤有专门讲阿哈的话。相反，他却对诸申十分注意，经常议论诸申的问题，担心诸申因无粮而离开。这岂不是表明诸申是当时女真社会的主要成员，而阿哈却是人数不多、不受重视吗！现在，局面不一样了，阿哈成为努尔哈赤经常谈论的话题。这就是说，阿哈已是人数众多，在社会上发生了强烈影响，统治者不能视而不见了。

第二，本来是莽古尔泰和皇太极建议攻打乌拉都城，毫未涉及阿哈，完全是风马牛不相及的两回事，而努尔哈赤却偏偏援引阿哈与家主的关系，来反对其议，为己先取外部孤立都城的主张作根据。如果阿哈人数很少，不为众所熟悉，家主依赖阿哈为生即剥削阿哈的行为不是普遍的现象，努尔哈赤怎么会这样讲，众人怎能了解。正是因为此时的阿哈已经很多，从事生产劳动，家主依赖阿哈为生的情形已经相当普遍，所以努尔哈赤才列举这种社会上公认的、常见的、习惯的事情，作为比喻。

第三，这段话把阿哈与诸申相提并论，无阿哈，则主不能生，无诸申，贝勒也不能生。改变了过去只说诸申，不提阿哈的古老习惯。社会在发展，昔日以诸申为主体的局面业已消失，诸申与阿哈并重的社会已经到来了。

以上事实表明，到天命元年努尔哈赤正式建立后金国时，阿哈已经成为一个人数众多的劳动者阶级。

阿哈劳动的范围是很广泛的，伐木运水、洗菜做饭、牧放马

---

1 《满文老档·太祖》卷二。

牛、随主从征、猎兽采参、筑城修路等苦役尽皆承担，但最主要的还是在汗、贝勒、将领的拖克索内从事农业生产劳动。下举二例为证。

例一，天命三年八月努尔哈赤遣纳璘、音德二人率诸贝勒拖克索的八百阿哈往边外打谷，被明军偷袭，杀七十人。九月二十五日，努尔哈赤遣兵掠明会安堡，获一千，斩三百人，并致书明臣说："尔大国皇帝之兵，若窃杀我耕田阿哈一百，我将杀汝之耕田阿哈一千"[1]。这段材料，首先清楚地表明了八百阿哈是在诸贝勒的拖克索中耕田种地的阿哈。同时，"耕田阿哈"四字，还说明阿哈主要从事于农业劳动，已是社会上十分普遍的情形，因此，对阿哈，不称为织布阿哈，不叫做建房阿哈，不命名为煮饭阿哈或打猎阿哈，而称为"耕田阿哈"。并且，努尔哈赤及其群臣太习惯于这种现象了，好像不管是后金国，还是明朝，种地植棉的人，都是耕田阿哈，所以他们既把诸贝勒拖克索中的阿哈叫做耕田阿哈，又称明朝种地农夫为耕田阿哈。这样的书写方式和习惯称呼，清楚地反映出此时的阿哈主要在拖克索中从事农业生产劳动。

例二，天命六年闰二月，努尔哈赤下谕说："阿哈当爱主，主宜怜阿哈。阿哈之耕田之谷，应与主共食"[2]。关于家主怎样"爱"阿哈的真实情形，待后详述。这里只着重讲一个问题，即在这道专门谈论阿哈的"汗谕"中，不说阿哈从事其他杂役，而是明确地、突出地讲阿哈耕田，可见阿哈主要从事农业劳动。

当然，这并不是说阿哈不干其他活。他们必须为家主采参捕兽。汗、贝勒和诸大臣经常派遣上百名阿哈专门"打牲"。阿哈们往返数百里，在崇山峻岭中捕捉虎豹貂獭，艰苦危险，所获珍禽异兽、名珠佳参，皆为家主攫夺。

---

1 《满文老档·太祖》卷七。

2 《满文老档·太祖》卷一七。

阿哈还须随主从征，牧马备鞍，断杀拼刺。天命四年六月，后金军攻下开原，努尔哈赤下令说："天嘉公正，我军诸贝勒、大臣以下，kutule、步卒以上，皆应以公正之心，取其应得之分"[1]。kutule，音译为"苦独力"或"控图勒"，意为"跟随的奴才"或"牵马小厮"，即从军的阿哈。所谓公正，自系欺人之谈，但这段话也表明，阿哈随主从征牧马侍奉的行为已很普遍，因而才产生了一个常用的专门名词 kutule。

就在这次战争中，诸贝勒的 kutule（牵马小厮）出城饲马牧放时，突遭蒙古喀尔喀部斋赛贝勒的兵士袭击，杀死上百人[2]。可见参加开原之战的牧马阿哈是很多的。

（二）奴隶制是后金国主要的生产关系

这个阶段的阿哈，仍然是奴隶，并没有转化为封建农奴，家主剥削阿哈的奴隶制发展成为后金国中主要的生产关系。

马克思指出："这是以奴隶制为基础的生产所以昂贵的原因之一。按照古人的恰当的说法，劳动者在这里只是会说话的工具，牲畜是会发声的工具，无生命的劳动工具是无声的工具，它们之间的区别只在于此。"[3]

奴隶"只是会说话的工具"，这是对奴隶的身份和性质作出的十分深刻的科学概括。奴隶不能算作人，而是物品，和牲畜、工具一样，都是主人占有的物品，都是主人的工具。既是工具，主人就有权任意支配，可以买卖，可以赠赐亲友，可以分授子孙，也可以损坏。对奴隶来说，就是可以驱使、打骂直到杀身害命。

从这个阶段阿哈、家主的情况来看，土地、耕畜、生产工具

1 《满文老档·太祖》卷一〇。
2 《满文老档·太祖》卷一一。
3 马克思：《资本论》第一卷，1867 年，第 222 页注 17。

皆归家主所有。这样的生产资料所有制形式，决定了阿哈必然处于惨遭家主蹂躏的困难处境。

家主完全占有阿哈人身，像对待牲畜一样，残酷压榨，野蛮蹂躏。阿哈的身份极端低贱，与马牛等同，经常是人畜并提。阿哈被家主任意买卖，或赠送与人，或分给子孙[1]。家主虐待阿哈，百般辱骂，恶毒鞭打，甚至灭绝人性地将阿哈折磨至死[2]。阿哈不能离主外逃，直到天命五年，捕获逃亡的阿哈，还是一律斩杀[3]。

关于劳动产品分配方式这个十分重要的问题，《满洲老档秘录》有一段记载：天命六年闰二月，努尔哈赤下谕说："仆夫力耕，以供其主，不敢自私。家主于战阵田猎之际，苟有所获，必赉其仆，无所吝惜，则上下相亲矣。"

这段译文很含混。所谓"仆夫力耕，以供其主，不敢自私"，可作三种解释："仆夫"是奴隶，生产的粮食须全部交给家主，不敢私自食用和处理；"仆夫"是遭受分成制剥削的封建佃农，米谷须由主人监督收割，按比例征收地租，佃农无权私自多分；"仆夫"是经营地主使用的封建性质的"雇工人"，领工钱，在地主家吃饭，劳动成品尽归雇主占有。"仆夫"可能具备这样三种不同性质的身份，引者可任凭己意解释，这样的材料不能当作主要依据。

对于努尔哈赤的这次重要的"汗谕"，《满洲实录》汉文体译写为：天命六年闰二月十一日，"汗曰：至于王宜爱民，民宜尊王，为主者宜怜仆，仆宜为其主。仆所事之农业，与主共食，而主之所获之财，及所收之物，亦当与仆共之。如是，上下相亲，天悦人和，岂不共成豫庆哉！"[4]

1 《满文老档·太祖》卷四。

2 《满文老档·太祖》卷四六。

3 李民寏：《栅中日录》。

4 《满洲实录》卷六汉文体。

这段记述，含混模糊，查看满文体，应译为:“主宜怜阿哈，阿哈当敬主。阿哈之耕田之谷，应与主共食，主之征战所得俘获，打猎所获之肉，宜与阿哈同食”[1]。

这比汉文体清楚一些，它说明阿哈从事农田劳动，耕种所获粮谷，与主共食。但是，怎样共食，仍不明确。按字面看，好像是阿哈收获后，请主人来“共食”，阿哈似乎是有自己私人经济的农奴或封建佃农。可是，家主兵猎所得俘获与兽肉和阿哈同食，这又应作何解释？不甚明白。

查看《满文老档》，才知道《满洲实录》编写者把努尔哈赤的谕旨删掉了一段非常重要的内容，以致使人难解真意。现根据《满文老档》的记载，将此谕全文译录如下：

> （天命六年闰二月）十六日，汗谕下：天命之汗，慈养属下诸大臣，诸大臣亦应有尊敬汗而得生计之理矣！贝勒当爱诸申，诸申须爱贝勒。阿哈应爱主，主宜怜阿哈。阿哈之耕田之谷，须与主共食，主之征战得获财帛，应与阿哈同着，打猎所获之肉，应与阿哈同食。申年（天命五年）曾下令曰：“勤种棉花织布，以衣包衣阿哈，见其着劣衣时，则取之而给与善养之人。”兹已过矣。今兹酉年（天命六年），播种棉谷收获之前，勿论，若收新棉新谷后，复以衣食为劣而上诉后，则从虐养之主取之，转而给与善养之主。贝勒与诸申，阿哈与主，若皆互相慈爱，则天嘉之，人皆喜好矣！汗之如斯互相爱恤度日之言，无论是谁，皆不得违！[2]

这是十分重要的珍贵资料。这次“汗谕”，是努尔哈赤对后金

1 《满洲实录》卷六满文体。

2 《满文老档·太祖》卷一七。

全部辖区宣布的，它概括了整个后金国中阿哈与家主关系的基本情况，指出总的弊病，重申禁令，强调必须在全部辖区贯彻执行，不准任何人违背。

依据此谕，可以说明四个问题。

第一，阿哈是由家主供食。《满洲实录》汉文体的奴仆与主共食，《满文老档》记为 aha i weilehe usin i jeku be ejen i emgi uhe jefu。这是命令式的句子，被命令的对象 aha（阿哈）被省略了。aha i weilehausin i iefu，意为“阿哈之耕田之谷”，在这里是作为及物动词 jefu（吃）的宾语。jefu 是动词 jembi 的命令式，意为叫人吃、使人食、令食。be 是表示及物动词和强制式动词的直接客体的附加成分。全句应译为“[阿哈] 须与额真（主）同食阿哈之耕田之谷。”这句话说明了阿哈辛勤耕耘，所收粮谷必须与主共食。但怎样共食？是粮食由阿哈支配，邀请家主同食？还是谷归主人所有，仅给阿哈口粮？或者是阿哈交纳一部分，余谷自己食用？尚不清楚，还需看下一句。

努尔哈赤说：“若收新棉新谷之后，复以衣食为劣而上诉后，则从虐养之主取之，转而给与善养之主。”这里，衣的满文是 etubure，是动词 etumbi（穿）的被动式和强制式，意为使穿之、被穿之。食的满文是 ulebure，意为给人吃、食之。所谓使穿、使食、食之，必有主语，即使穿之人、使食之人，这便是家主。是家主给阿哈吃，使阿哈穿衣。这句话应直译为：“若收新棉新谷之后，[阿哈] 复以 [家主] 给与衣食为劣而上诉后，则从该虐养之主取之，而给与另外善养之主。”

这就清楚了，所谓阿哈与主“共食”，原来却是阿哈由家主供食，是家主使阿哈食之。

《满文老档》还记录了努尔哈赤的另一段话，也有助于说明阿哈是由家主供食。天命六年四月初五日，后金军打下辽阳、沈阳已逾半月，对于是否迁都，是否定居辽沈平原，诸贝勒尚犹豫不决，担心明军反攻，难以长住。努尔哈赤力主自萨尔浒迁都辽阳，很重要的一条理由就是可以获得食盐，能吃到足够的盐。他说："昔我国之包衣阿哈逃亡者，皆因无盐得食耳!"[1]

把阿哈的逃亡，完全归诸于没有盐吃，固然是太简单了，但也不是毫无根据。在当时食盐来源稀少、获盐十分困难的条件下(天命五年才遣人往东海煮盐)，一般诸申，甚至一些小奴隶主，都很难买到足够的盐，很难吃到适量的盐，当然不会给阿哈吃多少盐。因此，努尔哈赤的这句话可以作为一个重要的旁证，它说明，阿哈确系由家主供食，而且吃得很坏，往往连盐都吃不上。

第二，阿哈穿的衣服，是由家主供给。这有两句满文为证。一是 ejen i coohalafi baha ulin be aha i emgi uhe etu。二是 kubun kiceme tarifi boso jodofi，booi aha deetubu。这两句都是命令式，是努尔哈赤对奴隶主下的命令，被命令的对象——家主也省略了。第一句中的 ulin，意为"财帛"，在当时包括金、银、财物、帛、缎、衣、布。此处主要指布、衣、帛、缎，故用 etu（令人穿戴）作为 ulin 的及物动词，使 ulin 成为动词命令式 etu 的宾语，意为使穿衣服。

这两句话译成汉文是"[家主］应与阿哈同着主之征战得获之衣服"，"[家主］须勤种棉花织布，以衣包衣阿哈"。联系上面谈到阿哈以家主给与衣服食物太坏而上告，可以肯定，阿哈穿的衣服确系由家主供给。

第三，家主虐待阿哈的情况十分严重。长期以来，家主给阿哈吃得很坏，穿得很差，甚至不给盐吃，不给衣穿。广大阿哈对这种缺衣少食的恶劣处境十分不满，矛盾非常尖锐，迫使统治阶级不得不采取对策。天命五年，努尔哈赤下谕，命令大小奴隶主，家中多织布，给阿哈穿，给阿哈吃，否则从虐养的家主处取走，给与另外所谓"善养之主"，以图缓和一下矛盾。但是，并未生效，以致第

1 《满文老档·太祖》卷二一。

二年重申前令，对家主们再三劝导和警告。这道汗谕本身，就足以说明，阿哈吃得坏、穿得差的悲惨处境没有任何改变。

第四，阿哈耕种所获粮谷，全被家主霸占。前已说明，努尔哈赤命令阿哈须与家主同食“阿哈耕种田地之谷”。既然阿哈本身，都由家主供食，由家主供穿，那么，很明显，阿哈生产的粮食是全部交与家主了。不然的话，不要说一切粮谷由阿哈支配，即使一半、一小半归阿哈所得，阿哈也不会衣食于主了。

由此可见，对努尔哈赤的这道“汗谕”，不能按字面来解释。其真正的含义是，广大阿哈披星戴月，辛勤耕耘，生产的宝贵粮食全被家主攫夺。家主虐待阿哈，给以劣衣恶食，招致阿哈愤怒反抗，迫使统治者下令告诫家主，但丝毫无济于事，矛盾在继续激化。

综上所述，我们可以对阿哈的性质及奴隶制生产关系作出结论了。在这个阶段，阿哈人数激增，主要是在汗、贝勒、八旗官将的拖克索内耕田种地，土地、农具等生产资料归家主所有，家主完全占有阿哈人身，阿哈衣食于主，劳动成果尽被家主霸占。因此，这时的阿哈，既未转化为不能打杀、缴纳地租、有个人私有经济的封建农奴，也不是经营地主使用的“雇工人”，而仍然是“会说话的工具”——奴隶。这样的家主压榨阿哈的剥削方式，是奴隶制的生产关系，而且已经发展成为当时社会中占居统治地位的生产方式。

四　诸申下降为奴隶占有制国家统治的穷苦平民

在这个阶段，诸申遭受奴隶占有制国家的严格控制和沉重剥削，处境显著恶化。

根据《满文老档》的记载，诸申必须编入八旗各牛录，听从牛录额真等官将管辖，不得离开本牛录居住。各个牛录的住区及耕种的田地，皆有规定，不许随便更换和迁移。诸申外出，须向牛录额真说明缘由，申请批准，才能行动，不得擅自私走。过去诸申任意行走、随便迁居的自由传统，被统治者取消了。

从前，遇逢要事，诸申聚会，平等商议，共同决断。现在，诸申只有服从命令听候驱使的义务，没有决定问题的权利，大小诸事，皆由牛录额真直至诸贝勒议处，报后金国汗努尔哈赤批准。

昔日诸申与“贝勒”之间平等相待，不受“贝勒”惩治。今日，汗、贝勒握有生杀予夺大权，颁布各种法令，施行严刑峻法，重惩“犯上”的诸申。

以汗、贝勒大臣为首的统治阶级就是通过这样的严格控制和野蛮镇压，才剥夺了诸申昔日享有的自由的氏族成员的权利，才将长期以来“任意行止”的诸申束缚在八旗制度之下，从而佥派诸申屯垦田地，披甲从征，充任各役，进行残酷的剥削。

《武皇帝实录》载称，万历四十三年，努尔哈赤以“素无积储”，不能出兵，而欲多垦田地，积储粮谷，“乃谕各牛录，每十人出牛四只，于旷野处屯田，造仓积粮。于是，设仓官十六员、吏八员，执掌出入”[1]。

这条材料说明了每牛录需出十人、四牛开垦荒地，但是所谓的十人是谁，是诸申，还是阿哈？屯田所获粮食怎样处理，是部分交仓还是尽行入库？为什么要纳粮入仓，这是什么性质？查看《满文老档》，才发现了能够正确解答以上疑问的可靠材料。

对于上述之事《满文老档》的记载是：“是年（万历四十一年），以取赋谷于 gurun（部众），将苦 gurun（部众），始命一牛录出十丁四牛，于旷野处耕种，自此，不取赋谷于 gurun（部众），gurun 亦无所苦，谷物丰足，粮库充裕，前此未有粮库矣！”[2]

1 《武皇帝实录》卷二。

2 《满文老档·太祖》卷三。

同书在总结天命元年前夕国内情形时又写道:“因取赋谷于gurun（部众），将苦gurun（部众），乃令每牛录出十丁、四牛于公，于闲地耕田，多获谷物，充实仓库。任十六大臣、八巴克什，掌管库谷之登记收支。”[1]

从这两段记载，可以说明:

第一，这是关于努尔哈赤全部辖区的规定，涉及面广，地区辽阔，不是仅指个别的牛录、村屯。这样大规模地屯垦田地，必将在社会经济生活中产生很大的影响。

第二，所谓每牛录出十丁（十人）之“人”，就是诸申。gurun一字，包含着国家、部众、国人等意思。此处应作部众、国人解释，就是指的诸申。这样，就可确定无疑地肯定，屯田的劳动者是诸申。

第三，努尔哈赤命每牛录出一些诸申屯种田地，就是奴隶主专政的国家向八旗全体诸申征收赋谷的特殊方式。过去，诸申自由耕牧，“不纳所猎”，不受任何形式的赋税剥削。现在，必须出人丁，自备耕牛，垦种田地，收获物被迫全部交纳国库。《满文老档》写得很清楚：向诸申收赋谷，将苦累诸申，故令诸申出丁牛屯田。可见，屯田即系代替赋谷的征收，即变相的赋谷，就是奴隶占有制国家征收诸申赋谷的特殊方式。

第四，屯田苦了诸申，富了汗、贝勒。《满文老档》编写者说，佥派诸申屯田后，“谷物丰足，粮库充裕，前此未有粮库矣!”虽然《满文老档》编写者未详细谈收取了多少粮食，但经过分析，我们还是可以了解到“粮库充裕”的大致情形。

按照努尔哈赤的规定，一牛录出十丁四牛屯垦闲地。一丁应垦多少地，“汗谕”虽未说明，但可和以后“计丁授田”的标准作一比较。天命六年七月努尔哈赤下谕，计丁授予满汉人，每丁

1 《满文老档·太祖》卷四。

给田六日。一日为六亩至十亩，姑且按六亩计，每丁领地三十六亩。照此推算，一牛录十丁，可屯垦田地三百六十亩。八旗有二百三十多个牛录，当有二千三百多丁，可垦地八万多亩。以每亩收谷一石计，可收谷八万多石。

这虽是比较分析，但不会与实际相差太远。完全可以肯定，“粮库充裕”四字，意味着从诸申屯田上榨取数以万石计的粮食。这对女真国——后金国实力的加强、军粮的供应，对汗、贝勒财富的增多，都起了重要作用。

诸申还要缴纳各种临时佥派的物品。李民寏叙述后金征赋佥役的方式时说：“凡有杂物收合之用，战斗力役之事，奴酋令于八将，八将令于所属柳累将（即牛录额真），柳累将令于所属军卒。令出不少迟缓，绝无呈诉辨理曲直之事云。”[1]

诸申被迫当兵，从征厮杀。诸申年长成丁，必须在所属牛录披甲当兵。初期比例不大，名额不多，后来大体上是三丁抽一。战争频繁时，或进行大的战争，如天命四年与明军决战于萨尔浒，佥丁为卒的比例就大一些。

披甲的诸申还须买马备鞍，自置兵器。努尔哈赤责令各牛录额真督促兵丁办理军装，维修兵器，养好战马。“若兵丁甲、胄、弓、箭、刀、枪、鞍辔等物恶劣，则贬降牛录额真。若俱整修良好，军马肥壮，则擢升牛录额真。”[2]各牛录额真在努尔哈赤升官晋级的引诱和贬职降斥的警告下，当然要加紧鞭策兵丁喂好战马，备齐鞍辔，整修甲胄兵器。这需花费大量银米，对诸申来说，是很重的负担。

长期征战，许多诸申不死便伤。《清实录》等官书反复宣称，蒙天保祐，后金军所向无敌，极少伤亡，这是不符合实际的。

1　李民寏：《建州闻见录》。

2《满文老档·太祖》卷四。

《满文老档》在正式叙述天命三年四月攻打明朝抚顺城的战役时，大讲明兵惨败情形，对自己士卒的伤亡，却尽量掩饰，声称只死小兵二人，无受伤者。其实，情况并非如此。从它另外两处记述此战赏赐的原则看，牺牲不小。四月二十一日后金国汗、贝勒规定："有大功之人多赏，小功之人少赏。负伤者，视其伤之轻重，查看后赏之。甲兵死者，厚赏之。"第二日，"查询攻敌负伤者，各按伤之轻重，录功行赏"[1]。这两次都明确讲到兵士有受伤的，有死亡的，而且伤者、死者还不少，否则，就不必两次记载按照伤的轻重来分别赏赐等级了。如果只死小兵二人，也就不必特别规定"甲兵死者，厚赏之"。

天命六年三月，后金军攻下沈阳、辽阳。《满洲实录》记述这次战役时，只说大败明兵，却只字不提八旗兵丁有何伤亡，似乎无一死者。然而，《满文老档》载录努尔哈赤招劝海州汉民归降的"汗谕"，却不得不承认，"攻取辽东城时，我之兵士，死者亦多"[2]。"死者亦多"，虽只四字，却真实地反映了大量披甲诸申血染战场尸横遍野的悲惨情景。

诸申还须担任筑城、运粮等苦役。早在万历十五年，努尔哈赤就在苏子河畔修建费阿拉城，后陆续扩建和加固。万历二十三年，申忠一观察了该城的情况。他说，城分内城外城，"外城周仅十里，内城周二马场许"。内外城皆"先以石筑，上数三尺许，次布椽木。又以石筑，上数三尺，又布椽木。如是而终，高可十余尺"。当时，正佥派诸申缴纳木材，驾牛运送，于外城之外修建木栅，"每一户计其男丁之数，分番赴役，每名输十条"，每条长十余丈[3]。

万历三十一年，努尔哈赤迁都赫图阿拉，也筑内外城，"内

1 《满文老档·太祖》卷六。
2 《满文老档·太祖》卷二〇。
3 申忠一：《建州图录》。

城以木石杂筑，高可数丈”，很宽阔，“可容数三万众”[1]。

天命三年八月，开始建界藩城，仅第二年二月十五日，一次就派遣一万五千人搬运筑城石块。[2]

天命五年，又从界藩迁往萨尔浒，佥派诸申、阿哈，大修汗宫和诸贝勒、大臣府宅。仅大贝勒代善的新居，除令其本旗诸申服役兴建外，还派八旗公中人丁一千名为彼修建[3]。

诸申筑造城池，期限急迫，艰苦难堪。努尔哈赤也承认筑城是苦役，几次谕称应当“善养”“修筑城池运送木石之穷苦之人”[4]。

诸申还被佥往造船、运粮。天命元年，努尔哈赤下令，每牛录出三人，遣往兀尔简河上游森林处，造船二百艘，以备进攻东海萨哈连部女真之用[5]。

不仅国家佥派的官徭是役重差烦，而且诸申还遭受诸贝勒和八旗各级额真的奴役。每三百丁编一牛录，置一牛录额真，其上有甲喇额真、梅勒额真，固山额真，还有旗主贝勒。额真，乃满文 ejen 的音译，意为主。照字直译，牛录额真是本牛录三百诸申之主。顾名思义，仅从这官衔本身，就可想见牛录额真对本牛录诸申统治权力之大。牛录额真打骂诸申、盘剥诸申的行为相当普遍。比如，科坦凶横暴虐，任意鞭打本牛录诸申的妇女[6]。

沉重的剥削，使得大多数诸申倾家荡产，穷苦不堪。就在《满洲实录》汉文体编写者颂扬“满洲民殷国富”时，许多诸申穷得连妻子也娶不起。万历四十一年三月，努尔哈赤下令，清查本国各路各村无妻的诸申，“赐千余人以妻。女人不敷，发库财与

1　李民寏：《建州闻见录》。
2 《满文老档·太祖》卷八。
3 《满文老档·太祖》卷一四。
4 《满文老档·太祖》卷四。
5 《满文老档·太祖》卷五。
6 《满文老档·太祖》卷一八。

之，令其买女为妇，每人给毛青布二十至三十匹”[1]。

自带耕牛、农具，屯垦田地；筑城造船，官役频繁；置办军装、兵器、战马，花费银米甚多；官将勒索，贝勒欺凌；严厉辖束，层层控制；长期征战，伤亡累累；法网禁严，动辄得咎，这一切，使诸申的处境显著恶化，从原来自由的氏族成员下降为奴隶占有制国家统治的穷苦平民。

五　奴隶主阶级的形成和贵族势力的膨胀

（一）奴隶主阶级的组成情况

从万历十一年努尔哈赤起兵，到天命六年进驻辽沈平原前，随着战争的胜利进行，辖地的扩展，臣民的增多，产生了一大批奴隶主，形成了一个占居社会支配地位的奴隶主阶级。这个阶级的上层——贵族集团掌握了后金国的军政财经大权，占有巨量人畜财物，势力十分强大。

这段时间的贵族，是指的“宗室”贵族，即努尔哈赤的亲属，如其子褚英、代善、莽古尔泰、皇太极、德格类、阿巴泰，弟舒尔哈齐，侄阿敏、斋桑古、济尔哈朗、孙杜度、岳托、硕托等，皆系尊称为贝勒、台吉的大贵族。

奴隶主阶级中很大的一部分，是诸大臣，即八旗的固山额真、梅勒额真、甲喇额真、牛录额真，有时又称为总兵官、副将、参将、游击、备御。这批人中，有的原系各部女真的部长、寨长、路长，率诸申来投，努尔哈赤即将其带来诸申编为牛录，任原部长为牛录额真或其他要职。少数诸申因尽心竭力为汗效劳，亦被擢升各级额真。一些蒙古贝勒、台吉，带领部属前来，努尔哈赤从厚优待，封官授职。明朝投降的官将生员，讨好新君，效忠金

1 《满文老档·太祖》卷二。

国，亦被重用。

这些大臣中，不少人成为清朝的“开国元勋”，后来论功行赏，封赐公、侯、伯、子、男世爵，有的还与努尔哈赤家联姻。这些勋贵便构成贵族的另一组成部分，称之为“异姓贵族”，以与宗室贵族相区别。

八旗的各级额真，虽然来源于不同的民族和部落，以前的家产、地位、身份、势力不尽一样，但他们之所以能发家致富，成为奴隶主阶级的重要成员，飞黄腾达，世袭爵位，满门显贵，却都是由于效忠汗、贝勒，为建立后金国立下了汗马功劳。有功，就得酬报，就得授官赐爵，给权给职，就可凭借权势大量抢夺人畜金帛。我们可分类挑选一些典型作些分析。

一类是原为部长，立下了大功的“开国功臣”，如《满洲实录》大书特书“率众归降”的三部长。万历十六年，苏完部长索尔果、栋鄂部长何和里、雅尔古部长扈拉瑚，各率所部诸申来投，努尔哈赤以长女给与何和里为妻，收扈拉瑚之子扈尔汉为养子，以孙女给与索尔果之子费英东为妻，授此三人为大臣[1]。为什么这三个部长来投，《满洲实录》要专门书写？为什么努尔哈赤要嫁女、收子、给与大臣职，如此隆重迎接，从优礼待？为什么《满洲实录》记述此事后，立即接着写道:“太祖遂招徕各部，环满洲而居者，皆为削平，国势日盛”，这显然意味着与三部长率众归降有关，原因何在？我认为，联系当时历史条件，那就是三部长来投的这件事本身，便为努尔哈赤创业兴邦立下了一大功。

努尔哈赤是万历十一年五月起兵的，此时加上嘉木湖寨主噶哈善、沾河寨主常书、扬书所属诸申，披甲从征的不及百人。此后，虽连续用兵，攻打附近女真各部，先后征服兆嘉城、玛尔墩城、翁鄂洛城、瓜尔佳寨、贝欢寨、托谟河城、鄂勒珲城、巴尔

1 《满洲实录》卷二。

达城、洞城，但皆系小部，人丁并未大增。一次出征最多只有马步兵五百。人口这样少，努尔哈赤要想统一女真各部，是很难办到的。

三部长来投，就改变了这个局面。苏完部长索尔果率本部诸申五百户来投，每户按抽一丁披甲计算，便可挑选兵丁五百名，即是说，一下子就给努尔哈赤增加了一倍的兵力。

何和礼是栋鄂部长克彻之孙，兄名屯珠鲁巴颜，亦为部长。从克彻到何和里，势力“素强”。有的记载说，何和礼有兵马万余，故努尔哈赤对他特别优遇。这种说法虽然有所渲染，但其人丁马匹不会太少。回顾昔日，克彻巴颜与觉昌安等“六贝勒”结下冤仇，领兵来攻，势不能挡。从克彻到何和礼之兄屯珠鲁，皆被人们尊称为巴颜（富翁），可见其家之富。因此《清史稿》说，努尔哈赤初起兵时，“闻何和礼所部兵马精壮，乃加礼招致之”[1]。

扈拉瑚是雅尔古寨主，率本部诸申来归，人数也不少。

这样，三部长来投，使努尔哈赤兵力增加了好几倍，声势因而大振，为努尔哈赤扩大辖区、创业建国立下了大功，这就是他们受到厚待的原因。

当然，三部长之所以能从一个辖众数百（或上千）的小小部长，变成清朝“开国元勋’，世代显贵，主要是因为他们效忠于汗，辅佐努尔哈赤，建立了强大的金国。

现以费英东为例。费英东，姓瓜尔佳氏，万历十六年随父索尔果投靠努尔哈赤后尽心竭力，备受清帝赞扬。早期，其姐夫兑沁欲谋叛逆，费英东不顾至亲情谊，擒而斩杀，以示忠心。

费英东多次领兵出征。万历二十六年正月，费英东与褚英领兵一千人，攻取安楚拉库屯寨二十余处，俘获人畜万余。万历三十五年，他与褚英、代善、扈尔汉领兵三千人，和乌拉布占泰贝

---

1 《清史稿》卷二三一《何和礼传》。

勒所率万兵交战，大败敌军，杀三千人，获马五千匹、甲三千副。同年五月，他又与巴雅喇、扈尔汉带兵一千人，攻东海窝集部的赫席赫、鄂谟和苏噜、佛纳赫拖克索，获人畜二千。万历三十九年七月，与阿巴泰率兵一千人，攻取窝集部乌尔古宸、木伦二路，俘人畜一千。万历四十一年，从努尔哈赤攻乌拉，“力战破敌”，杀敌兵万人，灭其国。天命三年四月，随努尔哈赤攻取抚顺后，明广宁总兵官张承荫率兵万人来援，踞险坚守，枪炮齐发，费英东坐骑震惊乱跑，众兵退却，费英东策马大呼，挥令士兵冲击，遂反退为进，大败明军，阵杀张承荫，尽歼其兵，获马九千匹、甲七千副，并得获大批枪炮弹药。天命四年三月，大战萨尔浒时，费英东率本旗兵猛烈冲击，并与另四旗兵联合，斩明军主将总兵官杜松及其兵二万人。费英东就是这样连年征战，督兵进击，大杀敌卒，抢掠人畜，攻城略地，为努尔哈赤立下了特勋大功。努尔哈赤盛赞其忠直正义，誉之为“万人敌”，封为一等大臣、众额真、固山额真，世袭三等总兵官，死后追封直义公，又晋世爵为一等公[1]。其子察喀尼、索海、图赖等均任要职，图赖亦封一等公世爵。

一类是虽未立有大功，但较早率众来投，对努尔哈赤扩展辖区、增加人丁、壮大兵力有利，也算是为创业开国立有功劳，因而封授官职。例如，康果礼，原属东海窝集部女真，世居那木都鲁，为该路路长。万历三十八年额亦都领兵一千，招服那木都鲁、绥芬、宁古塔、尼马察四路，康果礼与其弟喀克笃礼及其他屯长明安图巴颜、哈哈纳等十九人，率丁壮千余来归，努尔哈赤大喜，设宴款待，厚赐财帛，分其众为六牛录，任康果礼、喀克笃里、明安图巴颜子苏尔休、哈哈纳等六人为牛录额真，世代承袭，又

---

1 《满文老档·太祖》卷一、二；《满洲实录》卷二；《清史列传》卷四《费英东传》。

以弟穆尔哈齐贝勒之女给与康果礼为妻，尊称和硕额驸，授三等总兵官。其弟喀克笃里亦授三等总兵官，哈哈纳为三等副将。

一类是虽然人笨才拙，出力不多，但尽忠于汗，舍身亡命，战死疆场，也算为金国立下功劳。比如，西喇布，早期率部来投，万历二十一年六月，随努尔哈赤攻掠哈达富尔佳齐寨，哈达兵追击，乱箭齐放，西喇布挺身护卫努尔哈赤弟巴雅喇贝勒，连中二矢，死于战场。努尔哈赤从厚优恤，赠以游击职，令其子袭世职，后按一品大臣例，立碑墓道。

瓦尔喀什屯长对齐巴颜领众来投，努尔哈赤以其子阿兰珠为牛录额真，管辖部众。万历四十一年，阿兰珠从征乌拉，人马皆伤，战死，努尔哈赤赠以三等甲喇章京，令其弟布尔堪袭职。

一类是少数诸申拼死厮杀，“军功卓著”，亦上升为“佐命勋臣”，额亦都、安费扬古就是这些发家的诸申的代表。

一类是明朝投降的官将生员，愿为新主出力，通报明廷机密，建言献策，辖治汉民，随军出征，为后金国的扩展效尽犬马之劳，如李永芳、佟养真、佟养性、石廷柱等人。李永芳原系明朝游击，驻守抚顺城。天命三年四月十五日，努尔哈赤率军攻城，以高官相诱，用屠城相胁，李永芳出城投降，成为明朝臣将中降金的第一名官员。努尔哈赤大喜，为使其“情愿归顺，特加优遇，使其乐居于此”，与诸大臣相议，专设大宴欢迎，并将孙女给他为妻，赐以“抚顺额驸”、“李驸马”的尊号，授予三等副将要职。李永芳受宠若惊，死心塌地，尽力奔走。同年七月，后金军攻清河，明将邹储贤坚决抵抗，李永芳出面劝降，邹斥而不从，血战至死。李永芳后又随同攻取铁岭、沈阳、辽阳，“俱从征有功”，擢升总兵官。明朝多次遣人密劝李永芳返明，许以高官厚禄，李却擒来人上告，努尔哈赤夸其“忠贞”，嘉奖赐敕，特许“免死三次”。天聪八年，后金国汗皇太极分别群臣功劳大小，赐官授爵时，以李最早降顺，令其子孙世袭三等总兵官。其子九人，均封授官职，内中李率泰等三子，分任大学士、总督、总兵官和都统[1]。

佟养真，原系商人，迁居抚顺。努尔哈赤攻取抚顺时，佟携家眷及族人投降，天命六年从征辽阳，以功授游击世职，奉命驻守镇江城。城中军民起义，执佟养真，送与明将毛文龙，佟忠于后金，不降被杀。努尔哈赤命其子佟图赖袭世职，后不断因功升官晋爵，任至都统、定南将军，晋世爵为三等子。其女为顺治帝福临妃，系康熙帝亲母，封为孝康皇后。佟图赖亦因“推恩”而晋世爵为一等公[2]。

一类是书写敕谕，起草法令，宣扬“汗德”，办理与明朝、蒙古、朝鲜往来联系，佐汗治国的文臣谋士，如额尔德尼、希福等人。额尔德尼，姓纳喇氏，世居都英额，精通蒙语，很早就投靠努尔哈赤，随从攻打蒙古各部，“因其土俗语言文字，传宣诏令，招纳降附，著有劳绩”。他又秉承汗命，创制满文，参与机密，深受努尔哈赤信任，赐号巴克什，并借从征明总兵官张承荫的“战功”，封为副将[3]。

希福，姓赫舍里氏，迁居哈达。努尔哈赤灭哈达时，希福从其兄硕色率所属来归。希福通满、蒙、汉文，屡次出使蒙古，亦被赐号为巴克什，后任至大学士，晋世爵为三等子[4]。

以上就是奴隶主阶级组成的简要情况。

（二）八旗官将的权势和财富

八旗各级额真为后金国的建立和扩展立下了汗马功劳。努尔哈赤对效忠臣将授予官职特权，并大量赏赐人畜财帛。

对于有功之臣，努尔哈赤分别授予总兵官、副将、参将、游

1 《满文老档·太祖》卷六、二八；《清史列传》卷七八《李永芳传》。

2 《满文老档·太祖》卷二四、三一；《清史列传》卷四《佟养真传》。

3 《满文老档·太祖》卷四；《清史列传》卷四《额尔德尼传》。

4 《清史列传》卷四《希福传》。

击、备御等官，使其分任八旗的固山额真、梅勒额真、甲喇额真、牛录额真，统兵辖民。不少官将还领受敕书，子孙世代袭职。

这些官将，有了功，就可按功领赏，论职受赐。经过三十多年的战争，从各部女真及明朝城乡掠夺了上百万人口、牲畜，甲仗、兵器、衣、帛、布、缎、陶木器具堆积如山，金银财宝成千上万，努尔哈赤以论功行赏、按职分赐的方式，将掠取人畜财帛大量赐给各级官将。

每次打仗后，或在战场，或回本地，即分配掠夺的俘获。天命三年四月十五日攻取明抚顺诸城堡，次日，即“分 olji 三十万”[1]。olji，一般译为“俘获”，指的是掠取的人口、牲畜，故《满洲实录》等书，往往就写为“人畜”。但 olji 有时又是用来专指掠来的人口，而将马、牛、羊等牲畜另行书写，这就需要加以区别了。根据《满文老档》的叙述方式，凡是只讲分取（或掠来）olji 多少时，即系包括人口和牲畜，可译为人畜若干。如果提到 olji 时又另行记有马、牛等畜，则此 olji 是指的掠来的人口。此处所说三十万 olji，就是三十万人畜。各官将依凭功劳大小和职务高低分别领取掠夺的人畜。

天命四年六月，后金军打下开原，抢劫了巨量人畜财帛，各级额真又分得了大批物品。努尔哈赤还拿出部分抢来的金银按职赏赐。他赐给一等众额真大臣各金五两、银二百两，二等固山额真大臣各金二两、银一百两。其他官将亦各自分领白银若干两。[2]

为了深入了解论功行赏的具体情形，剖析这些“功臣”发家的实质，可以额亦都早期立功受赏为例，作些探讨。

《满文老档》载录了额亦都诸子叙述其父早期（1583~1593年）的战功[3]，很有代表性，摘要介绍如下：

---

1 《满文老档·太祖》卷六。

2 《满文老档·太祖》卷一〇。

3 《满文老档·太宗·天聪》卷四八。

万历十一年，努尔哈赤攻打仇人尼堪外兰所据的图伦城，以额亦都首先冲入，将班达西母亲赐予。

额亦都率领伙伴，攻取舒尔黑布占城，努尔哈赤将该城所有物品皆给与他。

万历十五年，额亦都奉命率兵攻打巴尔达城，路经浑河，水涨难涉。额亦都以绳索系连兵士颈项，拽而强渡。至城下，额亦都带数兵竖梯偷袭，冲上城头，跨城射杀，守兵乱箭齐发，射中其身，将他钉在城上，欲下不能。额亦都挥刀砍断身上的箭，冲入取城。在这次战争中，额亦都受伤达五十余处，全身竟无一处完好。努尔哈赤特为宰牛设宴慰劳，将得获此城的敕书、户、诸申尽行赐予额亦都，并另赐备有鞍辔的良马。攻尼玛兰城时，额亦都率先攻克，身负多伤，努尔哈赤赐予“人、马、牛甚多”。

攻章佳城时，额亦都首先冲入，夺取城门，负伤二处，努尔哈赤赐予二妇女、七人、敕书三道。

攻索尔瑚寨，额亦都首先攻克，负二伤，努尔哈赤将此城男女皆委令额亦都全部斩杀，并把寨主哈什瑚的人户、阿哈、诸申、敕书及其他各物，尽行赐给额亦都。

嘉木湖的波衣嘎巴颜，沙济的旺吉努马法，此二族人密议，欲诱杀努尔哈赤而逃往哈达。谋泄，努尔哈赤遣额亦都前往，杀波衣嘎巴颜及其四子，将该巴颜的人户、阿哈、诸申、敕书全部赐给额亦都。

万历二十一年，纳殷七村诸申起来反抗，额亦都奉命往征，围其所据佛多和城，得后尽杀其人，努尔哈赤将谭太墨尔根、都勒哈二族赐给他。

同年，叶赫等九部合兵来攻，额亦都率先败敌。

通过上述这些战争，我们可以归纳出三点结论。

第一，努尔哈赤指派额亦都，多次进行抢取人畜、占城夺地的掠夺战争，大杀拒降兵民。像索尔瑚城的男女，皆令额亦都全部杀戮，纳殷七村女真诸申亦被额亦都尽行诛杀。

第二，额亦都投靠努尔哈赤后，十年中（1583~1593年），多次出征，拼命厮杀，遍体鳞伤。他对征战士兵，亦严加束缚，驱令冲杀，甚至在山洪暴发难以渡河时，硬将绳索捆在披甲诸申颈项上，强行拉拽渡河，根本不管士兵的死活。额亦都真是为努尔哈赤打江山而费尽了心力。

第三，额亦都的南征北战，流血流汗，没有白费，获得了重赏。努尔哈赤多次大奖，宰牛设宴慰劳，赏赐巨额人畜财物。仅从上述征战，努尔哈赤便赐给额亦都战马二十四匹及本人“御乘”良马三匹，还有骆驼一头、皮裘和皮袄三件。舒尔黑布占城的所有物品和巴尔达城的全部敕书、人户、诸申，皆归额亦都所有。

巴尔达城不小。万历十三年二月，巴尔达、界藩、萨尔浒、栋佳四城合兵四百，追攻努尔哈赤。四月，巴尔达城又与托漠河、章佳、萨尔浒、界藩四城联合，兵达八百余，与努尔哈赤交战。各城派多少兵，虽未载明，但巴尔达城能两次出兵，城中之人当不会少。《满洲实录》载有额亦都攻巴尔达城的战图，图上，巴尔达城又高又大，城的附近，有二十来名巴尔达诸申惊慌逃跑。可见，巴尔达城不小，人口、牲畜、财帛也不会少。这些都成为额亦都的私有财产了。

哈什瑚是索尔瑚寨主。当努尔哈赤于万历十二年连打胜仗时，哈什瑚居然敢率兵劫杀其妹夫噶哈善，而且努尔哈赤虽然十分愤怒，亦不能立即发兵报仇。这表明索尔瑚寨不小，哈什瑚的家户、人口、财帛、牲畜及所辖的诸申是不少的，不然努尔哈赤就不需积蓄力量而立即出兵了。

嘉木湖的波衣嘎巴颜，既系本族之长，又是富翁，其财产、人口也不会少。努尔哈赤将这两人的人户、阿哈、敕书、诸申尽行赐给额亦都，他就发了大财。

打下尼玛兰城，努尔哈赤又赐额亦都“人、马、牛甚多”。另外，又“赐妇女三、人八、敕书四道”。

这还只是努尔哈赤赏赐的人畜财物，没有包括额亦都本人直接抢掠纳入私囊的，其数也不少。

这样一来，在万历十一年至二十一年的十年内，通过立功领赏和掳掠，额亦都便从一个依姑为生的普通诸申一跃而为占有众多阿哈、牲畜、财帛和辖治大量诸申的富翁显贵了。

从额亦都的例子，可以清楚地看出额亦都效忠于汗，拼命厮杀，大肆掳掠，建立军功，从而发家致富，世为显贵，这也就是后金国多数贵族、官将所走的途程。

再举两个例子，来看看一些人仅因受赏而上升为奴隶主的情形。

天命三年四月努尔哈赤以“七大恨”兴兵征明后，为了防止明军反击，也为了更大规模地进攻明朝城镇，积极增兵招人，特别是更加努力地招诱女真各部降顺。

天命三年十月十日，以东海瑚尔哈部女真纳喀达部长率百户来降，遣二百人往迎。二十日，百户女真到，努尔哈赤“设大宴”款待，厚赐财物。对为首的八大臣，各赐阿哈十对、马十匹、耕牛十头，又给冬衣豹皮镶边蟒缎皮袭大褂、貂皮帽、皂靴再给春秋衣蟒缎无披肩朝衣、蟒袍小褂，至于四季家用衣服、布衫、裤、被褥等物品，亦皆厚赐。其次之人，各赐阿哈五对、马五匹、牛五头、衣服五套。再次者，各赐阿哈三对、马三匹、牛三头、衣服三套。最末之人，各赐阿哈一对、马一匹、牛一头、衣服一套[1]。

1 《满文老档·太祖》卷七。

这样厚赏，影响很大。一些原来陪纳喀达来原准备回去的女真，见到这样优待，也就决定留下归顺努尔哈赤了。他们还捎信回家说:“汗以抚聚部众为念，收为臣属，如此厚养，全未料及。”[1]

天命四年三月大败明军于萨尔浒后，努尔哈赤进一步增兵添将，准备大举攻明，为此，更加注意收纳明朝降将。六月十六日打下开原后，原明朝守备蒙古阿布图留城未走，降顺金国。千总王一屏、戴集宾、金玉和、白奇策、守堡戴一位等，“因子女被执”，带二十余人来投。努尔哈赤大喜说:“明国之人，向无叛逃他国之例……我等当善养来人。”[2]遂从厚赏赐人畜财物，赐守备阿布图一百人、马牛一百匹、羊一百只、骆驼五头、银一百两、绸缎二十匹，又赐大量毛青布和细蓝布。对六名千总，各赐人五十、马牛五十匹、羊五十只、驼二头、银五十两、绸缎十匹及毛青布、细蓝布若干匹。赐守堡、把总等官各四十人、马牛四十匹、羊四十只、驼一头、银四十两、绸缎八匹及毛青布、细蓝布。对其带来的人，亦按等“厚赐”，给与妇女、阿哈、牛、马、衣服、食谷等物[3]。

这样大量赐给阿哈、耕牛、乘马，自然就造成了一批新的奴隶主。

贵族、官将除按职、计功分得大量掠夺物外，还私自多拿多取。就在这次开原之战时，努尔哈赤因为这样的情况太严重了，下令清查，查出族弟古哇尔察贝勒、子汤古岱贝勒、一等众额真费英东、二等固山额真博尔锦、梅勒额真什拉巴辖、五牛录额真土尔昆等，皆多取金、银、绸、帛、蟒缎、毛牛角、毛青布、细蓝布及貂裘等物[4]。

1 《满文老档·太祖》卷七。
2 《满文老档·太祖》卷一一。
3 《满文老档·太祖》卷一一。
4 《满文老档·太祖》卷一〇。

八旗官将通过直接掠夺和论功按职领赏，获得了大量人丁，逼令他们充当阿哈，耕田种地牧马打牲。当时，奴隶主们一般是设立拖克索（庄园），佥派阿哈隶庄生产。额亦都便以领取和掠来的人丁，先后编了三个“专管牛录”，有九百丁。这些阿哈为家主耕耘田地采药打猎，额亦都成为占有众多拖克索的大奴隶主了。

李民寏叙述后金庄田时写道：“自奴酋及诸子，下至卒胡，皆有奴婢（互相买卖）、农庄（将胡则多至五十余所）。奴婢耕作，以输其主。”[1]可见，“将胡”（即八旗官将）拥有的拖克索是很多的，有的竟有五十余所，成了很大的奴隶主了。

（三）汗、贝勒势力的膨胀

从一个微弱的女真小部发展为辖地辽阔的后金大国的过程中，变化最大，获利最多的，还是“英明汗”努尔哈赤及其子弟叔侄诸贝勒。

努尔哈赤原系承袭少数阿哈、牲畜的小部女真酋长之子，二十五岁时父、祖突遭杀害，家道衰落，仇人逼胁，亲族疏远，处境艰难。这样一个渐趋没落的小头目，经过三十多年的征战，一跃而为统辖祖国东北地区的强大君主，先后被尊称为“淑勒贝勒”、“聪睿汗”、“聪睿恭敬汗”、“英明汗”。后金辖区，皆系汗地。所有女真和汉、蒙降人，尽为汗民。一切掠夺物，都应归汗所有。当时流行的用语是“汗养”、“汗赐”。就是担任后金国最高职务的“五大臣”，也系汗所恩养。万历四十年，努尔哈赤命长子褚英主持政务。褚英对四个兄弟及努尔哈赤重用的五大臣多次呵斥，并说将不再如汗父那样赐给财物。四弟及五大臣密议说：“彼云汗死后，不养我等，我等之生计断绝矣。”[2]

1　李民寏：《建州闻见录》。
2《满文老档·太祖》卷三。

亲为子侄的四个贝勒，贵如辅助处理日常政务的五大臣，皆由汗养，汗不养，则贝勒、大臣生计断绝，难以生存，可见汗的无上权威，后金国的一切，都归汗有，臣民皆由汗养。

当然，庞大的后金国，决非努尔哈赤一人所能统治。他主要依赖子侄贝勒，因此，诸贝勒拥有很大权力。他们分别为各旗旗主，尊称“执政贝勒”、“固山贝勒”、“和硕贝勒”。出征所获战利品，除一部分归汗享有外，理应由诸贝勒首先挑选和大量占有。按照规定，金、银系汗、贝勒所有，任何人不得私取私分[1]。天命四年六月，努尔哈赤下令没收各官将、士兵违命私自多取的战利品，叫未曾盗取的诸大臣分领这些违禁物。这些大臣却不敢先领，推辞说：“此财仅我等领取，则太过矣。佳财应由诸贝勒挑取，若以（我等）公正而赐，则我等领取诸贝勒挑取剩余之余财。”[2]

这都说明，汗和诸贝勒是后金国最高统治集团，一切掠夺物，从法理上说，应归他们所有，从实际上看，他们也确实是攫取了很多。

汗、贝勒占有大量阿哈、马、牛、羊、金、银、布、帛。他们设置拖克索，编立牧群，驱使阿哈牧放马牛，采挖人参，捕捉鸟兽，耕田种地。

努尔哈赤起兵以后，就不断设立拖克索。早在万历二十三年，申忠一进入努尔哈赤辖区时，沿途便发现有努尔哈赤及其弟舒尔哈齐的“农幕”，即二人的拖克索[3]。

随着统一女真各部战争的胜利进行和辖区的扩大，汗、贝勒的拖克索也迅速增多。攻明获胜后，又在明朝政府遗留下来的地方增设农庄。天命六年初决定，遣派大量人夫，备办耕牛、农具，

1 《满文老档·太祖》卷一〇。

2 《满文老档·太祖》卷一〇。

3 申忠一：《建州图录》。

前往明臣所弃的范河路，设置八贝勒的拖克索[1]。

汗、贝勒究竟占有多少阿哈、牲畜和拖克索，没有统计材料，详数难以知悉，但从《满文老档》的下述几段记载，可以肯定是相当多的。

《满文老档》记述万历三十七年努尔哈赤夺取其弟财产时写道："聪睿恭敬汗之弟舒尔哈齐贝勒，因系同父同母所生之唯一亲弟，诸凡部众、贤臣、敕书、阿哈等一切物品，皆同样给与。……如此给养，弟贝勒尚不慊，成年累月使兄怨愤。兄聪睿恭敬汗曰：弟，汝之生计、部众、臣僚，并非吾父所遗，乃兄我给与矣！"[2]

这条材料说明了两个问题。一是努尔哈赤、舒尔哈齐拥有的部众、敕书、阿哈，不是其父遗传下来的，而是二人亲手"创业"，即掠夺而来。二是舒尔哈齐的财产不少，敕书、阿哈等物与兄努尔哈赤相等。

万历四十一年，努尔哈赤因其长子褚英虐待诸弟而严厉训斥说："(以前曾）对汝之同母所生兄弟二子各给与部众五千户、八百牧群、银万两、敕书八十道。吾爱妻所生诸子，部众、敕书等物皆少给与矣。如此多给，并不满足，尚欲取赐予诸弟之少量物品……汝以赐汝之部众、牧群、财物等为少，汝若如此持褊狭之心，则将赐汝专有之部众、牧群等物品，尽行合于诸弟，同等分之"[3]。

根据这段记载，可以说明四个问题。

第一，努尔哈赤之长子褚英、次子代善分得大量人畜财物。努尔哈赤所说与褚英"同母所生之子"，不是别人，就是鼎鼎有名的代善。努尔哈赤赐给褚英、代善各部众（即诸申）五千户。若

1 《满文老档·太祖》卷一八。

2 《满文老档·太祖》卷一。

3 《满文老档·太祖》卷三。

一户以二丁计，五千户当有丁一万名，每三百丁编一牛录，可编三十多个牛录。按初期八旗编制，五牛录编一甲喇，五甲喇为一固山（旗），则褚英、代善二人所辖的诸申，可以独立编成一旗。这就是说，早在万历四十一年时，褚英、代善二人已是统治一旗的旗主贝勒。

努尔哈赤赐给褚英、代善各银一万两，在当时满族来说，这是很大的数字。满族早期，生产不太发达，社会财富不多，白银很少，很珍贵。直到天命四年初，努尔哈赤致书明廷，列举罢兵讲和的条件时，要明给与王爵和缎三千匹、银三千两、金三百两。一匹缎，按万历初年开原、抚顺马市的官价，值银七钱。一两金，折银四、五两。金、缎折银三千多两，再加上索要的白银三千两，总共不过六七千两。有了六七千两赏银，就可停战，就可向明帝称臣纳贡，可见这时努尔哈赤对白银是异常珍贵的，当时后金国中白银是十分稀少的。

就在这一年夏天攻取开原后，努尔哈赤重赏群臣时，对固山额真这样的高级将官（后金国一共才八个固山额真），每人才赐银一百两。像管辖三百丁的牛录额真，每人只赐银三两，牛录章京每人二两[1]。

两相比较，可见万历四十一年前褚英、代善二人各分银一万两，是很大的数量了。

褚英、代善二人分有多少阿哈，《满文老档》没有具体载明，难知其确数，但肯定不少。就以分得的八百牧群来说，每一牧群需要一定数量的阿哈照管。清入关后规定，每一马群设牧丁八至十四名。可见，需成百上千阿哈才能照管八百牧群。如果再加上拖克索中耕田的阿哈，数量更多了。完全可以肯定地说，褚英、代善二人分领“汗父”努尔哈赤赐给的人畜后，成为占有数以千

1 《满文老档·太祖》卷一〇。

计阿哈的大奴隶主、大贵族了。

第二，努尔哈赤的其他几个儿子，也都分有大批人畜财帛。努尔哈赤说，“吾爱妻所生诸子，部众、敕书等物皆少给与”。这个时候，努尔哈赤的儿子，年满十七岁以上的有十人：褚英、代善、阿拜、汤古岱、莽古尔泰、塔拜、阿巴泰、皇太极、巴布泰、德格类。其中，属于先后“元妃”（即大福金）亦即所谓“爱妻”所生的，有褚英、代善、莽古尔泰、皇太极、德格类五人。莽古尔泰和皇太极已成为“汗父爱如心肝”、各辖一旗的旗主贝勒，人畜自不会少。阿拜等六子虽说“少与”，但这个“少”，是与褚英、代善各分银万两、部众五千户、牧群八百比较而言，其绝对数量是不会少的。他们既系汗子，又已多次领兵出征，有权有势，必然大肆掠取人口、牲畜、敕书和财帛。《满文老档》里便有巴布泰、汤古岱占有敕书的记载[1]。

第三，努尔哈赤自己直接占有众多诸申、阿哈和牲畜。努尔哈赤既为八旗之主、后金国汗，又亲自统辖两旗，拥有大批财产。单就敕书而论，努尔哈赤名下的敕书也是最多的。在明满关系未破裂前，明朝政府发给女真各卫的敕书是价值很高的财产（可以买卖）。《满文老档》收录了万历三十八年以前汗、贝勒大臣握有的敕书，共二百多道，而努尔哈赤一人就有三十九道[2]。

第四，舒尔哈齐贝勒也拥有大量人畜。《满文老档》编写者说，舒尔哈齐贝勒与同母的亲兄努尔哈赤占有相等的“部众、敕书、阿哈等一切物品”。既然努尔哈赤及其子褚英、代善等都各自占有大批人畜，舒尔哈齐贝勒也必然是人畜众多的大贵族、大奴隶主。我们还可引另外一些资料作为例证。

明和朝鲜都把舒尔哈齐与努尔哈赤相提并称，认为他的声威、

1 《满文老档·太祖》卷七九、八一。

2 《满文老档·太祖》卷七九、八〇、八一。

势力、才智仅次于其兄，是建州女真中第二号人物。

万历二十三年十一月，朝鲜通事何世国随从明使进入努尔哈赤辖区，回国后报告说，先至努尔哈赤家会见，再到舒尔哈齐处，“一样行礼”，二人分别屠牛宰猪，设宴款待，赏给礼物。至于兵力，“则老乙可赤（即努尔哈赤）麾下万余名，小乙可赤（舒尔哈齐）麾下五千余名”[1]。

万历二十三年底，朝鲜南部主簿申忠一出使努尔哈赤辖区，向“奴酋兄弟”（即努尔哈赤、舒尔哈齐）赠送物品，二人受纳后致谢，分别回送厚礼。努尔哈赤赠黑缎圆领三件、貂皮六令、布八匹。舒尔哈齐送黑缎圆领三件、黑鞍精具三件。申忠一表示感谢“两都督府重礼”。万历二十四年正月初一日，努尔哈赤宴请朝鲜使臣。第二日，舒尔哈齐亦照样设宴款待。申忠一本住于努尔哈赤属将家，初四日舒尔哈齐遣人来邀说，“军官不但为兄而来，我亦当接待”，遂请申忠一住其将多之家。舒尔哈齐还告诉申忠一说，今后朝鲜赠送礼品时，当一样赠与，“不可高下于我兄弟”。申忠一记述说，舒尔哈齐的穿着，与努尔哈赤相同，“服色与兄一样”。努尔哈赤有将一百五十余名，舒尔哈齐有将四十余名[2]。

明人称舒尔哈齐为“都督”、“三都督”。《明实录》以同样的规格记述努尔哈赤与舒尔哈齐进京朝贡。比如，“万历二十五年五月甲辰，建州等卫都督、指挥奴儿哈赤等一百员名，进贡方物，赐宴赏如例”[3]。“万历二十五年七月戊戌，建州等卫夷人都督、都指挥速儿哈赤等一百员名、纳木章等一百员名，俱赴京朝贡，赐宴如例”[4]。

据明代辽东档案的记载，舒尔哈齐夫妻死后，明边臣曾备办

1 《朝鲜宣祖实录》卷六九。

2 申忠一：《建州图录》。

3 《明神宗实录》卷三一一。

4 《明神宗实录》卷三一二。

礼品，遣人吊祭：

> 钦差游击陈为夷酋病故请明吊祭事。据通事尹保二据市夷说称，夷酋速儿哈赤，于八月十九日病故……到职。据此，看得夷酋病故，相应吊祭。案查万历三十三年二月三十日速酋妻故，已经前任守备佟，动支夷税银两，置办卓席二十张、白羊只等物，差人吊祭，循环可据。今本酋病故，比本妻又加……向来中国宣谕，无不听命，似应比例行祭奢……职未敢擅专，拟合移会。为此合具手本，前赴……钦差分守道王处，请照施行。［万历三十九年］九月　日。[1]

明臣王在晋、黄道周、沈国元等指出，努尔哈赤“忌其弟速儿哈赤兵强，计杀之”[2]。

万历三十九年，努尔哈赤虽然杀死亲弟舒尔哈齐贝勒，但亦不能尽夺其财。其子阿敏继统其众，成为一旗之主，后为四大贝勒之一，多次领兵出征，有权有势。阿敏之弟斋桑古亦系领兵的贵族，也拥有很多阿哈和牲畜[3]。

汗和诸贝勒拥有的阿哈、牲畜和拖克索之多，从后述一事，也表现得十分清楚。天命六年闰二月，努尔哈赤以副将噶哈作战胆怯，失误军机，本欲处死，后加恩宽免，命他“领催诸贝勒之包衣拖克索看守牲畜之事”[4]。仅仅负责管理诸贝勒包衣拖克索的牲畜，就专派曾任副将要职的官将担任，如果诸贝勒的拖克索太少、牲畜不多，是不会这样办的。

1　辽宁省档案馆藏，明档屏风档 3 号。

2　王在晋：《三朝辽事实录》总略；沈国元：《皇明从信录》；黄道周：《建夷考》。

3 《满文老档·太祖》卷一六。

4 《满文老档·太祖》卷一八。

汗、贝勒还役使阿哈采参打猎。长期以来，诸贝勒每年各遣阿哈一百丁打牲，猎捕虎、豹、猞猁狲、貂、狐、水獭等兽禽，捞取珍珠，采挖人参[1]。

六　奴隶占有制国家的产生和发展

（一）后金国产生的条件及其发展的基本过程

后金国是在女真国基础上发展而来的。从万历十一年努尔哈赤起兵，到万历四十三年，各个分散的大小女真部落基本上统一起来了。在这广阔地区里生活的居民，已经不是原始社会时期内部一致的氏族集团，而是分化为利益互相冲突的对抗的阶级。

在阿哈这个阶级中，原是女真诸申的阿哈，十分留恋过去无拘无束不受剥削的自由生活。原系汉族农民的阿哈，日夜思念故乡亲人和昔时的劳动生涯。他们都对强制束在身上的重枷非常不满，对自己牛马不如的悲惨处境十分愤怒，切齿痛恨压迫他们的贵族、奴隶主，坚决反抗，要求摆脱奴隶制剥削，恢复自由，返回故乡，与亲人团聚。

大多数穷苦诸申，厌恶现在“既束行止，又纳所猎”的剥削制度，朝夕为差重役烦、贫穷艰窘的日子而苦恼，经常为被迫出入战场的危险处境担心，十分痛恨欺凌他们的八旗各级额真和汗、贝勒，时刻希望摆脱羁绊，任意行止，自由地劳动和生活，反抗十分强烈。

对大小奴隶主来说，情况便迥然不同了。经过长期的战争，努尔哈赤家族及其亲信官将不断地窃取权力，势力猛烈膨胀，财富急剧增加，地位迅速提高，上升为汗、贝勒和八旗各级额真。他们收藏的金银财宝，穿戴的绫罗绸缎和轻裘貂帽，居住的殿台

1 《满文老档·太祖》卷四五。

楼阁，漫山遍野的马牛羊，就是建立在阿哈和诸申贫困的基础上。他们占有的阿哈愈多，就是女真诸申和汉族农民的减少。他们的特权愈大，诸申的地位就愈加下降。他们要扩大权势，增加财富，就必须进一步扩大剥削范围，发动更大的战争，掠夺更多的人畜，残酷地剥削阿哈与诸申，施行更严厉的统治。

我们可举一件事，来看看奴隶主是怎样想的，希望什么，与贫穷诸申、阿哈有无共同之处。

万历四十三年三月，努尔哈赤宣布了婚娶设宴宰杀牲畜的规定：贝勒之子娶妻，可杀牲畜九口。大臣之子，宰牲六口。其次的大臣之子（即二等大臣以下），宰牲畜三口。女家贫困，不宰牲畜，供饭而已。男方视其媳嫁来的情形，酌量宰牲[1]。

努尔哈赤的这个规定，本来就已经体现了贵贱贫富的区别，允许贵族、大臣多杀牛羊，大吃大喝。这实际上就是在婚娶设宴宰畜的数量问题上，用法令的形式，巩固贵族、大臣的特权，抬高他们的地位，贬低诸申的身份，拉开二者之间的区别。但是，这样维护奴隶主贵族利益的规定，却遭到大臣巴拜的反对，他不同意限制宰牲的数量，主张多宰多吃。他说："婚娶设筵，两亲家应多杀牲畜，宰牲若少，则筵宴无味。"[2]

大臣巴拜之所以反对努尔哈赤的规定，并不仅仅是出于达官贵人贪馋好吃的私欲，想多杀猪羊，狂喝滥饮；而且也是想进一步抬高大臣、贵族的身价，宰牲不受限制，愈多，则愈显其富，愈见其贵，与贫苦诸申的区别就愈大。巴拜是清朝"开国元勋"费英东的弟弟，本人也是大臣，也是大奴隶主。他从自身的立场出发，自然认为不应受到限制，随意宰杀，多多益善，因而对汗的规定表示反对。

1 《满文老档·太祖》卷四。
2 《满文老档·太祖》卷四。

努尔哈赤没有接受巴拜的建议，而且予以训斥说：汝所说“使众食之”，只是“富人使富人食之”，使“侈食浪费之富人食之”，而不是使“耕田穷苦之人”、“筑城运送木石穷苦之人”、野外“采挖人参，捕捉貂鼠、灰鼠之人”吃，而我认为，应使“下属服役劳苦之人食之。”[1]

努尔哈赤对婚宴宰牲数量的限制，主要是根据当时国力不强、财富不多的条件，从“节约”的目的出发而决定的。他的上述言辞，也并非出于对穷苦诸申、阿哈的怜悯，而是一种宣传手法。但从这里也可看出贫富悬殊的实际情形。一方是耕田筑城采参的阿哈、诸申，“穷苦饥渴”；另一方是“侈食浪费之富人”，宰牛杀猪，大摆筵席，而且要求不受限制，越多越好。两相对照，差异极大。

奴隶主、贵族与阿哈、穷苦诸申之间，阶级利益根本冲突，想法与愿望完全两样，矛盾尖锐，斗争激烈。正是在这样的背景下，后金国逐步产生，不断发展。

后金国建立和发展的过程，大体上可以划分为三个阶段。万历十五年努尔哈赤在费阿拉城“定国政”，出现了一个萌芽形态的国家。万历二十一年大败叶赫九部联军以后，国家有了进一步的发展。天命元年努尔哈赤被尊为“英明汗”，定国号为金，正式建立了一个比较完整的奴隶主专政的国家政权。

万历十一年努尔哈赤起兵，攻打附近女真部落，到万历十五年，统一了建州女真的苏克素护河部、哲陈部、浑河部、完颜等部。

由于连年征战，地区扩大，人丁增加，原有的氏族制度已经不能适应了。万历十五年，努尔哈赤率领部众，在苏子河畔建筑费阿拉城（今辽宁省新宾县旧老城）。对这时的状况，《满洲实

1 《满文老档·太祖》卷四。

录》卷二汉文体记述说:“筑城三层，启建楼台。六月二十四日，定国政，凡作乱、窃盗、欺诈，悉行严禁。”

同书满文体，记载得更准确一些:“筑三层城，建衙门楼台。六月二十四日，定国政，禁革作乱、窃盗、欺诈，立禁约法制。”

这段记载，关键在于“定国政”。当然，不能把这个“国”和明王朝的“国”完全等同起来。这时，努尔哈赤虽攻克十来部，但皆系小部，还未统一全部建州女真，辖地并不太宽，人口也不太多，观其出兵数目，每次最多才有马步兵五百，可见，不过是辖众数千的一部之长，与明朝大国是不能相比的。但是，与过去相比，却已经发生了重要变化，即“定国政”，开始定所辖地区的“政”。这个“国政”，与以往氏族制时期情况大不一样。这个“国政”，首先是禁止“作乱”，即禁止阿哈犯上作乱，不许诸申、阿哈对贝勒作乱，不准阿哈对家主作乱，一句话，维持统治秩序。

“国政”的第二个内容是禁“欺诈”，就是逼迫阿哈对家主忠顺，不能冒犯和反抗。不许诸申对贝勒怠慢不尊，要求阿哈听从家主驱使，诸申遵守贝勒指令，不能借口对抗，拖延不行。

“国政”的第三个内容是禁“窃盗”，这是第一次以法令的形式来维护私有制，保护私有财产，特别是保护贝勒、大臣的私有财产，使他们占有的阿哈、牲畜、财帛不被“窃盗”。

努尔哈赤定的“国政”，除了明确指出禁止作乱、欺诈、盗窃外，还有“立禁约法制”的内容，即第一次建立了另外的法令，还有一些行为需被禁止，还有一些规定必须遵守。可惜《满洲实录》未具体载明，难以察知了。

值得注意的是，第一次出现 yamun（衙门）二字。此处的 yamun，是从明朝政府的衙门二字借用转引而来。明朝封建政府的“衙门”，乃系统治者用来发号施令、行使暴力、统治人民的地方，中央吏、户、礼、兵、刑、工六部的“大堂”，各省总督、巡抚、巡按、布政使、总兵官的“公署”，知府、知州、知县的官衙，都是衙门。一般人，包括富翁在内，居住的屋再宽，庭院再广，楼台亭阁再多，修建再华丽，也只是一般的“房屋”、“府宅’，不能称之为衙门。而哪怕只有小小的几间茅屋，只要是统治者用来作为发布命令、管辖人民的“公堂”，是体现国家政权行使权力的地方，也是衙门。努尔哈赤仿照明朝政府的制度，兴建了行使权力统治诸申、阿哈的公堂，而且搬用明朝的称呼，命名为“衙门”。这个词一直延续下去，直到天命十一年努尔哈赤去世以前，后金国汗、贝勒办公的地方，都叫衙门（或叫大衙门、八和硕衙门），而不是称为宫殿。

“国政”是新定的，对作乱、盗窃和欺诈，第一次以法令的形式来禁止，并制定了其他禁令，还第一次建造了“衙门”，这都是过去没有的，和以往氏族制时期的情况大不相同。因此，我认为，万历十五年努尔哈赤在费阿拉城“定国政”，标志着满族的国家开始产生，是国家的萌芽形态。

此后，努尔哈赤征伐与招抚并用，竭力扩大地盘，增加人口。万历十六年，索尔杲、何和礼、扈拉瑚三部长各率本部诸申来投。附近的小部，也陆续削平了。万历二十一年打败叶赫、乌拉九部联军，兼并了朱舍里、纳殷二部，统一了建州女真，辖地相当广阔，西抵明朝抚顺，南至鸭绿江，东达长白山。

辖地的迅速扩展，掠夺的人畜大量增加，降顺的诸申越来越多，这个万历十五年刚刚萌芽的国家到万历二十四年有了很大的进展，其奴役诸申、剥削阿哈的奴隶主专政的国家的阶级实质，也就暴露得比较清楚了。这从努尔哈赤被尊为“王子”和自称“女真国”，可以了解一二。

努尔哈赤的将领及其辖属的诸申，现在都恭敬地称努尔哈赤为“王子”。万历二十三年十一月，努尔哈赤遣次将马臣至朝鲜。马臣对朝鲜边将说:“我王子计虑长远”，把其他女真抢来的朝鲜人十余名送回，而朝鲜反杀我往渭原采参的女真，“我王子”“将起兵报雠"，因明帝遣使宣谕而停止[1]。同年十二月，申忠一和马臣、多之、佟羊才等重要将领谈话时，多之、马臣等人都称努尔哈赤为"王子"、"我王子"。一般诸申也称努尔哈赤为"王子"[2]。

努尔哈赤和朝鲜交往联系时，经常以一个国家的面貌出现，自称"女真国"。万历二十三年八月，努尔哈赤对朝鲜通事何世国说，"两国别无雠怨，当和好"[3]。

万历二十四年正月初五日，努尔哈赤给朝鲜的回帖中写道："女真国建州卫管束夷人之主佟奴儿哈赤禀为夷情事：蒙你朝鲜国、我女真国二国往来行走营好，我们二国无有动兵之理"[4]。

就连朝鲜使臣申忠一，也在和马臣等人的交谈中，一再称"你国人"、"你国地方"、"你国"，实际上已经承认努尔哈赤管辖之地，是一个国家了[5]。

这些事例表明，此时的努尔哈赤已不是万历十一年小小女真部落的一般酋长，而是上升为辖领臣民的一国之王了。

国号和称王，固然可以反映出一些情形，但更重要的还是需要进一步分析其实质问题，即构成国家权力的"特殊的武装队伍"，主要是军队、监狱等强制机关。在这方面，发展很快。

万历十五年前，努尔哈赤出征，最多只有马步兵五百，而且是按氏族制形式由诸申自愿组织的临时性队伍。万历十五年以后，大不一样了，兵数激增，并且成为努尔哈赤指挥和统治的正式军队。

万历十六年，明辽东巡抚顾养谦说，努尔哈赤的"骁骑已盈数千"[6]。万历二十年，努尔哈赤遣使入明奏称，愿发兵二万，帮

1 《朝鲜宣祖实录》卷六九。

2 申忠一：《建州图录》。

3 《朝鲜宣祖实录》卷六九。

4 申忠一：《建州图录》。

5 申忠一：《建州图录》。

6 《明神宗实录》卷一九四。

助朝鲜攻打倭寇[1]。万历二十三年八月，朝鲜通事何世国入建州，看到努尔哈赤有兵万余名，战马七百余匹，其弟舒尔哈齐有兵五千余名，战马四百余匹[2]。

万历二十四年二月，朝鲜译官李忆礼随明臣余希元出使努尔哈赤处，初七日，距费阿拉城三十里，努尔哈赤弟兄领骑兵三四千迎接。进酒相见后起身，行二三里，骑兵四五千，左右成列随行。行十五里，步兵万余，分左右，站列道旁相迎[3]。

从这些事实看，士兵已相当多了，来迎接的骑兵就有四五千，步兵万余，加上分驻各地的士兵，人数更多。军队是国家的主要支柱。兵士的增多，军队的扩大，也是反映国家发展程度的重要标志。

另一个很重要的变化是，此时的努尔哈赤已不是过去仅起示范作用的“马法”，而是上升为拥有王权统治诸申的一国之主了。万历二十四年初，申忠一入使努尔哈赤辖区，便看到了诸申遭受奴役的一些情况。

过去，诸申可以自由行止，不受管辖，现在，必须遵从王子努尔哈赤的约束，听其指挥。比如，申忠一列举以前女真经常越边进入朝鲜境内的例子，马臣立即反驳说，那是过去的事，“今则王子统率诸胡，号令进退，岂有违越之理”[4]。

过去，诸申可以自由地前往朝鲜买耕牛，购农具，现在须经努尔哈赤批准，才能去。诸申汝可乙向马臣说，欲将熊皮、鹿皮带到朝鲜满浦去卖，买牛耕田，请马臣“言于王子”。马臣上报后，努尔哈赤不准，令其等待一段时间[5]。

1 《朝鲜宣祖实录》卷三〇。
2 《朝鲜宣祖实录》卷六九。
3 《朝鲜宣祖实录》卷七三。
4 申忠一：《建州图录》。
5 申忠一：《建州图录》。

过去，诸申不受惩罚，自由度日。现在，努尔哈赤握有生杀予夺大权，制定各种禁令和规定，对听从命令的诸申，奖赐以酒，“违令者，斩头”。诸申童海老等违令潜入朝鲜渭原境内采挖人参，努尔哈赤命属将清查，查出后，每名罚牛一头，或交银十八两，“以赎其私自越江之罪。”如因贫困不能缴纳银牛，“则捉其家口，令充苦役。”努尔哈赤还亲自对申忠一说，今后若再有女真违禁私往朝鲜，朝鲜捕捉送回，“则我将极法斩之”[1]。

对于诸申一般的违令和犯轻罪的，努尔哈赤也要处治，或脱其衣，以鸣镝箭射其背，或者“打腮”以惩[2]。

正是在辖治诸申、惩罚诸申的条件下，努尔哈赤才能对诸申进行剥削，迫使他们“纳所猎”，主要是屯田、当兵、服役。

诸申必须屯垦田地和充当士卒。从征诸申还需自备军器食米。遇有征战，努尔哈赤规定各部酋长派兵数目，令其分率所属士兵，“军器、军粮，使之自备”。诸申还须轮流到烟台服役，瞭望防卫，并且携带家口，一年才能更换[3]。

这些情况表明，从万历十五年产生的国家的萌芽形式，到了万历二十四年已有很大的发展了。

这首先便利和促进了战争的进行，因之，反过来又推动国家的进一步发展。万历二十七年灭哈达，三十五年亡辉发，四十一年灭乌拉，并不断遣兵东征，攻打乌苏里江流域以东的瓦尔喀、瑚尔哈、窝集等部女真。到万历四十三年底，除边远地方的一些小部和明朝政府支持的叶赫以外，建州、海西女真各部和“野人”女真的大部分，皆已统一在努尔哈赤管辖之下。

万历四十四年正月初一日，八固山贝勒、诸大臣率众排班，

1　申忠一：《建州图录》。

2　申忠一：《建州图录》。

3　申忠一：《建州图录》。

呈表尊奉努尔哈赤为“承奉天命养育列国英明汗”（一般简称为“英明汗”），年号天命，国号金，有时又称为后金。后金国正式出现了。

（二）后金的国家政权组织形式——八旗制度

从国家政权的组织形式看，由女真国发展到后金国，确有其特殊地方。这个国家是在连年战争的形势下，从军事组织发展起来的。对外掠夺，对内镇压，是这个国家的首要任务，它的主要活动就是进行战争。因此，这个国家的政权组织形式采用了八旗制度。

八旗制度是从牛录制演变发展而来的。努尔哈赤起兵以后，根据战争的需要和女真的习俗，把原来女真人打仗、狩猎时采用的临时性的自由组合而成的武装组织形式，加以改组扩大，编成为正式的、长期的官方组织，建立了八旗制度。

根据《满文老档》的记载，八旗制度的组织情况大致如下。

努尔哈赤将散居各地的女真人统一组织起来，每三百丁编一牛录，设一牛录额真（后之佐领）。其下，设代子二人（后之骁骑校）、章京四人、嘎善拨什库（村领催）四人。四章京分率三百丁，编为四 tatan（达旦）。每五牛录，设一五牛录额真，又名甲喇额真，后来叫参领。

每五个甲喇，组成一个 gūsa，音译为固山，意为旗，置固山额真一人（入关后叫都统）。固山额真左右，设梅勒额真二人（后之副都统）。随着辖区的扩大和人丁的增加，每旗所辖甲喇、牛录的数目便不一致，有多有少，但一般都超过了最初定制的二十五个牛录。

同时，又设立八大臣和四十判事官。

天命五年，努尔哈赤又仿照明朝官职，改定官名，封各臣为总兵官、副将、参将、游击、备御。大体上总兵官地位相当于固山额真，副将相当于梅勒额真，参将、游击相当于甲喇额真，备御与牛录额真同，但总兵官、副将又不一定是管一个固山的固山额真、梅勒额真。有时，副将也可担任固山额真的职务。

万历二十九年，努尔哈赤有黄、红、白、蓝四旗。万历四十三年，增加镶黄、镶红、镶蓝、镶白四色旗，合称八旗。

后金全部人丁必须编入八旗，分别隶属于牛录额真、甲喇额真和固山额真。八旗制下的诸申，是兵民合一，平时耕猎为民，战则披甲从征为兵。每牛录规定披甲的数目变化不一，有时规定一牛录出五十甲，有时出一百甲，最多的时候一牛录出一百五十甲。后来大体上是三丁抽一，每牛录出一百甲。这样，就建立起一支强大的正规的军队。

女真国——后金国的军政用费，分派八旗各牛录承担。官役公差，如筑城、修路、运送粮盐、屯田、造船等差役，皆向各牛录佥派。侍候汗、贝勒所需的人夫，亦令各牛录提供。争执、诉讼，奖惩臣民，先由判官、大臣审听，转达诸贝勒。每五日，努尔哈赤召集诸贝勒、大臣于衙门，议处国政，审断诉讼。

由此可见，八旗制度并不是一个单纯的军事组织，而是包括军、政、财、经等各个方面职能的根本制度，是女真国——后金国的国家政权的特殊的组织形式。

叙述了八旗制度的大致情况后，有必要考察一下牛录的数目问题。万历四十三年努尔哈赤定八旗制度时，共有多少个牛录，这是一个关系到了解当时兵力、国力的重要问题。

雍正五年大学士鄂尔泰、张廷玉奉敕撰修的《钦定八旗通志初集》载称：

> 甲寅年（实录作乙卯），始定八旗之制，以初设四旗为正黄、正白、正红、正蓝，增设镶黄、镶白、镶红、镶蓝四旗，为八旗。每三百人设牛录额真一，五牛录设甲喇额真一，五

> 甲喇设固山额真一，每固山设左右梅勒额真各一，以辖满洲、蒙古、汉军之众。时满洲牛录三百有八，蒙古牛录七十六，汉军牛录十六。

《皇朝文献通考》载称：

> 甲寅年定八旗之制，以初设四旗为正黄、正白、正红、正蓝，增设四旗为镶黄、镶白、镶红、镶蓝……合为八旗，统率满洲、蒙古、汉军之众。每三百人设牛录额真一人，五牛录设甲喇额真一人，五甲喇设固山额真一人，每固山设左右梅勒额真二人。时满洲牛录三百有八，蒙古牛录七十六，汉军牛录十六。行军时，地广则八旗并列，分八路。地狭，则八旗合一路而行。

这两部书的记载，内容大体相同，都断言万历四十二年定八旗制时，共有四百个牛录。《钦定八旗通志初集》和《皇朝文献通考》是很有权威性的重要官书，它对八旗牛录的数量作了这样明确的结论，影响是颇为广泛的。但是，经过分析，我认为这个结论是错误的。

这两部书的叙述本身便是矛盾的。按照它的记载，五牛录为一甲喇，五甲喇为一固山，那么，每固山当有二十五个牛录，八旗应是二百个牛录，怎么会凑成四百个牛录？此其一。

“汉军”一词，很晚才出现，天聪七年皇太极命满洲各户汉人有十丁者，授绵甲一，共一千五百八十人，单独编成汉军旗，令马光远等统辖，时才一旗。崇德二年分为二旗，四年再分为四旗。崇德七年始分为八旗。《钦定八旗通志初集》、《皇朝文献通考》二书将“汉军”提前了十九年，记于万历四十二年，显然也是欠妥的。此其二。

二书皆说甲寅年八旗有蒙古牛录七十六个。此说根据亦很薄弱。此时，努尔哈赤势力并不特别强大，仍然只是女真之王，并未能侵入蒙古各部。努尔哈赤十分重视拉拢蒙古。只要是蒙古来投，《满文老档》皆必详细叙述。可是，万历四十二年以前，在《满文老档》里，找不出掠夺蒙古人丁或蒙古自动来归的记载。七十六个牛录当有蒙古壮丁二万二千八百丁，这样大量的蒙古壮丁从何而来。此其三。

更重要的是，《满文老档》载有天命六年闰二月八旗固山额真姓名及其所辖牛录的数目，很能说明问题，兹引录如下：

> 达尔汉辖之固山：尼雅满珠七个半牛录，费依德尼七个牛录，阿依什卡、叶帖尼五牛录。
>
> 阿敦阿哥之固山：呼兰路二十八个牛录，托兰、璋基十七个牛录。
>
> 穆哈连之固山：扎库姆十个牛录，德特赫六个录，鄂和五牛录。
>
> 济尔哈朗阿哥之固山：玻外赫七个牛录，费阿拉五十四个牛录。
>
> 汤古岱之固山：扎卡九牛录，瑚完塔、章比干、路里、瑚兰十六个牛录。
>
> 博尔锦之固山：范河十牛录，毕鲁六个半牛录，赫扯木、杭吉雅十个牛录。
>
> 栋鄂额驸之固山：浑河、音格五个牛录，博尔辉五个牛录，雅尔瑚、苏完八个牛录。
>
> 阿巴泰阿哥之固山：柴河五牛录，穆扈基鄂罗五牛录，鄂尔多山五牛录。[1]

1 《满文老档·太祖》卷一八。

总加起来，八旗共二百三十一个牛录。这是当时官方的记载。八旗辖属牛录的数目，是后金国汗、贝勒十分重视的问题，这段记载比较详细，应是符合当时实际情况的。

直到天命六年，八旗才有二百三十多个牛录，那么，六年以前的女真国能有四百个牛录吗！还应看到，天命六年的后金国，屡败明军，连克重城，军威大振。蒙古人员亦纷纷来降，人丁激增，比六年以前的女真国，势力强大得多，人口、土地都大大扩充了，如果说万历四十二年（或四十三年）就有四百个牛录，怎么到六年以后，反而减少一半呢！这是不可能的。

由此可见，万历四十三年时，努尔哈赤辖属的八旗，只有二百多个牛录。《钦定八旗通志初集》和《皇朝文献通考》记载的数字是错误的，不能引以为据。

（三）女真国——后金国的奴隶主专政的阶级实质

从女真国发展到后金国，国名虽经改变，但其阶级实质仍然相同，都是为奴隶主阶级服务的，都是为汗、贝勒和八旗官将服务的，是奴隶主专政的奴隶占有制国家。随着时间的推移，这个国家的阶级实质暴露得更加明显了。

以汗、贝勒为首的满族贵族集团掌握了女真国——后金国军政财经大权。努尔哈赤是后金的最高统治者，他封赐亲近子侄分辖八旗，称为八固山贝勒。固山贝勒是本旗的所有者和统治者。

在这个国家里，努尔哈赤握有至高无上的权力。这从其被尊为“英明汗”一事，可以看得很清楚。《满文老档·太祖》卷五万历四十四年正月初一日载称：

诸贝勒、大臣、众人皆会曰：我等之国，无汗则忧苦甚多。皇天为使我等之国得享安康，眷爱穷苦部众，而降生贤能善养之汗，应奉上尊号。

众议定后，八固山诸贝勒、大臣率众列成四方四隅，立于八处。八固山八大臣奉书出班跪于前，八固山诸贝勒、大臣率众跪于后，阿敦辖立于汗之右边，额尔德尼巴克什立于汗之左侧，各自前迎受八固山大臣跪奉之书，奉于汗前，置之桌上。额尔德尼巴克什立于汗之左前方曰：承奉天命养育列国英明汗。呼此名后，下跪之诸贝勒、大臣、众人皆起。汗离座，出衙门，向天三叩首，叩毕还座，八固山诸贝勒、大臣各依年岁向汗三叩首。

八固山诸贝勒、大臣集议的言论，特别是奉上的尊号，非常清楚地反映了努尔哈赤统治后金的真实情形。所谓“承奉天命养育列国英明汗”，包括密切相关的两个内容。首先，努尔哈赤并非凡人，而是承奉天命的开国之君。他的所作所为，是秉承天命来平乱致治，受天所命、为皇天所保祐的君主，当然应该掌握一切权力，当然应是言出令行的绝对统治者。

其次，正因为他是承奉天命之君，因此，他必然是“贤能善养”穷苦部众的汗，而且是养育列国的汗。是努尔哈赤养育部众，而不是部众供汗吃穿。既承奉天命，又贤明英武，善养部众，这样的汗，当然是执掌后金国大权的最高统治者。

这不仅只是诸贝勒、大臣对努尔哈赤尊称之词，他本人就是这样看这样说的。不单是一般诸申是汗所养，诸大臣亦系汗所养育。每当召集群臣集会时，努尔哈赤就要宣讲汗为天命、臣为汗用的一套，说什么“天任之为汗，汗任之为大臣”[1]。

这些言谈、称号，并非虚浮之词，而是现实情境的反映。一切大政方针，是努尔哈赤亲定，重大的诉讼，经他最后裁决。军

1 《满文老档·太祖》卷四。

国大政，由努尔哈赤召集诸贝勒、大臣集议，讨论各种方案，最后由他钦定。

一般情况，努尔哈赤是批准各臣建议的，但他也常拒绝众议，独自做出相反的决定。比如，万历四十三年六月，叶赫贝勒布扬古赖婚，欲将先前许聘与努尔哈赤的亲妹改许蒙古莽古尔岱台吉，诸贝勒、大臣知道后，十分恼怒，齐向努尔哈赤说："叶赫将吾以牲畜聘婚之女，今欲给与蒙古，所可恨者，莫过于此！在其未给与蒙古之先，吾即出兵。若已与之，乘其未携女去之前，吾兵攻其城而夺之。此非其他诸小贝勒所聘之女，汗所亲聘之女，给与蒙古，今既闻之，我等焉能坐视他适，我等即兴兵。皆力主之"。努尔哈赤以缺乏粮食，难养俘获，不从。诸贝勒、大臣反复力争，努尔哈赤拒绝众议，坚不发兵[1]。

天命元年六月，瑚尔哈部女真鲍吉里约集萨哈连部、瑚尔哈部女真各头人聚议，起兵反叛，杀死努尔哈赤遣去经商之人。努尔哈赤知悉后，勃然大怒，"令即遣兵"。"诸贝勒、大臣众人皆谏曰：夏天大兵焉能行于泥泞之中，候冬日结冰时可往取矣！"努尔哈赤说，如果夏天不去，秋收时，这些女真把谷物收获后，藏于偏僻地方，皆往投使犬部，难以一网打尽。"今夏发兵往征，彼等无暇逃避，无暇藏谷"，"必皆得矣"。"如此，则该部灭矣。独拒众言，而作出此议"，下令发兵造船往征[2]。

当然，努尔哈赤虽有天大本事，也不可能一人单干，一人包办诸事。他主要依靠子侄等宗室贵族和费英东等"开国元勋"，这些人拥有很大的权力。

努尔哈赤之子代善、莽古尔泰、皇太极和亲侄阿敏，早在建元天命时，就是 gūsai beile，汉文音写为固山贝勒，当时亦称为

1 《满文老档·太祖》卷四。

2 《满文老档·太祖》卷五。

hošoi beile，hošo 音写为和硕，汉语为东西南北四方之方，四角之角š。ho oi beile 意为一方之贝勒，音写为和硕贝勒。稍后，这四人被称为四大贝勒。

四大贝勒各辖一至二旗，各为本旗之主。《满文老档》有时将固山贝勒（gūsai beile）写为 gūsai ejen beile，即“旗之主贝勒”或“旗主贝勒”。这个词很能说明问题，它清楚地表明了旗主贝勒是一旗之主，本旗下任何人员，不管是诸申，还是八旗官将，都尊旗主贝勒为主，都受其支配，听其驱使。

《满文老档》记述固山贝勒、旗主贝勒与旗下诸申、大臣的关系时，用了一个很有趣也很准确的词汇：salibumbi。salibumbi 是动词 salimbi 的强制态和被动态。salimbi 意为“承受家产之承受，擅”。salibumbi 意为“使承受，使专主”。即是说，诸申乃至八旗各级额真，都是后金国努尔哈赤专主的属下人员，由努尔哈赤给与各固山贝勒、旗主贝勒，使固山贝勒承受，使其专主。固山贝勒、旗主贝勒对旗下诸申、大臣有专主之权，二者之间是君民关系，甚至是主奴关系，当然有权管辖和驱使。

《满文老档》有时也以 salibumbi 一词用来记述额真（家主）与阿哈的关系。比如，大贝勒代善怀疑其子硕托欲图叛逃，而向汗父努尔哈赤奏称：如我听信后妻的话，“不将我之僚友、部众给与我子（指硕托），不将包衣阿哈、马牛牧群使其承受专主”，则杀后妻[1]。

可见，从用的词来看，旗主贝勒与旗下属人的关系，不管是诸申，还是大臣，都是君与民的关系，都是主与奴的关系。旗主贝勒确实有权将为其专主的旗下大臣、诸申，象阿哈、牲畜一样，赐予诸子。如同阿哈是家主的奴隶一样，用“我之”二字来形容，旗主贝勒也以“我之”二字来表述其所统辖的旗下诸申和八旗官

1 《满文老档·太祖》卷一六。

将，都用 salibumbi 一词来叙述。

这样的用词，并非巴克什的虚构，而是实情的反映。旗主贝勒确实有权处置一切属下人员，哪怕是身居要职的大臣，也必须受本旗旗主贝勒的辖治。上述代善的奏称，便表明旗主贝勒有权将本旗诸申、官将像阿哈一样传给子孙。

又如，大臣伊拉喀，曾被努尔哈赤给与四贝勒皇太极，使其专主于皇太极。伊拉喀不尽力效劳，反埋怨皇太极待他不好，要求回到“养我之汗处”。努尔哈赤大怒，责其叛逆，下令斩杀[1]。可见旗主贝勒在本旗中权力之大。

努尔哈赤还指定子侄族人和著有功绩的亲信臣将担任牛录额真、甲喇额真、梅勒额真。尤其是固山额真，是固山贝勒之下管理本旗的最高官员，权力很大，位置十分重要，更为努尔哈赤的子侄等亲属和近臣所垄断。像管辖左翼四旗的众额真、一等总兵官，便是娶努尔哈赤之妹为妻的“开国元勋”额亦都，右翼众额真费英东也是军功卓著的开国功臣，是努尔哈赤的孙女婿。

前面曾引述天命六年闰二月八旗固山额真的姓名，计有济尔哈朗、阿敦、汤古岱、阿巴泰、达尔汉辖、栋鄂额驸、穆哈连、博尔锦。这八人中，汤古岱是努尔哈赤第四子，阿巴泰是努尔哈赤第七子。济尔哈朗是舒尔哈齐贝勒之子，从小为努尔哈赤收养，视如亲子。达尔汉辖，原名扈尔汉，万历十六年随父雅尔古部长扈拉瑚率众来投，被努尔哈赤收为养子，十分信任。阿敦系努尔哈赤亲近族人。栋鄂额驸是何和里，原系建州女真栋鄂部部长，万历十六年率所部诸申来归，努尔哈赤妻以长女，尊称为栋鄂额驸。穆哈连与博尔锦善于打仗，是努尔哈赤的亲信近臣。

从这八个固山额真来看，六个是努尔哈赤的子、侄、族人及女婿，余二人系其亲信。八旗的旗主贝勒又是努尔哈赤的子

---

1 《满文老档·太祖》卷五。

侄。可见，以努尔哈赤为首的满族贵族集团牢牢地掌握了八旗军政大权。

汗、贝勒掌握了八旗军政大权，组成女真国——后金国最高统治集团后，就运用这个国家机器为本集团、为奴隶主阶级服务，用来统治诸申、阿哈，进行剥削，镇压反抗。

努尔哈赤训示群臣，要他们“善理上天委任大国之事，审断公正，平盗贼，止恶逆，遍济贫乏，尽皆养之”。“对下面的伊尔根，教以善言，使其摒弃恶念，众心皆明而善，不为主上所罪，尽执忠良之心”。这样，“使国家太平”，就立下了“极天之大功，己身之大福”[1]。

这段话概括了后金国的基本职能，十分重要。努尔哈赤要求群臣忠于汗，妥善料理国家诸事。着重在“善理”。需要善理的国政主要有四个方面，一为审断公正，二系“平盗贼、止恶逆”，三是“遍济贫乏”，四为“教以善言”。

怎样善理国政？努尔哈赤指出，首先要“审断公正”。这是国家机器的重要职能，即维护统治阶级的利益，根据统治者意志裁决诸事。

《满文老档》编写者说，努尔哈赤“选审断国事公正善良之人为八大臣，其次又选不贪酒、不索金银的四十名判事官。每五日召集诸贝勒、大臣于衙门相议，使公正审断事之是非，以为常例”[2]。

这种说法，与历史真实相距太远。公正二字，有严格的，明确的阶级属性。各个阶级对公正有各自的理解，有各自的标准。在过去的阶级社会中，统治阶级，剥削阶级对公正的看法是不同的。

审断公正与否，不决定于审断的形式，首先而且最关键的是制定的法令本身公正不公正。其次才是官员审理案件时是否徇情

1 《满文老档·太祖》卷四。
2 《满文老档·太祖》卷四。

枉法，是公正还是不公正。至于采取什么形式，那是次要的问题。而且就以形式而论，上述八旗制的审断形式，也是不公正的，一切皆由大臣、贝勒、汗审问裁决，这些人都是大奴隶主、大贵族，由他们来审断阿哈、诸申，怎能公正！

努尔哈赤非常重视法令的作用，强调必须施行严刑峻法。他曾训示诸子和群臣说："为国之道……言必信，谋贵密，法贵严。"[1]

努尔哈赤下达了许多体现所谓"公正"的汗谕和法令，其中重要的一条是"诸申应爱贝勒"。诸申"爱贝勒"的具体内容就是为汗、贝勒效劳，听从驱使，披甲出征，筑城伐木，屯田煮盐，造船运粮。

另一重要禁令是严格区别贵贱尊卑。努尔哈赤曾下严令，不许诸申冒犯宗室贵族，如对"汗之亲戚不逊"，则用鞭狠打，若用手触及宗室身体，则斩。早在费阿拉时（1587~1603 年），拉哈墨尔根之妻执宗室托塔里之妻衣襟，努尔哈赤大怒，下令斩杀拉哈墨尔根之妻，并以此为例，宣谕部众，以示警戒[2]。

努尔哈赤制定的"公正"的法令之一是确立了"论功行赏"制度，取消了"俘获均分"的古老传统。努尔哈赤下谕说："百人若食百羊，则云不足，一人若食一羊，则有余。若分而与众，谁能足？"[3]他就以此为理由废除了"俘获均分"的传统，代之以论功、按职分取战利品的制度。

以前诸申可以任意行止，现在努尔哈赤规定，每牛录三百丁编为四达旦，四章京分率，"无论作何事，往何处，按四达旦之人值班计，共同劳动，同出同行"[4]。

这些汗谕、规定、法令，都是维护奴隶主阶级利益的，都是

1 《满文老档·太祖》卷三。

2 《满文老档·太祖》卷三三。

3 《满文老档·太祖》卷四。

4 《满文老档·太祖》卷四。

针对诸申、阿哈的，怎能说是“公正”!

不仅法令本身是压迫阿哈、诸申的，是不公正的，而且在执行法令时，也是因人而异，也不是一视同仁，也不公正。努尔哈赤本人就经常抛开自己颁布的“汗谕”，任凭私意裁处各案。天命四年六月打下开原时，努尔哈赤曾下谕，禁止八旗官兵私自多拿俘获物品，但当查出一些官将和士兵违反禁令时，惩处却贵贱有别，亲疏不一。他对孙女婿费英东等大臣，只令其退出多拿的财物，而对所谓的“小人”，则下令鞭打，“盗取大物之小人，刺其耳鼻。窃取次物者，射十骲头。盗小物者，掌嘴十下”[1]。

而且，“小人”虽犯轻罪，惩治却重；贵族、官将虽获重罪，甚至被法司拟以死罪，却可因功、因亲因贵而减免。苏都依牛录的弓匠何岱，曾隐藏两匹马，被人告发后，怕受刑罚，私自逃亡，捕获后，竟被处以死刑。就在这时，阴达扈奇隐匿人户事被发觉了，其弟大臣巴拜加以庇护，伪称贝勒知悉。法司审实后，拟处阴达扈奇大罪，处巴拜死罪。上报后，努尔哈赤却念其父索尔杲，兄费英东之功，拒绝处分，下谕尽免其罪[2]。

参将永顺前去牧场时，射箭杀人，法司本已徇情轻断，只令其偿人，降为游击，努尔哈赤却以其兄阿兰珠“为国战死”之功，尽行赦免[3]。

这些事实有力地说明了，所谓“审断公正”，就是维护奴隶主、贵族的利益，迫害阿哈与贫困诸申，就是不公正。

“善理国政”的内容之二是“平盗贼，止恶逆”，即镇压广大阿哈、诸申的反抗。这是奴隶占有制国家的首要职能。汗、贝勒、大臣通过掠夺战争和压榨阿哈、诸申，得获了大量人丁，建立起

1 《满文老档·太祖》卷一〇。
2 《满文老档·太祖》卷一七。
3 《满文老档·太祖》卷一七。

众多的拖克索，兴修了殿台楼阁朱门大院，马牛羊漫山遍野，金银珠宝绫罗绸缎充斥仓库，这都必须妥为保护，不准“小人”盗窃。汗、贝勒、大臣掌握了八旗军政大权，主宰后金国的一切，这样的统治权必须捍卫，这样的统治秩序必须巩固，不许“小人”破坏。可是，被剥夺了一切的阿哈切齿痛恨残酷的奴隶制，广大贫困诸申十分厌恶压迫他们的贵族、官将，进行猛烈斗争。这就是汗、贝勒担心和敌视的“盗贼、恶逆”，因而要求八旗官将全力以赴，严厉镇压，一定要将“盗贼”打下去，一定要将“恶逆”止住。

“善理国政”的第三个内容是所谓的“遍济贫乏”。努尔哈赤知道单靠武力镇压，是不能完全解决问题的，因此他把“均平遍济穷苦诸申”作为善理国政的重要内容，要求群臣施行一点小恩小惠，来缓和诸申、阿哈的不满，减少反抗的行为。他曾两次下令，赐盐与修筑城池的诸申。他向诸贝勒、大臣解释这样做的原因说:“汗知部众背负木石之苦……汗善待部众，部众亦善对汗矣！贝勒善视诸申，诸申亦善对贝勒矣！若汗知部众之苦，贝勒知诸申之苦，则诸申、伊尔根虽劳苦从事，亦无怨言矣！”[1]最后的一句话“诸申、伊尔根虽劳苦从事，亦无怨言矣”，就是汗、贝勒要求群臣“遍济贫乏”的真实目的。

“善理国政”的内容之四是“教以善言”。所谓“教以善言’，一是大谈天命有定，须各安其分，诸申系汗、贝勒“养育”，当为汗、贝勒效劳。阿哈乃家主之奴，应该奉养家主，听其驱使。诸申、阿哈皆须安分守法，“尽执忠良之心”，“摒弃恶念”，不许产生犯上作乱的想法。二是恶言相胁，以严刑峻法逼人，责令诸申、阿哈须“明而善”，才“不为主上所罪”，否则，怀恶念，为盗贼，则必为汗、贝勒“止住”，必受重刑。

1 《满文老档·太祖》卷一八。

通过“审断公正”、平盗贼、止恶逆、济贫乏和“教以善言”，既从精神上加以麻醉，打消人民反抗的念头，又以酷刑来惩治诸申、阿哈，镇压起义，从而达到“使国家太平”，使汗、贝勒和八旗各级额真的国家太平无事，让他们安享阿哈、诸申的劳动果实。这就是奴隶主阶级对国家的根本要求。

从上面所举的一些事例，我们也可以看出，后金国的确是按照这个要求办事的。特别是在对待阿哈的问题上，这个国家政权的奴隶主专政的实质暴露得异常清楚。

努尔哈赤多次下达“汗谕”，对阿哈的身份、义务、性质等问题作了明确的规定。他着重指出，“若无阿哈，主何能生！”这是对阿哈与其家主之间关系的根本性规定。这就是说，家主依赖阿哈为生，家主有权剥削阿哈，而阿哈必须为主效劳，二者之间的关系是剥削与被剥削的关系，是主奴关系。

具体来说，阿哈应做什么事？努尔哈赤在“汗谕”中讲到阿哈时，使用了“耕田阿哈”、“役使阿哈”、苦独力（kutule，牧马小厮）等词。这就是努尔哈赤对阿哈劳动范围的规定，阿哈必须耕种家主田地，必须为主牧马备鞍，随军上阵，必须供家主役使，侍奉主子。

在劳动产品的分配上，努尔哈赤明确规定，“阿哈之耕田之谷，须与主同食”，阿哈须将收获的粮食全部上交给家主，而衣食于主，吃不饱，穿不暖，过着饥寒交迫的悲惨生活。

在人身占有上，努尔哈赤把阿哈贬低到与牲畜等同的地位。努尔哈赤说：“役使阿哈，耕牛，乘马，衣服，食谷，悉皆具备者有几，穷苦之人甚多也。”他下令：“赐某以阿哈，赏某以马，给某以牛，与某以衣，赐某以谷。”[1]努尔哈赤的这次“汗谕”，具体地规定了阿哈的身份，把阿哈压抑到与马、牛、衣、谷相等的地位，

1 《满文老档·太祖》卷四。

阿哈与马、牛一样，与衣、谷相同，都是家主占有的东西，可以任意赏赐，唯一不同的是阿哈是会说话的人，是会说话的工具。

为了维护奴隶制剥削方式，努尔哈赤严禁阿哈逃亡，捕获逃走的阿哈，一律斩杀[1]。

这些事实清楚地表明了，以汗、贝勒为首的满族贵族掌握了后金国军政大权，利用这个国家政权压迫诸申、阿哈，维护奴隶主阶级的利益，这样的国家就是奴隶主专政的奴隶占有制国家。

简短的结论

综上所述，由于广大阿哈与诸申辛勤耕耘，种稻植棉，纺纱织布，采挖人参，捕捉兽禽，开矿冶炼，打造器皿，生产力迅速提高，产品大量增加，远远超过了维持劳动力本身所必需的数量，为满族社会由原始社会末期这个低级阶段向更高阶段的发展创造了物质条件。

经过多年征战，掠来巨量人畜财帛，逼令大批女真诸申和汉族农民沦为阿哈，奴隶制生产关系急剧扩展，上升为占居社会统治地位的生产方式。

阿哈人数激增，从事各种劳役，在生产上起了重大作用，已经成为一个人数众多、在社会生活中具有强烈影响的奴隶阶级。

大多数诸申从不受剥削的自由的氏族成员，下降为遭受汗、贝勒奴役和奴隶主占有制国家统治的穷苦平民。

汗、贝勒和八旗各级额真等大小奴隶主，掠夺了大批人畜，建立拖克索，驱使阿哈耕田种地，奴役辖属的贫穷诸申，财富日增，权势膨胀，成为满族社会的统治阶级。

广大阿哈反对野蛮的奴隶制剥削方式，贫困诸申十分痛恨八

1　李民寏：《栅中日录》。

旗贵族官将，阶级矛盾十分尖锐，斗争异常激烈，摧毁了古老的氏族制，产生了奴隶占有制国家。

这一切表明，满族已不再处于原始社会的阶段了，已经进入人类历史上第一个人剥削人的奴隶社会了。

第三章　过渡到封建社会

（1621~1644 年）

一　辽东地区概况

所谓“辽东”，含义有二。一是指明代辽东都指挥使司（简称辽东都司）辖属的地区，系因其地远在《禹贡》所述九州之东而得名，明代文献有时又称为“辽镇”或“全辽”；另一是以辽河为界，辽河以东如辽阳、沈阳等地，称为辽东或河东，辽河以西的广宁、锦州等地，称为辽西或河西。我们这里讲的“辽东”，是指辽东都司辖地而言。

辽东地区，久已开发。商、周时肃慎人在此地居住，耕田狩猎，采果捕鱼。战国时归燕辖属。秦统一六国，灭燕，设辽东、辽西二郡。汉初沿袭。魏置辽东等五郡，隶平州。唐置盖、辽二州及九都督府，统于安东都护。后为靺鞨人首领大祚荣所建的渤海国地。辽、金为东京。元改辽阳路，设辽阳行中书省。明置辽东都指挥使司，设卫二十五及安乐、自在二州。

辽东地区，虽然开发很早，但地处偏远，战乱频繁，长期以来，进展不快。尤其是元末明初，一些顽固元将，拥兵据城，争战不息，“掳掠男女畜产，城为一空”，“居民散亡，辽阳州郡，鞠为榛莽”，对生产造成了很大破坏[1]。直到明洪武十五年，降明元臣名祖谈到辽东风俗物产时仍说：“辽东地遐远，民以猎为业，农作次之”[2]。

明朝政府采取了调兵驻戍、谪发罪犯、广置屯田等措施，巩固辽东地区的统治，生产很快恢复，并迅速发展，人口急剧增加。

明廷洪武四年遣都指挥马云、叶旺率兵入辽，陆续设立二十五卫。按每卫编制五千六百名兵士计算，达十四万名，连带随营的余丁、家属，给人口衰减的辽东地区增加了数十万人。

明又命令军卒耕垦，备办耕牛农具，大兴屯田。洪武七年已开始于定辽诸卫屯田。洪武十九年，定辽九卫有屯军一万八千零五十人。洪武二十七年，明廷又命辽东定辽等二十一卫军士“自明年俱令屯田自食”。随后改为全辽官军八分屯种，二分守城。永乐十二年，变为三分之二守城，三分之一屯田[3]。

明还命令各地发遣辽东的罪犯，耕垦田地。洪武二十六年，明帝下诏规定，“凡吏民谪发辽东戍守者，各以时力田讲武”[4]。

这样一来，大批荒地开垦成熟，耕地面积急剧扩大，粮食产量迅速增加。洪武、永乐年间（14 世纪末 15 世纪初），辽东军屯增至二百五十余万亩，每年征收屯粮多达七十一万余石[5]。

嘉靖十六年重修的《辽东志》卷八谈论屯田情形说，兴屯以前，辽东官兵“衣粮之资，仰给朝廷”，用船海运，“动计数千艘”。大兴屯田后，“力穑者众，岁有羡余，数千里内，阡陌相连，屯堡相望，由是罢海运，所在建立学校，以训子弟”。这对辽

1　嘉靖十六年重修《辽东志》卷八。

2 《明太祖实录》卷一四四。

3 《明太祖实录》卷八七、一七九、二三三；《明宪宗实录》卷一七二。

4 《明太祖实录》卷一八二。

5 《明宪宗实录》卷二四四；潘潢：《会议第一疏》，《明经世文编》卷一九八。

东地区农业发展的情况，是一个很好的概括。

辽东资源丰富。各卫皆设盐场百户所，辖治“煎盐军”若干名。嘉靖年间，岁征额盐三百七十七万四百七十三斤。

辽东地区矿产也多。辽东都司二十五卫，每卫都有铁场百户所，督促“炒铁军”，岁征额铁三十九万五千七十斤。民营矿业更为发达。大批辽民冲破明王朝禁令，私自在辽阳、盖州等地开挖各矿，被官府称为“矿徒”。明天启元年（后金天命元年）三月，后金军进驻辽东后，矿徒激烈反抗。盖州“矿徒二千余人”死守海岛，与后金兵血战。辽阳“东山矿徒聚众数千，据山自固”。明辽东经略熊廷弼疏陈对金计策时，力主招募矿徒，建议对能聚千人的头目委署都司，能招五百人的委署备御、守备，这样，“将一呼而应，一二万兵可立致也”[1]。矿徒有数万，能成为反金重要的军事力量，可见矿徒之多和民营矿业的发达。

《辽东志》纂修者薛廷宠对明初到明中叶辽东社会生产发展的情形，作了很好的归纳。他说：“辽物产之丰，繇来尚矣。国初疮痍新愈，民习勤苦，百余年来，兵戢不试，事简俗质，是故田人富谷，泽人富鲜，山人富材，海人富货，其得易，其值廉，民便利之。”“故往时家给人足，都鄙廪庾皆满，货贿羡斥，每岁终，辇致京师，物价为之减半。”[2]

随着农业、手工业的发展，商业也兴旺起来。明代辽东地区，经营粮食、布匹、食盐、人参、貂皮的商贾相当多，有本处土著，也有来自全国各地的商人。现举抚顺的“马市”为例。

抚顺城虽不大，但因是与建州女真贸易的关市，商业比较发达，商人也多。据明档记载，从万历六年四月七日至七月八日，建州女真到抚顺马市交易的有二十七次，除原档残缺不清外，二

1 《明熹宗实录》卷一〇、一一、一三；嘉靖十六年重修《辽东志》卷二。

2 嘉靖十六年重修《辽东志》卷三。

十三次载有入市的女真人数，共一千九百六十五人次。其中十三次载有为首的汉民“买卖人”的名字，如李文义、吴七、黄一中、王五、孙国臣等。

档册虽未载明每一次汉民“买卖人”有若干名，携带多少货物和银两，但可以肯定是很多的。一则每次与建州女真交易的为首的汉民“买卖人”名字都不相同，不是一个人，即是说这二十七次的汉民买卖人不是同一批人，而是二十七批。

再则每一批的“买卖人”不会太少。要在半天左右的时间，与携带大量人参、貂皮、麻布等物的一两百名女真人讨价还价，买卖商品，几个汉民“买卖人”，是不行的。这二十七次交易，共抽税银二百六十八两。按规定，人参一斤抽银一分，貂皮一张抽银二分，狐皮一张抽银一分，缎一匹抽银一钱，羊皮一张抽银二分。如照此推算，则需从二万六千八百斤人参，或一万三千四百张貂皮，或二万六千八百张狐皮的买卖上，才能征收到税银二百六十八两。女真卖出货物，以貂皮、人参及狐皮为主，要购买这样多的人参、貂皮，需银成千万两。

《明神宗实录》卷五一八载述万历四十六年四月努尔哈赤攻取抚顺的情形说：“先一日，奴（努尔哈赤）于抚顺市口言，明日有三千达子（女真）来做大市。至日寅时，果来叩市，诱哄商人军民出城贸易，随乘隙突出掳杀。”

《满洲实录》卷四载，努尔哈赤攻下抚顺后，“有山东、山西、涿州、杭州、易州、河东、河西等处商贾十六人，皆给路费，书七恨之言付之”。这些记述都可说明抚顺商业的发达状况。

抚顺只是辽东一城，类似的、更加富庶的大城重镇还有不少。像金州、复州、盖州、海州，素为“膏腴之地”。开原为辽东要地，“城大而民众，物力颇饶”，“金钱财货，何止数百万”。沈阳、辽阳，兵民众多，商贾云集，颇为繁华。明经略熊廷弼说，如努尔哈赤“全有辽镇，所获金钱财货，何止数千万”[1]。

天启元年，明宁前道王化贞报告金兵攻下辽阳后的情形说，从三月二十一日下辽阳，至二十八日，“辽之商贾，死者四五万人”[2]。礼科给事中周士朴上奏说，“奴（指努尔哈赤）杀西兵二万，复杀商贾五六万……”[3]。商贾死的，多至数万，可见辽阳及全辽商人之多和商业的发达。

元季战乱频仍，民多死亡。明初，遣兵驻屯戍守，谪发罪犯，鼓励少数民族定居辽东，随着生产的恢复和发展，人口也增加很快。

嘉靖十六年重修的《辽东志》论述人丁情形说：明代元后，“始以四方之民，来实兹土。”汉人“十七”，朝鲜族及女真“十三”。这时，辽东都司共二十五卫和两个州，“户口二十七万五千一百五十五”，“寄籍民七千一百九名”，马步额军、招集军、屯田军、煎盐军、炒铁军共十二万四千七百二十九名[4]。

到了明末，虽无具体统计材料，但从下述辽民遭杀、被掳和大批逃亡的情况，可以做些分析。

自万历四十六年（后金天命三年）四月努尔哈赤率军攻明抚顺以后，辽东居民大批死于兵火，被俘为奴，或逃亡朝鲜，匿居海岛，或奔入关内。明泰昌元年（天命五年），辽东经略袁应泰说，后金军“所陷清河、开（原）铁（岭），延袤三百里，杀掳官兵军民数十万”[5]。辽民大批漂洋渡海，逃往山东或据守沿海诸岛，仅天启元年五月山东登州海防道按察使陶朗先的奏报，接渡辽东避难的军民就有三万九千余名[6]。随从明将毛文龙据守海岛的

1 熊廷弼：《河东诸城溃陷记》，《明经世文编》卷四八〇。
2 王在晋：《三朝辽事实录》卷四。
3 《明熹宗实录》卷九。
4 《辽东志》卷一、三。
5 王在晋：《三朝辽事实录》卷三。
6 《明熹宗实录》卷一〇。

辽民有十余万人。还有大批兵民逃入朝鲜。沈阳、辽阳、广宁失陷后，逃入山海关内的，多达二百八十余万人。加上留在辽东的人口，可以推知，到天启元年左右，全辽居民至少有数百万。

关于辽东地区生产关系的情况，需着重从分析军屯开始。

明代前期，辽东人口的绝大多数是“军户”，一般的“民户”很少。土地也主要是拨军耕种的“军屯”。明廷规定，驻戍辽东的军士，按一定比例拨派屯垦田地，或三七，或二八，个别时候全部屯种。分拨种地的军士叫屯田军，或叫屯种旗军，以与守城旗军相区别。每军授给一定数量的官地，大致是一军五十亩。

屯种旗军所需的耕牛、农具和种子，初期一般是明朝政府发给。洪武二十六年，辽东都司有屯牛一万三千八百七十八头。永乐二年，又遣人到各地调牛万头，以在辽东拓广屯田。永乐七年，因辽东诸卫屯种耕牛倒死甚多，不敷耕种，又令附近地方选牛万头，运送辽东[1]。

屯田军必需缴纳额定“屯田子粒”。开始时，辽东每军限田五十亩，纳租十五石。洪武三十五年改定，每军田一分，纳“正粮”十二石，“余粮”十二石，按五十亩一分计，亩交“余粮”一斗二升。正统二年，统一规定，全国各地每分军田纳子粒六石。但实际上，屯田军缴纳的数量远比法定的则例多得多。辽东都司在弘治（1488~1505 年）以后，有屯田军四万五千四百零四名，屯地二万五千三百七十八顷，额征子粒七十一万六千一百七十石，每亩合二斗八升。

屯军要交纳屯草。嘉靖十六年，辽东都司屯田岁征屯草五百九十四万零六百三十束[2]。

1 《明太宗实录》卷二九；《明宣宗实录》卷八八。

2 《辽东志》卷三。

屯军还须赔纳屯粮。由于屯军所领屯地，往往顷亩不足；或地多沙碱，硗瘠不堪；或分散各地，路远难耕；或缺乏耕牛农具，水源不足，经常歉收，而屯田子粒，却必须按数缴纳，不许拖欠。同时，卫所官将、贵族、豪强又大量侵占屯田，拒不纳粮，逼令屯军包赔。部分屯军难以交粮，离家逃走，遗下“子粒”，也要存留屯军同伙赔纳。所以，隆庆三年总理九边屯田佥都御史庞尚鹏奏述屯政败坏原因时，着重讲到屯军包赔屯粮问题的严重情况，明确指出，辽东镇“苦于包赔”[1]。

屯军还被迫充当各种繁重的官府差徭，遭受都司、卫所官将驱使奴役，无暇耕种承领田地。

屯军是被迫佥充的，不许冒入他业，永远服役，父死子继，世代固定在屯田上，严禁逃亡。明廷对屯军实行军事编制，每一“屯田百户所”设百户一员，管屯军七十至一百一十二名。每一千户所设千户一员，管三至十个百户所。每指挥所管二至五个千户所，由提调屯田指挥统辖。屯军犯法，须以军法从事。

屯军被迫承领官地，强制耕种，交纳屯粮，束缚于屯田上，遭受严格控制和野蛮奴役。这一切表明，屯军是受的封建剥削，军屯制度是一种封建剥削制度，屯军与欧洲中世纪的封建农奴差不多。

由于屯军的激烈反抗和官将等的侵占，军屯制度不断被破坏。这个曾经是明初辽东主要的土地经营形式的封建国家所有的官田，逐渐向一般的“民田”过渡，私田急剧增加。

从有军屯起，豪强、官将就想方设法侵占屯田，化为私产，拒不纳粮。随着岁月的推移，这种情况愈演愈烈。《明实录》有不少这样的记载，现举二例。右少监刘恭在辽阳“私役军余千余人，占种官地三百余顷”。镇守辽东太监朱秀，“强占广宁右屯一

1 庞尚鹏：《清理辽东屯田疏》，《明经世文编》卷三五八。

卫军田至七十余顷，余盖莫知数也，往往役军佃种”[1]。

明初，辽东军屯总额为二万五千三百顷，到正德三年是一万二千七十三顷，减少了一半多。显而易见，这一百多万亩屯地，都是被官将、豪强吞没侵占了[2]。

一方面，是军屯田地在减少；另一方面，则“民田”、“私田”迅速增多。《明孝宗实录》卷一九四载，辽东镇守太监梁玘，“倚势为害……多夺民田，至二百八十余顷，以军余佃之”。仅广宁被梁玘一人侵占的民田就有二万八千多亩，可见此地民田不少。

嘉靖八年，辽东巡按王重贤奏：“辽东镇守太监白怀，已故镇守总兵麻循，监枪太监张泰，辽阳副总兵张铭，分守监丞卢安，参将肖泽、李鉴，游击将军傅瀚，各占种军民田土，多者二百五十余顷，少者十余顷，宜追夺罚治。上以因袭年久，怀、泰、安取回京，铭等夺俸半年”[3]。

这段材料很能说明此时辽东民田的发展情况。翻阅明初洪武、永乐、宣德年间的文献，找不到辽东有豪强占种民田的记载。因为，当时辽东皆系（或大多数是）军屯。只是随着军屯田地被侵占，民田逐渐增多，才能出现豪强占据民田的行为。

以上占夺“军民田土”的各官，其“公署”并不在一地，而是分布于数城。白怀的“镇守太监府”、麻循的“镇守总兵府”和张泰的“监枪太监府”，皆设在广宁。辽阳副总兵张铭的公署“东路副总兵府”位于辽阳。卢安的公署“分守太监府”和肖泽的“北路参将府”设于开原。游击将军傅瀚的衙门亦设在广宁。李鉴继张铭为辽阳副总兵。王重贤弹劾上述诸官“各占种军民田土”，

1 《明孝宗实录》卷一九二；《明武宗实录》卷一三。

2 《明武宗实录》卷三九。

3 《明世宗实录》卷一〇一。

虽未点明在哪些地方，但至少应包括本官公署所在的城镇乡村。这就是说广宁、辽阳、开原的“民田”已不少了。

如果辽东都司所辖地区的民田不多，无足轻重，则辽东巡按就可沿袭以往惯用陈语，指责白怀等侵夺官田屯地，就不需使用“占种军民田土”的新词了。

民田的增加，不外是两个途径。一是侵占屯田，化官为私，这不仅是辽东，而且在全国各地也是这样，大量军屯被豪强势家吞没了。二是驱使军余、贫民，垦种闲地。民田越发展，军屯就越衰落，更加迅速地向民田转化。

除去典卖、侵占的屯地事实上已成为民田外，军屯主要通过招人佃种、“许为世业”与改照民田征粮等方式，最后都变成民田了。

民田的发展和军田的衰落，表明了封建土地私有制对封建土地国有制的胜利，反映出豪强地主势力的膨胀。到天启元年（后金天命元年），后金军进入辽沈地区时，绝大部分土地皆已被汉族官绅、地主所霸占。

地主阶级广占田土，役使贫苦农民耕种，进行封建剥削，这就是辽东地区土地占有和生产关系的基本形势。

赋重差繁，官将贪酷，豪强欺凌，实难容忍，辽东军民不断奋起反抗。

辽东军士、余丁，很早就举行“兵变”，反对明王朝的暴政。正德四年，刘瑾遣官四出丈量屯田，以少作多，逼增赋粮。户部侍郎韩福往辽东丈田，“希瑾意，所行过刻，屯卒弗堪”。义、锦等州军余高真、郭城等聚众反抗，“焚毁廨舍，殴逐委官，守臣不能禁”。成为明代的第一次“兵变”[1]。

嘉靖十四年，辽阳、广宁、抚顺相继发生“兵变”。辽东巡

1 《明武宗实录》卷五三。

抚吕经，“以苛虐，失众心”。长期以来，辽东卫所，每一军有余丁三，每一马给牧田五十亩。吕经却更改旧制，强令每军只给一余丁，其他余丁皆编入徭役册，追征银两。又将牧马田全部收回，另行招佃纳租。还勒令军士修筑城台、围墙。辽阳“诸军遂大哗，拥众入抚院”，要求罢除工役，免交马田租谷。吕经下令，“榜笞告者”。军士大怒，殴打吕经爪牙，击毁抚院大门，火焚“徭役籍”，“鸣钟鼓纠众”，抓住吕经，“尽裂其冠裳”。明廷大惊，急下令废除新行办法，牧马田仍交军士管业，取回吕经。

吕经得悉后，从辽阳回广宁，准备行装。中军都指挥袁璘拟扣诸军月草价，为吕经饯行治装。广宁军士愤怒，拥众反抗，冲入抚院，执缚吕经，严厉斥责其汰减余丁、逼征徭银、夺取马田、强令筑城诸罪，毁其发肤，裸体桎梏，关于狱中。众军又将抚院“公牒”及吕经私箧尽行火焚，巡抚公署亦被烧。并将吕经捆缚，头上插标，环城游街，边行边骂，批打“其颊，窘辱备至”[1]。

消息传至各城，抚顺军士王经等素恨备御指挥刘雄“朘削军士”，乘机拥众擒雄，尽取其搜刮的财物，关于空房[2]。

除“兵变”外，辽东军民苦于繁重赋役，还大量逃亡，潜往偏僻海岛和与女真、蒙古接壤处。万历二年，辽东巡抚张学颜、总兵李成梁扩展宽奠等六堡，开拓新疆八百余里，与女真地区相连。辽东“军民苦役，往往逃窜其中，积集六万余人，屯聚日久，生齿益繁”[3]。

万历二十七年，明神宗遣太监高淮往辽东开矿征税。高淮贪

1 《明世宗实录》卷一七三、一七四。

2 《明世宗实录》卷一七八。

3 《明神宗实录》卷四二四；宋一韩：《抚镇弃地啗虏请查勘以正欺君负国疏》；《明经世文编》卷四六七。

婪残暴，无恶不作。他收养大批家丁，畜用战马数百匹，“刻削军士”，“借税杀人，黩货无厌”。他带领几百名家丁，从前屯卫起，到辽阳、镇江、金州、复州、盖州、海州等地，“大小城堡，无不迂回遍历，但有百金上下之家，尽行搜括，得银不下十数万，闾阎一空”。明臣极言，自高淮到辽东以后，辽民“生命戕于鞭鼓，脂膏竭于咀呪，十室九空”。甚至出现了这样咒骂高淮的歌谣：“辽人无脑，皆淮剜之。辽人无髓，皆淮吸之”[1]。

辽东军民愤恨异常，猛烈反抗。万历三十六年四月，大学士朱赓等奏称，“近得前屯各军揭帖，知高淮在辽东万般尅剥，敲骨吸髓，辽人率合营男妇数千人，北走投虏，赖将官拦住。众怒未平，仍歃血摆塘，誓杀高淮而后已”，并击杀高淮爪牙二人[2]。

第二月，军民数千，“攻围高淮，淮窘急”，狼狈逃窜，进入关内。明帝不得不下诏，谴责高淮“扣尅军士粮饷”，撤回矿税太监[3]。

综上所述，农、工、商业进展较快，封建经济相当发达；人口众多，以汉民为主；地主阶级广占田土，役使农民，进行封建剥削。辽东军民坚决反抗明王朝的残酷压榨，反对封建制度的沉重剥削。这就是明末辽东地区的基本情况，这就是后金国汗、贝勒率军打进辽沈地区时遇到的客观现实，这也是天命六年三月以后，汉满人民激烈反对奴隶制、农奴制剥削，反对后金国统治的革命斗争的历史背景。这样的背景对促进后金国和满族由奴隶制向封建制迅速过渡起了重大影响。

1 《明神宗实录》卷三三二、三七五、三八四、四二九；朱赓《论辽东税监高淮疏》，《明经世文编》卷四三六、四六七；宋一韩《直陈辽左受病之原疏》。

2 《明神宗实录》卷四四五。

3 《明神宗实录》卷四四六、四四七。

二　满汉人民反对奴隶制剥削的英勇斗争

（一）进入辽沈前满汉人民的斗争

明初以来，女真奴隶主占有的奴隶便不断斗争，或逃亡，或击杀奴隶主。

努尔哈赤兴起以后，俘民为奴，包衣阿哈激增，形成了一个人数众多的奴隶阶级。原系诸申的阿哈，从自由行动、不受剥削的氏族成员，被套上了奴隶制的枷锁。原系汉族农民的阿哈，遭受掳掠，妻离子散，家破人亡，沦为牛马不如的奴隶。辽东军民具有光荣的革命传统，哪能忍受比封建制更野蛮、更落后的奴隶制剥削？因此，他们非常愤怒，挺身反抗。

当时，居住比较分散，战争相当频繁，包衣阿哈的斗争，主要采取逃亡的形式。奴隶主阶级和奴隶主专政的女真国、后金国，十分害怕阿哈逃走，采用一切办法竭力阻止。一旦发现逃亡，立即遣兵四出搜捕，捉后残酷鞭挞，甚至打死，以示警戒。

打仗时，双方短兵相接，厮杀肉搏，时进时退，时分时合，比较混乱。围猎时，漫山遍野，寻找野兽，比较分散。这都是逃出牢笼的好机会。努尔哈赤为了防止随主从征的阿哈和披甲诸申逃走，特别规定，不管是行军，还是围猎，夜晚宿住地方，冬则立寨，夏则掘壕，寨壕以外，又命士卒鸣锣持箭巡逻，使“人不能逃”[1]。

但是，酷刑峻法，皮鞭棍棒，并不能压制阿哈的反抗；严格控制，层层设防，也无法制止奴隶的逃亡，下述诸例就是明证。

尽管努尔哈赤严密控制，然而就在天命三年四月攻打抚顺城时，就有人乘机潜逃，进入明境[2]。

1 《满文老档·太祖》卷四。

2 《满文老档·太祖》卷八。

固山额真阿敦和固山额真扬古利都是统辖大军、能征善战的悍将，这样两个握有兵权的武官，却不能管住自己包衣阿哈，制止阿哈的逃走。阿敦的一个男阿哈曾和扬古利的女阿哈秘密商议潜逃，家主竟未发觉，逃后方知[1]。

有的阿哈逃走后，被发现捕获，但仍不屈服，继续斗争，一待有机可乘，即奋起反抗，击杀押送人员，挣脱锁链，逃出牢笼，得到了自由[2]。

杜度系努尔哈赤之孙，尊为贝勒，统辖重兵。这样一个有权有势的贝勒，也不能管住自己的阿哈。有一次，七个蒙古包衣阿哈潜行逃走，摆脱了家主杜度贝勒的控制，解除了奴隶制压迫的苦难[3]。

天命四年三月萨尔浒大战时，朝鲜曾遣兵一万三千余配合明兵作战。努尔哈赤大败明军后，俘虏了五千朝鲜士兵，大部分给与贵族将领，为其耕种田地。朝鲜士卒不能忍受后金奴隶主的残酷奴役，他们排除障碍，连续奋斗一二十天，纷纷逃回故国。据《光海君日记》卷一四二的记载，不到半年的时间，就有一千四百余人逃回，而且“至今不绝”，“逃逐相继”，基本上逃光了。

包衣阿哈的不断逃走，震惊了后金奴隶主统治阶级。努尔哈赤力图杜绝，既下严令禁止逃亡，严格控制，拼命搜捕，又于天命五年、六年两次特降“汗谕”，劝谕家主给奴隶吃饭穿衣，不要太刻薄，企图缓和矛盾，减少阿哈逃亡。但是，从下述记载看，这些措施收效甚微，包衣阿哈照样大量逃走。

天命六年四月十一日，努尔哈赤追述进入辽阳前后金国阿哈情况说：“昔我国之包衣阿哈逃亡者，皆因无盐得食耳！”[4]

---

1 《满文老档·太祖》卷一八。
2 《满文老档·太祖》卷一八。
3 《满文老档·太祖》卷一八。
4 《满文老档·太祖》卷二一。

把阿哈的逃亡，仅仅归诸于没有盐吃，显然是有意掩盖奴隶主残酷压榨阿哈的真相，模糊和冲淡包衣阿哈反对奴隶制、争取人身自由斗争的正义性质，这种解释，当然是错误的。但是，这句话也反映出阿哈的逃亡，不是零散的、偶然的个别行为，不是微不足道的小事，而是惊动了后金国最高统治集团的重大问题，已经成为无法制止的、大量的、普遍的社会现象了。这样长期持续的大批逃亡，沉重地打击了奴隶主阶级，动摇了奴隶制基础，产生了强大影响。

不仅掠夺来的包衣阿哈大量逃亡，而且，好些地方的汉族人民，在城将失陷时，宁肯离开世代居住的故乡，历尽艰苦，扶老携幼，全家逃走，也不愿坐受招抚，遭受后金国奴隶主贵族的奴役。自天命三年四月金军攻下抚顺后，辽民即纷纷逃走。天命四年六月攻取开原时，城堡村屯四五万居民弃家南逃。沈阳及所属城堡居民害怕金兵烧杀掳掠，反对后金国的统治，也大量逃亡。这对后金国汗、贝勒扩大地盘的活动，带来严重不利的影响。

（二）后金国面临的基本形势和汗、贝勒的对策

天命六年三月，努尔哈赤同诸贝勒统兵数万，大举攻明，十三日取沈阳，二十一日下辽阳，海州、盖州等七十余城堡相继投降。四月十一日定议迁都辽阳，八旗官兵进驻辽东地区，后金国的发展进入到一个新的阶段，出现了许多新的问题。

摆在后金国汗、贝勒面前的基本问题是如何站稳脚跟，巩固对辽沈地区的统治，进而夺取辽河以西山海关以东的大片地区。要办到这一点，颇不容易，障碍很多。

辽河东西地区主要都是汉民居住，不管是生产关系、政治制度、文化传统，还是生活方式、风俗习惯、服装发式，乃至语言文字、相貌性格，皆与满族截然不同，怎样管辖，怎样奴役？

辽沈地区汉民和先前抚顺、开原等地汉民以及被俘的包衣阿

哈，猛烈反对野蛮残酷的奴隶制度和后金国奴隶主贵族的统治，怎样镇压下去，怎样减少反抗？

人丁大减，民不宁居，田地荒芜，各业衰落，社会混乱，怎样制止，怎样安定，怎样恢复？

明廷大调兵马，广修城堡，抢运粮草，赶制火器甲仗，极力挽救辽东危局，加强防卫，以图守住广宁、锦州地区，确保山海关内安全。并屡派密使，潜入辽沈，联络反金人员，策划武装反抗和大批外逃，以扰乱金国，牵制兵力，进而伺机出军，收复失地，此情此策，如何对付？

满族人丁移居辽东后，怎样安排？是固守旧俗，还是改行汉制，或者另用他法？凡此问题，皆需立断，迅速解决。

情况虽然复杂纷繁，千头万绪，而且，从表面上看，还好像是满汉两个民族的矛盾，但是归根结底，不过是两种制度之争和统治权的攫夺，即满族原有的奴隶制和辽河东西汉族封建制的竞争，满族贵族代替明王朝汉族地主阶级攫取对辽东人民压迫、剥削的统治权。

奴隶制与封建制虽然都是剥削制度，而且在当时辽河东西地区来说，都不适应于现有生产力的水平，都是落后的制度，但两相比较，奴隶制更野蛮、更残酷、更落后，劳动人民受苦更深，日子更难过。制度既然两样，相遇必然相争，是奴隶制压下封建制，还是封建制取代奴隶制，二者之间，不能并行不悖，必以一种制度衰落灭亡而结局。

社会制度既然不同，阶级关系必然相异。天命六年三月以后的后金国，则主要表现为统治权的问题。满族贵族要想夺取对全辽满汉人民奴役、剥削的统治权，坐稳汗、贝勒的宝座，就必须将满汉人民控制住，严格管辖，残酷镇压，以确保君权。由于奴隶制和封建制都是剥削制度，在压迫人民这一根本点上是相同的，只是具体的剥削方法有所差异，因此，统治阶级在特定条件下，可以放弃原有剥削方式，改行新法，或两者兼用。即使是改行新法，也是被迫的、勉强的，也要尽量将旧的东西强加上去。从后金国的这段历史看，以汗、贝勒为首的满族贵族就是这样做的。

努尔哈赤及其子侄诸贝勒和八旗各大臣，都是大奴隶主，有几十年压榨奴隶的经验，对奴隶制的剥削方式是行之有素、习以为常了。现在，进据辽沈广阔地区，从其奴隶主本性来说，自然要推行旧制，扩大旧制，将辽民全部降为阿哈，使奴隶制囊括后金国整个辖地。当时，金军刚刚大败明兵，重兵屯驻，武力镇压，辽民是屠刀之下的“降民”，稍不顺眼，就斩首抄家，鞭棒相责，可以任意摆布。从辽民的这种处境来说，对后金国汗、贝勒推行奴隶制是有利的条件。

但是，满族奴隶主贵族真要将全部辽民都变为阿哈，完全取消原有的封建制，代以自己固有的奴隶制，却面临着无法逾越的鸿沟，这就是满汉人民坚决反对奴隶制剥削的强大斗争。

进入辽沈前包衣阿哈猛烈反抗，狠狠地打击了野蛮的奴隶制。大批汉民离开家园，逃往辽阳、沈阳，对后金奴隶主贵族给以又一重大打击。金军攻打辽阳、沈阳时，虽然明王朝统治者昏庸腐败，调度无方，领兵主将或者是不谙用兵，防守不力，或者是贪生怕死，一战即溃，狼狈逃窜，但广大士卒和一些下级将官还是拼命迎击，舍身苦战，大量杀伤金兵。比如，金军攻打沈阳时，陈策、董仲揆领浙江、四川兵一万增援，金军素畏四川士兵，不敢逼攻，董仲揆率兵追逐。裨将周敦吉愤怒地说：“我辈不能救沈，在此三年为何！”。石柱土司秦邦屏先进，渡浑河，余将随进，浙兵三千留驻河南。金兵五万四面围攻，明兵奋勇死战，杀伤金兵五千余，三次打败金军进攻，终因寡不敌众，力屈而死。金兵复围攻浙兵，浙兵先以火器迎击，杀伤敌兵甚众，弹尽药绝后，又肉搏格斗，区区三千之兵，力敌五万之众，鏖战多时，全军尽没。这次以一万兵抗敌五万，杀伤数千，是努尔哈赤起兵以来前所未有的“血战”。三月二十一日攻辽阳时，明守兵猛烈反击，虽因金军“奸细”内应，弹药用完，主要将官畏死逃跑，败局已定，但许多明兵却仍然拼死奋战，连清朝官书《满洲实录》也无法完全抹煞明兵英勇抵抗的事迹。它写道:“是夜，城内兵举灯火，与我兵拒战达旦。”努尔哈赤也不得不承认金兵伤亡很重。他说:“攻取辽东城（即辽阳）时，吾之兵士，死者亦多。”[1]

不仅广大士卒顽强抵抗，而且辽民也激烈斗争。就在辽阳失陷，金兵占据的恶劣处境下，广大辽阳城民并未俯首帖耳甘作“顺民”。据《满文老档·太祖》卷二〇的记载，城下后，针对汗、贝勒、大臣奴隶主贪得无厌，大肆掳掠的传统恶习，城民“放火焚家，锅、瓮、窗纸，尽皆毁坏”，以示抗议。

虽然努尔哈赤血腥镇压强行逼迫城民迁走，但辽民并未屈服，自发串联，聚众防卫，或者大批外逃。清朝官修的《明史》卷二五九也载称:“时金、复诸卫军民及东山矿徒，多结砦自固，以待官军，其逃入朝鲜者，亦不下二万。”

辽阳、沈阳失陷后，辽民大批携家逃往关内，或漂洋渡海，进入山东，或避居沿海岛屿。许多辽民前往朝鲜避难。《满文老档·太祖》卷二四载，努尔哈赤在天命六年七月初八日致朝鲜国王书中，愤愤地说，“闻吾所获辽东之人，多往尔处”，可见逃去辽民之多。

努尔哈赤一再惊呼“我方以民少为恨!”[2]，充分反映了辽民的逃走对后金国的严重影响。

进入辽沈地区前满汉人民的坚决斗争，攻打辽阳、沈阳时，明兵的拼死迎战，辽沈失陷后辽民大批外逃，武装反抗，集中说明了任何妄想将辽民全部变为包衣阿哈和使奴隶制囊括全辽的企

1 《满文老档·太祖》卷二〇。
2 《满文老档·太祖》卷二一。

图，是实现不了的。

既不能全部实行奴隶制，是否完全按照辽沈汉俗改行封建制？也不行。固然，在后金辖区，存在有封建因素。比如，《满文老档·太祖》卷六载，天命三年四月十三日金军打下抚顺后，努尔哈赤编降民一千户，“其父子兄弟，不使分散，夫妻不使离别。因战失散之兄弟、父子、夫妻、亲戚，包衣阿哈等一切物品，皆令归家查明相聚给与。又给与马、牛、阿哈、衣服、被褥、谷物，并给一千牛，令杀而食之。又赐每户各大母猪二、犬四、鹅五、鸭五，以令饲养。器皿等物皆一应完备，悉与之。仍照明国之制，设立大小官员，令伊故主游击李永芳管辖”。从不变动“降民”人口财物及“仍照明国之制”来看，这批“降民”可能照样过着旧日明朝习俗，也就是封建制旧俗。

努尔哈赤又特下“汗谕”，命令督堂阿敦、副将李永芳、马尧明和明国众游击，“将明国之各种规例法令，皆作书呈上，弃其不当之处，取其适者上闻”。“辽东之兵数几何，城堡若干，庶民若干，木匠、画匠等工匠，尽皆上书呈报”。努尔哈赤既叫书写明朝规例法令，而且令“取其适者上闻”，则显然是要以明制中适合后金国的规例法令作参考，以备采用。可见，后金国汗努尔哈赤已经准备采用部分明制，采用部分封建王朝的规例法令了。

但是，后金国汗、贝勒、奴隶主阶级，也不会轻易放弃旧制，全行汉法。几十年的奴隶制，习以为常了，不会一下子放弃。

既不能完全汉化，完全封建化，又不能完全女真化、后金化，完全实行奴隶制，这就是后金国汗、贝勒面临的基本形势。正是在这种条件下，后金国汗、贝勒采取了两种制度并行的方针，既掳掠辽民，逼令充当包衣阿哈，延续和扩大奴隶制剥削方式的范围；又承认辽沈地区封建制的继续存在，不将全体辽民都变为奴，允许部分汉民仍为民户，实行了“各守旧业”、“计丁授田”、“按丁征赋佥役”等容忍、维护封建制的政策。

这个方针，在努尔哈赤对待镇江民的处理上，表现得十分清楚。天命六年三月二十一日金军攻下辽阳后，海州等城相继归降，镇江民却坚决抵抗，不剃头，杀劝降金使。五月初五日，努尔哈赤遣乌尔古岱率兵前往，携带“汗谕”，招镇江民降。汗谕说：

> 镇江各处之人，尔等因杀所遣使者，乃惧而不降耳！尔等昔时系大明帝之百姓，今天将辽东各处与我，则亦我之民矣。当攻取辽东城时，杀明兵二十万，我兵岂无死亡耶。如斯死战获得辽东城之人，尚皆不杀而俱养之，岂有因遣尔等明官一二员被杀一人之故，而将此处之民俱皆屠戮，此处所出口粮尽皆丢弃耶？况且，河东之辽东全境皆已薙头归降，明帝之国人岂不闻乎。若闻因尔等不肯薙头投降，而遣兵屠之，明帝之人闻杀彼民，岂不将嘲笑我乎！前者炼银地方之人，不薙头，杀我所遣持旗之人，乃遣一督堂、二副将，率兵前往，杀其为首之数人。闻我兵往，该处之人不敢应战，败遁入山，我之兵士，甚少杀戮，留言相告：我方以民少为恨。令其他众人俱皆薙头降顺，各居其宅，各耕其田。而后回兵。
>
> 今尔等若有惧意，可将首恶之四五人捕获送来，尔等俱皆薙头，如斯，则事了结矣。若不肯降，明以十三省之兵俱皆来战，尚不能胜而被杀，尔等岂能胜哉。因一二人之恶，何为殃及众人而死耶！[1]

这道汗谕虽然较长，但讲了四点。一是由于辽民死战、逃亡，激烈反抗，形成“我方以民少为恨”的局面。二是表明后金汗、贝勒不能将辽民尽行屠戮，因如全杀，则将“此处所出口粮尽皆

1 《满文老档·太祖》卷二一。

丢弃耶”，就不能剥削了。三是以“各守旧业”政策相诱，劝民归降。四是恶语相胁，如拒绝，则将杀抗拒者。后来果然杀戮拒降人民，并以其妻子儿女为俘获，充当包衣阿哈，残酷镇压[1]。

从“汗谕”和对镇江民的杀戮掳掠，可以看得很清楚，正是由于辽民坚决斗争，才迫使后金国汗、贝勒实行“各守旧业”等承认和延续封建制度的政策，辽民才未全部降为哈阿；但也有部分辽民，被俘为奴，奴隶制的范围也有所扩大。

虽然金国汗、贝勒采取了既承认封建制又延续奴隶制的方针，欲图缓和民怒，减少反抗，但满汉人民仍然继续坚决斗争，继续猛烈反对残酷的奴隶制剥削，反对后金国的野蛮统治。以汗、贝勒为首的后金国统治集团，除了实行“各守旧业”等延续封建制度的政策外，还采取了以下七项重要措施，竭力巩固自己的统治。

第一，残酷镇压，大肆屠杀，没民为奴。努尔哈赤多次宣布“汗谕”，命令未降及已降复叛的明民投顺归诚，违令拒降者杀，家属没为阿哈。天命六年五月，刚打下辽阳、沈阳，以镇江民不降，遣婿乌尔古岱副将、李永芳副将率兵前往，谕令降顺，不从，便以武力逼迫，杀抗拒不降的人，将其妻子儿女编为俘获，带回后，赐予有功将领。并派官将驻守该地[2]。

但是，镇江民并未屈服。七月二十日，群起反抗，擒获城主佟养真游击，杀其子及随从六十余人，与明将毛文龙会合，脱离后金的统治。紧接着，汤站、险山居民起义，分别捉拿后金任命的官员，送往毛文龙处。努尔哈赤闻讯盛怒，立遣四贝勒皇太极、二贝勒阿敏率兵前往，大肆屠杀，将未杀尽的民人悉行编为俘获，带回俘获一万二千，赐予从征将士[3]。九月初，又遣兵前往镇江，

1 《满文老档·太祖》卷二二。
2 《满文老档·太祖》卷二一、二二。
3 《满文老档·太祖》卷二四。

掠夺叛乱民人，得俘获三千[1]。

天命七年二月初，遣兵围攻广宁北山各寨拒降汉民。攻下山寨后，尽杀男人，以其子女作为俘获[2]。三月二十二日，遣谕镇江匿守山谷的汉民下山降顺，否则，杀，编为俘获。民坚守，纵兵攻打、搜捕、杀戮，掠夺俘获[3]。

天命八年四月，沙安峪等四村民三千人向明境逃去，沿边驻守金兵闻讯，急追，尽杀其男，以子女编为俘获[4]。

六月，努尔哈赤得悉复州民欲叛往明地，立即派子大贝勒代善、侄斋桑古贝勒、子阿济格贝勒、孙杜度、硕托等率兵二万前往征剿。复州城共有男丁一万八千余，除残留五百名外，尽行屠杀，又将其子女编为俘获，押解都城，赐给各官将[5]。

第二，严厉禁止逃亡，违则重罪。努尔哈赤率军攻据辽沈后，即将逃往关内的汉民遗下的田土、家宅、财物、牲畜、粮谷尽皆没收夺取。以后，多次严令不准潜逃。天命八年，又遣李永芳等清查各村人丁，明令规定，“如有外来之人，隐匿不报”，被他人告发后，查获时，即“将逃人定为逃罪，容留之人，定为盗贼之罪。将此二户，皆作为俘获，使为阿哈”[6]。仅仅为了容纳外来的人，而且十之八九就是自己的亲戚朋友，就被定为盗贼，就被贬为俘获，逼令充当阿哈，这是何等重的处罚！

努尔哈赤责令臣属严格贯彻捕逃法令，多次清查人丁，大肆搜捕。汗、贝勒亲自处理捕逃的事件。天命八年二月十七日，有人向八督堂告发汉人逃走，八督堂未将此事上奏于汗，直接遣官

1 《满文老档·太祖》卷二四。
2 《满文老档·太祖》卷三六。
3 《满文老档·太祖》卷四〇。
4 《满文老档·太祖》卷四九。
5 《满文老档·太祖》卷五四。
6 《满文老档·太祖》卷四三。

调查，发兵追捕。就是因为未上奏，努尔哈赤知悉后大怒，严厉斥责八督堂，分别定以罚银之罪，可见后金国汗、贝勒对捕捉逃人的重视[1]。

第三，将辽东民人分给满蒙汉将领，严加管辖。天命七年正月初四日，努尔哈赤下令，将辽东汉人分给八旗各级额真。女真的督堂、总兵官，各给与三千丁；副将，各给与一千七百丁；参将、游击，各给与一千丁；备御，给五百丁。汉人的总兵官，给与四千丁；副将，给与三千丁；参将、游击，各给与二千丁[2]。

二月，又将自广宁等地迁来的汉民按广宁降官职位高低，分与辖治。多余的人丁，分给来归的蒙古各贝勒[3]。这样，辽东地区汉民，除部分被俘（或因罪）贬为包衣阿哈外，其余皆分别隶属于满、蒙、汉将领。

按金制，总兵官一般即系管辖一旗的固山额真。一旗照二十五个牛录计，每牛录辖丁三百，总兵官可辖丁七千五百名，三丁抽一，有兵二千五百名。参将、游击多系甲喇额真，管五个牛录，有丁一千五百名。用这样一批辖丁众多、带领军队的武将，来统治分给他们隶属的四千、三千、一千七百、一千、五百名汉丁，就是以女真兵力作后盾，以武力来严格统治辽沈居民，镇压反抗，制止逃亡。

第四，大量迁民，以加强控制，防止叛逃。进据辽沈后，努尔哈赤多次下令，迁徙辽民。因为一些州县接近明境，南部沿海地区，乘船渡海，即可到明朝山东，居民易与明臣联系，逃入其境。有的州县虽与明隔绝，也曾发生叛逃，为表示惩罚和加强控制，也须迁徙。后金统治者认为，勒令土著居民离开老家，移往新地，人生路不熟，就难于联络，不便逃跑，易于辖治，因此，

1 《满文老档·太祖》卷四六。
2 《满文老档·太祖》卷三二。
3 《满文老档·太祖》卷三七。

多次大规模地强迫辽民迁徙。

天命六年十一月十八日，努尔哈赤遣子大贝勒代善率兵五千，前往镇江，强迫镇江、叆河、新城、宽甸、汤山等地居民迁往萨尔浒、清河等地，放火焚烧民房，遇有恋居不迁者，立即斩杀[1]。

天命七年正月，攻下明广宁等地后，又强迫广宁等九卫居民渡过辽河，迁往辽东。锦州二卫人口迁往辽阳，右屯卫迁往金州、复州，义州二卫移往盖州和咸宁营，广宁四卫迁往辽阳和奉集堡[2]。

被迁地区人民，既在战争中遭受后金军的烧杀掳掠，又被迫抛弃日用家具农具，离开多年居住的故乡，前往陌生地域，还被押送官员敲诈勒索，甚至妻女横遭侮辱，种种痛苦，实难忍受。但后金统治者硬要强行移民，残酷镇压。当大贝勒代善、四贝勒皇太极领兵驱迫义州城民迁徙时，人民抗拒不走，代善竟纵兵野蛮屠杀[3]。

第五，禁止民间收藏、买卖和携带兵器。为了扑灭人民反抗，防止起义，汗、贝勒严厉禁止辽民拥有兵器。《满文老档·太祖》卷四九载，天命八年四月初六日下令：汉人的兵士及庶民，不论何人，有弓、箭、腰刀、枪、炮、兵械者，限二十日内，送至各自管辖的官员处。若过时不交，私自藏留，被告发后，“从重治罪”。又禁止汉人工匠售卖箭、刀、枪、炮、兵械，若过十日以后，仍然出卖，则买卖双方皆治罪。各官员将属下汉人军民的兵器收尽后，于二十日内，作书上报。后又多次重申禁令，严加清查。

第六，收罗奸细，重赏告密者。以汗、贝勒为首的满族奴隶主贵族人数很少，辖属的满族兵丁也不多。八旗二百多个牛录，每牛录按足额三百丁计算，总共不过六万至八万丁，三丁抽一，

1 《满文老档·太祖》卷二九。
2 《满文老档·太祖》卷三五。
3 《满文老档·太祖》卷三五。

披甲人数更少。兼之本族内部阶级矛盾相当激烈，阶级斗争十分尖锐，包衣阿哈和贫穷诸申猛烈反抗统治者的剥削压迫。只靠这样的力量来统治人数众多、地域广阔的辽沈地区汉民，显然是十分不够的。而且人地生疏，语言有别，服饰不同，相貌各异，无法深入了解汉民情绪、察觉反抗密谋、抓获逃人。因此，必须充分利用奸细，重赏告密之人。

努尔哈赤很重视收买地痞，作为奸细，以发现和镇压人民的反抗。他亲自规定：城堡村屯的人，告发叛逃，捉捕明朝派来的密使，查出贼盗的，从厚升赏。知情不报、不捉，斩首抄家，将其户给与告密的人[1]。

一面山居民潜逃，两个地痞向戍守的满族官兵首告。追及后，尽杀逃民。努尔哈赤重赏告密者，升为备御[2]。

青笞峪村秀才魏运国告发青笞峪、岫岩民人合谋逃走。郑策岳亦来密告。努尔哈赤立即厚加赏赐，赐魏秀才银两及蟒缎衣服，升为备御。赐郑策岳银两及蟒缎衣服，升为千总。并谕告汉民："各处之人，似此首先告发合谋时，亦似此升之。"[3]

析木城柏章关村人白什宗藏匿刀、枪、弓、箭和甲，违令不交，并张贴书文，斥责努尔哈赤。同村百长王逊恩告发后，努尔哈赤下令捕捉白什宗，斩首，将其妻子全家籍没，赐予告发的百长，并升为千总。[4]

第七，拉拢汉族地主，敌视劳动人民，大杀"无谷之人"。以汗、贝勒为首的后金统治者，从其剥削阶级立场出发，加以人民反金斗争给予的教训，知道汉民也和女真一样，有贫富之分，有官民之别。汉民富室官僚，尤其是罪臣废官，多愿投降，效忠新

1 《满文老档·太祖》卷四八。
2 《满文老档·太祖》卷五二。
3 《满文老档·太祖》卷五五。
4 《满文老档·太祖》卷五二。

主，穷苦劳动人民则易起反抗，故采取了宽待富家、拉拢汉族地主、敌视穷民的政策。

天命六年三月打下辽阳后，居民激烈反抗，火焚房屋，破坏用具，以示抗议。努尔哈赤大怒，令将汉民驱逐出城，但对富室却有所优待，特别规定，允许“搬运不尽甚富之人”留居城内，新任命的八游击汉官及其役使人员亦可留下不迁[1]。

汉族地主阶级并未辜负“圣恩”，很多地主降顺后金国，遵守汗令国法，服从调遣。比如，天命七年正月，努尔哈赤命代善率兵强迫广宁、义州汉民迁往河东时，义州城的“富人”就规规矩矩地听从命令，迁往指定地点，而被努尔哈赤辱骂为“邪恶光棍”的三千穷苦劳动人民却抗拒不降，坚持不迁。代善大怒，尽杀穷民。努尔哈赤为此特下“汗谕”，对汉民宣讲此事，大谈义州富人遵令迁移平安无事及穷人抗拒被杀的情形，以此为例，诱劝和威胁各地汉民从速迁徙[2]。

由于汉族劳动人民猛烈反抗，统治阶级非常恼火，制造了大杀“无谷之人”的残暴事件。

三种《太祖实录》都有意地删掉此事，歪曲历史。明和朝鲜的资料毫无记载。这一野蛮暴行竟被掩盖了三百多年，无人知晓。

《满文老档·太祖》卷六〇对这件坏事，作了比较详细的记载。情况大致如下：

天命九年正月初五日，努尔哈赤遣八旗大臣，前往赫扯木等地查量汉人家中谷物，下谕规定，每口有粮食六至七板斗（一板斗为一斗八升）的，为“有谷之人”。一口有五板斗，但又有牲畜，“足以维生者”，亦列入“有谷之人”数内；若不足维生，列入“无谷之人”数内。将“无谷之人”尽皆收捕，等待汗令，书

1 《满文老档·太祖》卷二〇。

2 《满文老档·太祖》卷三七。

写丁数、口数上报。

正月二十日，又下汗谕，修订划分有谷、无谷的人的标准，规定一口有五板斗的，列入“有谷之人”数内。一口有四板斗，若有牛驴，列入“有谷之人”数内；若无牛驴，即作为“无谷之人”。

正月二十一日，又下谕派遣大臣查量与女真合住的汉人谷物，标准同上，但增令将“无谷之人连户押来，令为阿哈”。

同日，又下谕，辱骂无谷、不定居、不耕田的人，令将“无谷闲行乞食”的人捕捉解来，重赏捕者。

二十七日，下令屠杀各地选送的“无谷之人”。

根据《满文老档》的记载，结合其他文献可以看出：

一是所谓“无谷之人”，系穷苦人民，而“有谷之人”则基本上是指的汉人地主。乍一看来，每人有谷五板斗，折合九斗，似乎不多，不宜作为“富人”的标准。但在当时粮少价昂的形势下，每口有谷九斗以上，确很难得，人数很少。由于连年战争，兵荒马乱，民不宁居，难以耕种，辽沈地区灾荒频仍，年岁歉收，谷价“踊贵”。早在明泰昌元年（后金天命五年）八月，辽东地区已是一石米价银四两，石粟二两。这还是小斗，一石不及山东四斗。如按山东斗计，一石米价银当值十两以上，比诸正常年成粮价上涨了十多倍[1]。

粮少价昂，穷苦农民缺粮情况十分严重，很多人饥饿至死。据《满文老档·太祖》卷五四的记载，当时，“南方之人……饥饿而死者甚多”。

后金统治者尽力搜刮粮食，以供军用，但仍然不能克服“粮荒”。连对作为巩固统治的重要依靠力量的来投蒙古人，每二口也只发谷一板斗，可见粮食的紧张[2]。

1 《明光宗实录》卷七。
2 《满文老档·太祖》卷五七。

这都表明，辽沈地区的汉民，每口有谷九斗以上足以维生的人，是不多的，大多数是不能维生的“无谷之人”，是穷苦劳动人民。

二是这次查量粮谷的范围很广，地区很宽。这从三道“汗谕”，可以看得很清楚。正月初五日，努尔哈赤下了两道汗谕，一是赐予前往音格、赫扯木、穆溪、玛尔墩、扎库木、抚顺、铁岭的各大臣。从音格到扎库木这五处，都是原来女真耕住地区。可见，这些大臣进行查量的地方很宽，包括从铁岭、抚顺起往东北延伸到原女真处的广大地区。

另一道汗谕，是给予前往盖州以西，咸宁营以东诸大臣。盖州以西，包括熊岳、复州等地。咸宁营以东，包括奉集堡、清河堡、马根丹等大片地区。

正月二十一日，努尔哈赤又下令查量与女真合住的汉人粮谷。女真与汉人合住的地区很广，以辽阳、沈阳为中心，包括海州、鞍山等州县。

从这三道汗谕看，在后金辖区的大部分地方，都进行了查量汉人粮谷的活动。

三是这次查谷物，后金统治者花了很大力气。据《满文老档》记载，从正月初五起，到二十一日，半个月内，努尔哈赤接连下了九次关于查量粮谷的命令。其中初五、十二、二十一日三天，每天都下达两次“汗谕”。对一件事，下如此之多的谕令，是很少有的。除原派大臣兵丁外，又两次增派人员，有一次竟派一固山各十五名大臣前往。人员之多，命令之急，花费这样大力量，也是罕见的。可见后金统治者对此事的重视。

四是大杀“无谷之人”，是中外历史上罕有的野蛮暴行，也是后金统治者镇压起义、消除反抗遭到重大失败的标志。一切剥削阶级都仇视穷苦劳动人民。历代统治者都用各种借口屠杀反抗的劳动人民，这是他们的阶级本性所决定的。但是，像这次仅以没有粮谷、不足维生为理由，就赤裸裸地大肆屠杀贫穷劳动人民，还是历史上罕见的。

这样的野蛮屠杀，也表明了后金汗、贝勒前阶段妄图消除人民反抗的各种政策和措施彻底失败了。它说明严格控制、斩杀籍没的效果不大。这样地大杀“无谷之人”，更激起人民的愤怒，掀起更大的革命风暴。

（三）反金斗争遍及全辽

后金统治者施用烧杀掳掠、籍没为奴、清丁查口、严格控制、任用汉官、重赏奸细、巧言欺骗等手段，满以为可以制止反抗，扩大奴隶制范围，延长奴隶制寿命了。可是，奴隶制既已落后于辽沈地区的封建制，就难于延续下去。满汉人民反对后金统治的斗争，不仅没有被制止、被压服，反而波及整个后金辖区，沉重打击了统治阶级，顶住了统治者扩大、延续奴隶制，把历史拉向后退的反动逆流。

三种《太祖实录》故意大量删掉有关人民反抗后金的材料，明和朝鲜的记载也很少。

《满文老档》有不少满汉人民反金斗争的记载。现将努尔哈赤总论后金辖区反抗形势的两道“汗谕”摘译如下。

天命九年正月二十一日，努尔哈赤下谕说：

> 盗牛马而杀者，火焚积谷及村中房宅者，皆系不耕田、无谷、不定居于家，欲由此地逃往彼处之光棍也。对此等无谷闲行乞食之光棍，无论女真、汉人，见者，即捕之送来。若有妻、子，将妻、子给与捕者。若无妻、子，一人赏银三两。

《满文老档》编写者解释说：

> 得辽东后，汉人不定居，常逃走，从事奸细，而不勤力耕田，故发怒而言也[1]。

天命十年十月初三日，努尔哈赤下谕说："我等常养汉人，而汉人准备棍棒不止。令总兵官以下，备御以上，前往各自之村，将所去之村汉人予以区别"，屠杀叛逃的人。屠杀汉民时，努尔哈赤"举其恶逆而言之曰"：

> 我等得辽东以后，不杀尔等，不变动住宅耕田，不侵犯家中谷物而养之。如斯育养，不从。古河之人，杀我所遣之使而叛。马前寨之人，杀我所遣之使而叛。镇江之人，捕我任用之佟游击，送与明国而叛。长山岛之人，捕我所遣之使，送往广宁。双山之人，约期带来彼方（指明朝）之兵，杀我之人。岫岩之人叛行，为魏秀才告发。复州之人叛，约期带来明国之船。平顶山之人，杀我四十人而叛。
>
> 不念我养育之恩，仍向明国，故杀有罪地方之人。若令无罪地方之人，仍居其地，恐乱将不绝，因而移之，带来于北方。带来后，住宅田谷，悉皆给与而养之。虽如此育养，仍放入奸细，受其札付，叛逃而行者不绝。今年，川城之人，耀州之人，以被令带其户来，遣人往明国，约期率兵前来。彰义站之人，以明兵来时将棒打女真，而准备棍棒。又鞍山、海州、金州、首山，其周围各堡之人，皆放入奸细，约期引兵前来携之而去。尔等当我在此时，犹如厮杀女真而行者，准备棍棒者，则当我等出围用兵之后，尔等岂将缄默乎！[2]。

这两次"汗谕"概括了进入辽沈以来后金辖区人民反金斗争

1 《满文老档》卷六〇。

2 《满文老档·太祖》卷六六。

的基本情况，十分重要。它表明：

第一，反金斗争以逃亡、起义为主，形式多种多样。有的采取焚烧房、谷，夺取牛马的方式。努尔哈赤在上述汗谕中怒气冲冲地说，不定居的“无谷之人”，抢夺牛马，“火焚积谷及村中房宅”，不耕田种地，皆系“光棍”。谁有积谷？谁的房宅被烧？努尔哈赤没有明说，但仔细研究一下，便可知晓。

努尔哈赤讲的不定居，实际上是指的无房可住，无房定居，不是指有房不住。因为这里所说的“不定居”，是和“无谷之人”相联系的，是无谷的人不定居。连吃的粮食都没有，又哪有住房，哪能定居！

既然是没有粮食、没有房屋、不耕田的穷苦农民放火焚烧积谷和村中房宅，那么，谁有积谷，房宅？显然是居住在村中的汉族地主和女真奴隶主。

可见，努尔哈赤的含混言辞，实际上是讲的后金国内穷苦农民火焚汉族地主、女真奴隶主的府宅和积谷的斗争，不是个别现象，已经相当普遍，成为震惊后金统治者的严重问题了。

秘密投药，以图毒死汗、贝勒和八旗官兵，是汉族人民特别是城市人民反金斗争的另一方式。在重兵辖治、难以直接武装反抗的条件下，投放毒药于井水，以药饲养牲畜，放毒在食品中，简便易行，城市中不少汉民采用这种方式进行反金斗争。

刚打下辽阳不久，五月二十六日，便“发觉明人于汗都之各井投放毒药”，立即搜捕，捉获二十二人。努尔哈赤下令，查实后斩杀[1]。

同月二十八日，努尔哈赤到海州巡察，刚坐下吃饭，就有八名汉人向井投毒。这显然是企图毒杀努尔哈赤[2]。

1 《满文老档·太祖》卷二二。

2 《满文老档·太祖》卷二三。

这种情况不断出现，迫使努尔哈赤多次为放毒事下谕，告诫臣属谨慎小心。

天命六年六月初七日，努尔哈赤谕示说：有人投毒于水，于盐中放毒，用毒药养猪出售。官兵不要在买猪之日宰杀，须经过几天，药毒散尽后，才能杀，才能吃。用水用盐时，要仔细察看，要谨慎。对于买来的葱、瓜、茄子，以及鸡、鸭、鹅等，也要慎重，防止中毒，不要中计，小心上当[1]。天命八年五月二十四日又谕示说，“各地之人，毒杀我等之女真”[2]。

为了避免中毒，特下严谕，命令店铺主人必须将店主姓名刻在石木上，立于店前，违令不办者，重罪。八旗官兵购买食物时，需记住店主姓名，中毒后，好上报追查。又禁革沿街流动售卖的小摊贩，因这些小摊小贩经常用毒药谋害八旗官兵[3]。

这样的谕旨，历史上还是很少有的。可见汉族人民采用投毒形式进行斗争的情况相当普遍，已经给后金统治者带来严重的威胁。

同时，汉民还采用了其他办法反抗后金。有的违犯禁令，私自藏匿兵器，不按规定上缴，为武装反抗作准备。有的藐视汗谕，收留“逃人”，清点人丁时，又隐瞒不报，对抗搜捕逃人的严令。有的设计打死为非作歹、横行霸道的八旗官将，惩治行凶者。

但更多的是大批逃亡和武装反抗。这是汉满人民反金斗争的主要形式。

第二，斗争连绵不断，越来越猛，反抗活动遍及后金辖区。

自天命六年三月后金军攻打辽阳遇到居民激烈反抗起，满汉人民的斗争从未停止过，此起彼伏，风起云涌，不断扩展。

---

1 《满文老档·太祖》卷二三。
2 《满文老档·太祖》卷五二。
3 《满文老档·太祖》卷四二。

五月，镇江民不听从后金逼降的“汗谕”，坚持不降。辽民纷纷逃亡，以致在七月便已形成辽民大多逃往朝鲜的形势。

七月二十日镇江民擒捉后金驻城的游击佟养真父子和随从，武装起义。汤站、险山民亦各捉本城后金官员。努尔哈赤派兵镇压，攻下镇江城，但一部分城民转入山区，坚持斗争。

天命七年，广宁附近山区居民三万余人据守山寨，坚不降金。汉民继续大量逃亡，据明兵部尚书王在晋题奏，天启二年正月广宁失陷后，辽民逃入关内的，多达二百八十万人[1]。

天命八年，南方沿海居民大批逃入明境，或与明将联系，约期内应，击杀金兵。努尔哈赤下令大规模地清查人丁，严禁逃亡，但丝毫无效，汉民逃亡反抗，更为激烈。清河、岫岩、叆河等地人民不断逃走。六月，努尔哈赤遣派重兵，前往复州征剿，尽杀“叛民”，但逃亡反抗并未中止。

天命九年，为惩“叛逃”，大杀无谷之人。

但是，压迫不去，反抗不止，野蛮镇压，更激民愤，斗争愈加扩大。到天命十年五月，已经出现了震惊统治者的严重局面。

五月初三日，努尔哈赤特下急令，命于“汗门”置立云板、铜锣、大鼓。并规定：凡在夜间来报告消息的，若为军务急信，则敲打云板；如系人逃走的消息，则击铜锣；如果是喜讯，便捶大鼓。《满文老档》编写者解释设立的原因说：“是时年荒，逃叛甚多，乱。”[2]

所谓“军务急信”，并不是明兵来攻，主要是人民的武装抗金。当时，明朝几遭惨败，危机严重，根本无力派兵收复失地。而人民反抗后金的斗争却蓬勃开展，仅据努尔哈赤汗谕中所引述的，便有川城、耀州、彰义站、鞍山、海州、金州、首山等地人

1　王在晋：《三朝辽事实录》卷一〇。
2 《满文老档·太祖》卷六五。

民，准备棍棒，约明发兵，袭击后金八旗官兵。

不只是汉民在反抗，满族人民也在斗争。除去包衣阿哈大量逃亡外，一般女真诸申也经常反对后金统治者，努尔哈赤十分恼火。现在，我们来分析一下《满文老档》的两段记载，看看诸申斗争的情形。

天命八年七月二十六日，努尔哈赤谕示众牛录，指责一般诸申“毁坏天眷之公正而为盗贼”，声称要严刑惩治，规定凡牛录之人，“若男为盗”，则使其妻双脚站在烧红的木炭上，头顶铁锅，烧灼烫热，用此毒刑惩罚[1]。

努尔哈赤所谓的“盗贼”，乃系统治阶级对劳动人民斗争的辱骂，透过这种言词，我们可以看到，这时一般诸申的反抗，已不是少数诸申、个别牛录的偶然事件，而是涉及“众牛录”的相当普遍的社会现象，因此，才要对“众牛录”宣读“汗谕”，指责牛录之人为“盗’的行为，才要宣布严刑惩治，以恐吓进行压制，阻止反抗。

但是，这样的严法，究竟能产生多大的效果？一年半以后的“汗谕”，说明了这个问题。

天命十年正月初十日，努尔哈赤下谕说：“我国之内，盗贼起矣！谁之牛录，为盗犯罪者多？谁之牛录，不为盗，不犯罪，令观档册查看”。五天之内，查毕上奏。努尔哈赤规定，所有牛录，赏牛录额真银二十两，赏二代子和四牛录章京银三十两，赏百甲银一百两。若牛录之人犯罪，每罪，削减牛录额真二两，二代子额真、四牛录章京各削一两，百甲削减十两。若有十罪，则尽削所赏之银[2]。

经过一年半的残酷镇压，不仅没有平乱致治，反而出现了国

1 《满文老档·太祖》卷五八。
2 《满文老档·太祖》卷六一。

内“盗贼起矣！”的严重局面，而且和一般诸申为“盗”犯罪有关。这一事实有力地说明，天命八年的严刑峻法，并没有什么效果，一般诸申的反抗仍很普遍，并未制止住。这种计罪削银的办法，固然是为了督促牛录额真加紧管辖诸申，希图减少所谓的“为盗”犯罪，但既然酷刑惨杀都不见效，区区几两赏银又有何用！

总观五年（1621~1626 年）斗争情况，说明汉满人民猛烈反抗，严重地打击了后金的统治。

第三，劳动人民是反金斗争的主力。虽然反金斗争遍及各地，牵涉面广，人数众多，成员广泛，好些次反抗行动，往往是各村各县中大多数人都参加了，带上了民族斗争的色彩。但是，这并不是努尔哈赤所说的汉人反对女真人，并不是单纯的汉满种族之争，也不是所有汉人都参加，有的汉人就一直站在反抗运动的对立面。剖析一下反金运动，便可发现，汉族地主官僚大多降金，为新主效劳，只有劳动人民才是坚贞不屈，英勇反抗，成为反金斗争的主力。

现在，我们援引四段《满文老档》的记载，作些分析。

先看看一个小村的情况。夹山河村二十家汉民密议欲逃，后金官将闻讯后，立即追查，发现这些逃人的田地仅耕七垧，余皆未耕，所喂的猪、鸡、犬皆已杀，盛于喂牛的筐中。二十家共有男女八十人，只有牛二头、驴二头。金官将这二十家全部捕捉，定为逃人，从重惩罚[1]。

这条记载虽未说明二十家汉人是穷是富，是贫苦农民，还是地主，但分析一下，便可知晓。这二十家是耕田种地的，男女合共八十人，只有牛二头、驴二头，只喂了猪、犬、鸡，没有马，没有骡子，没有金银财宝。很显然，这批反抗后金统治的人，不可能是广占良田、骡马成群、家资万贯的富民，而是耕田度日的

1 《满文老档·太祖》卷五二。

贫穷困苦农民。

再看看义州城两个不同阶级的汉民对待反抗后金的态度。天命七年正月，后金军进攻广宁时，义州城有人到努尔哈赤处投顺，请派管辖官员，金派孙游击前往。明朝经略熊廷弼遣官命义州城人进入山海关，孙游击捕捉明官，押送后金。努尔哈赤以该游击“不思彼主（指明帝）”，而为“后金之人”，重赏，擢升为副将。二月初，努尔哈赤命迁广宁、义州等九卫兵民到辽河以东沈阳等地时，义州城“仅富人前往”，“残存之邪恶光棍约三千人，拒而不降”，遭到代善屠戮[1]。

义州城有人乞金委官管辖。当官的孙游击背叛故主明帝，投降后金，为新主效劳。“富人”规规矩矩地遵守后金命令，前往指定迁移地点。被努尔哈赤辱骂为“邪恶光棍”的穷苦劳动人民，却坚贞不屈，抗拒不降，英勇就义。两相对照，劳动人民与地主阶级对待反抗后金的态度是完全不相同的。

再看看石河堡的情况。后金官将前往广宁属下石河堡，督催堡民迁往辽东时，留在堡内的劳动人民严辞拒绝说：“我等何有，富人皆已前往移地矣！唯存光棍耳！（这里的“光棍”二字，显系《满文老档》编写者对劳动人民的诬蔑之词）”。他们捕捉后金派遣的督迁人员，抗拒不走[2]。这又一次表明了富人、地主和贫苦人民对待斗争的态度截然不同。

了解了这些具体的例子后，再来分析努尔哈赤总论全国反抗斗争的“汗谕”。

天命九年正月，努尔哈赤谕示臣僚，下令大杀“无谷之人”时说：“应以五谷之人为仇敌”。因为“盗牛马而杀者，火焚积谷及村中房宅者，皆系不耕田、无谷、不定居于家，欲由此地逃往彼

1 《满文老档·太祖》卷三四。
2 《满文老档·太祖》卷三六。

处（指明朝）之光棍也。”命令各地官兵，凡遇此等人，立即捕捉送来，当予重赏。《满文老档》编者记述此谕后，补充解释说：“得辽东后，汉人不定居，常逃走，从事奸细，而不勤力耕田，故发怒而言也。”[1]

这是总结性材料。这种叙述方式和行文语气，都不是指个别地方、个别人的偶然反抗，而是归纳了自天命六年三月到辽东以来后金辖区的基本情况。它表明了人民反金斗争连绵不断，愈益发展，势不可阻，劳动人民是这场斗争的主力。

放火焚烧汉族地主、女真奴隶主、农奴主的积谷和房宅，夺取官兵、地主牛马，大量逃亡，不耕田地，这些斗争都是“无谷之人”进行的。所谓“无谷之人”，就是长期耕田种地、无谷、无房的穷苦农民。努尔哈赤之所以如此痛恨“无谷之人”，辱骂、诽谤、下令捕捉、大肆杀戮，就是因为他们激烈反对后金奴隶主、农奴主的野蛮统治，不耕田，不种地，突破逼民定居的束缚，焚烧统治阶级的积谷和房屋，大量逃亡，严重地威胁后金的统治。

第四，反金斗争战果辉煌，影响巨大。汉满人民长期坚持斗争，虽然付出了很大代价，成千上万的反抗者流血牺牲，家被抄没，妻儿为奴，流离失所，但是，鲜血没有白流，沉重地打击了后金统治者，粉碎了统治阶级扩大奴隶制的倒退企图。

汉满人民反金斗争蓬勃开展的大好形势及其对统治者打击的沉重程度，可以用《满文老档》编写者的一句话来概括。天命十年五月，《满文老档》编写者记下努尔哈赤命令置立汗门前的报警设备的汗谕后，解释说：“是时年荒，逃，叛甚多，乱”[2]。这是对后金全部辖区人民斗争形势的很好总结。

所谓“乱”，是反金斗争形势的反映，它包括逃亡、武装反抗

1 《满文老档·太祖》卷六〇。
2 《满文老档·太祖》卷六五。

等几个方面。

一是所谓“逃”，它指的是包衣阿哈逃出家主的魔掌；汉族人民突破清丁查口、逼民定居的束缚，大量逃亡，进入明境，或逃匿山谷。连《满文老档》编写者也不得不承认：得辽东后，“汉人不定居，常逃走”，逃亡“甚多”。这样的大量逃亡，即使奴隶主贵族缺乏劳动力，失去大批奴隶，又直接导致后金控制的民丁大大减少，即是说缴纳的赋谷、赋银和提供的兵役、丁役大大减少。这样的“逃人”，纷纷投奔到反金武装队伍中去了。

二是所谓“叛”，它指的是汉满人民武装反抗后金的斗争。这种斗争，十分频繁，非常普遍。仅据《满文老档》的记载，五年内（1621~1626年）比较大的起义、反抗多达数十次。发生和正在准备进行武装反抗的州县有辽阳、海州、鞍山、耀州、盖州、复州、岫岩、叆河、新城、金州、镇江、清河、抚顺等地，基本上遍及后金国全部辖区。

这样大批地逃亡，遍及各地的激烈反抗，打乱了后金统治秩序，没法平定，没法安宁，形成了“乱”的严重局面，后金的政局发生了严重危机。在后金国最高统治者努尔哈赤门前，竟要特下急令，专门设置报警装置，规定报警信号，这也是中外历史上少有的。可见，已经乱得统治者睡不安枕了！

三是满汉人民大量“叛逃”，必然影响到种田的劳动力缺乏和统治者剥削收入的减少。努尔哈赤对“无谷之人”的穷苦农民“不定居”，“不耕田”，既感到十分恼火，又不能制止，无可奈何。《满文老档》编写者不得不承认：得辽东后，汉民不定居，常逃走，反抗，“而不勤力耕田”。这充分反映出起义、逃亡对后金国农耕的严重影响。既然包衣阿哈和汉族劳动农民起义、逃亡，不耕田种地，庄稼何由而生，粮食由何能来，年成怎样能好。结果必然会减少统治者的剥削收入，奴隶主的粮仓很难装满，后金国汗、贝勒的国库也难充盈。而且，缺粮必然加深人民痛苦，必然激化阶级矛盾和民族矛盾，推动人民反抗进一步发展，更加剧了“乱”的局面。

四是国力削弱，统治不稳，延缓了对明征战。天命七年正月，后金军攻占锦州、广宁等地。这时，明朝损兵折将，溃不成军，防线全面崩溃，正是后金军乘胜前进，挥军深入，广占州县的大好机会。可是，从这时起，直到天命十年底，整整五年，没有发动大规模的征明战争。其所以如此，原因固然不少，但最根本的原因是辽沈地区满汉人民强大的反金斗争的牵制。

“叛逃”甚多，年荒缺粮，城乡不宁，境内混乱，严重地影响了后金的财力、物力和人力，削弱了八旗官兵实力，动摇了统治秩序，无力对明用兵。努尔哈赤强烈感觉到反金斗争的巨大压力，知道不安定内部秩序，平定叛乱，没法对外作战。他在天命十年十月的汗谕中详细列举了汉满人民长期反抗、“叛”逃不止的事例后说：“尔等（指辽民）当我在此时，犹如断杀女真而行，准备棍棒，则当我等出围用兵之后，尔等岂将缄默乎！”[1]这句话清楚地反映了反金斗争的威力，不平定“叛乱”，不制止逃亡，后金是难以发动大规模地对明战争。

五是统治不稳，民心思乱，皆有斩杀汗、贝勒，解除后金国奴役的愿望。三种《太祖实录》都极力宣扬后金国汗、贝勒的“德政”，说什么辽民张黄盖、抬大轿、吹奏鼓乐，迎接金国汗及诸贝勒，好像是万民拥戴，民心爱汗。其实，广大满汉人民不仅不拥护后金政权，不爱戴汗、贝勒，而且强烈反对后金国奴隶主贵族的残暴统治，反对野蛮的奴隶制剥削制度，衷心期望诛杀汗、贝勒，取缔奴隶制，免除后金的奴役。这一点，努尔哈赤自己也是知道的。努尔哈赤说：“人孰不欲杀我！我同祖所生之六贝勒之子孙亦欲杀我，屡次未能如愿。其后，各地女真国人，明国汉人，

1 《满文老档·太祖》卷六六。

孰不欲杀我！”[1]

努尔哈赤的这段话，充分反映了后金统治者对满汉劳动人民反金斗争强大威力的恐惧，表明了满族贫苦诸申、包衣阿哈和汉族劳动人民对后金野蛮统治的十分愤怒。

在满汉人民这样强大的反金斗争沉重打击下，要想在长期封建化的辽沈地区，延续甚至扩大已经没落的奴隶制，原封不动地维护旧的制度，或者实行封建制与奴隶制并存齐行的方针，是办不到的，后金国将要更乱。为了维护剥削阶级的根本利益，以努尔哈赤为首的后金国最高统治集团，不得不推行“各守旧业”、“计丁授田”、征收封建赋税等政策上，在承认封建制基础上，进一步发展封建剥削制度，陆续缩小奴隶制的范围。后金国迅速地从奴隶制过渡到封建制。

三　“各守旧业”的具体内容及其阶级实质

“各守旧业”，是后金国汗、贝勒进入辽沈地区以后对待汉民所采取的重要政策。虽然由于种种因素的影响，“各守旧业”在不同时期、各个地区的具体实施情况有所差异，但直到顺治元年清军入关以前，它仍然是后金——清国对待汉民的重要政策。

所谓“各守旧业”的“业”，是一般人习惯称呼“百行百业”、“各行各业”的业，泛指农、工、商等各方面，按科学意义来讲，则应包括生产关系特别是生产资料所有制等问题。比如，讲农业的业，则首先应包含着土地等生产资料归谁所有、怎样进行生产等内容。

《满文老档》记载了一些“各守旧业”的情况。我们先按时间顺序选录几条典型材料，弄清“各守旧业”的具体内容，再进一

1 《满文老档·太祖》卷五二。

步分析其阶级属性，确定其性质。

天命六年三月进入辽沈地区后，努尔哈赤多次对汉民宣布“各守旧业”政策。

四月初一日，努尔哈赤谕劝海州、复州、金州民归降时，正式提出了“各守旧业”政策。他说：“攻取辽东城（辽阳）时，吾之兵士，死者亦多。如斯死战获得辽东城之人，尚皆不杀而养之，各守旧业。尔等海州、复州、金州之人，岂如辽东之攻战。尔等毋惧……多肆杀戮，能得几何，瞬时亦尽矣。若养而不杀，尔等皆各出其力，经商行贾，美好水果，各种良物，随其所产，此乃长远之利也。”[1]

五月初五日，他谕劝镇江民降顺说，不会因镇江民杀死遣往劝降的后金官员，“而将此处之民俱皆屠戮，此处所出口粮尽皆丢弃”。“我方以民缺少为恨”，应快降，则“各守其宅，各耕其田”[2]。

天命七年二月二十八日，后金国处理日常政务的督堂，下书示谕汉民说：取辽东时，民人逃走的，如果归来，则“尔之住宅、耕田、食谷，皆为俘获矣！若欲重得，何不持财向督堂叩首”。意即可以钱财赎取旧有的田宅粮食[3]。

天命八年四月十二日，努尔哈赤用“李驸马书”的形式，以李永芳名义训谕盖州、复州等南部州县汉民不要“叛逃”时说：“得辽东之后，各自之住宅耕田，原皆全然未动而居也”。后因南人叛逃，故迁至新地，“另给宅田”，诱劝汉民不要叛逃[4]。

同年六月十五日，努尔哈赤又下谕说，盖州、耀州等地，民不“叛逃”，勤耕田地，“该地人之耕田造房，不动而安居度日

1 《满文老档·太祖》卷二〇。

2 《满文老档·太祖》卷二一。

3 《满文老档·太祖》卷三七。

4 《满文老档·太祖》卷四九。

矣！无论何地之人，若似此勤耕田地，不持叛逃之心而维生，耕田造房不动矣”[1]。

天命十年十月初三日，努尔哈赤谕示汉民，总论进入辽沈五年以来形势时说："我等得辽东之后，不杀尔等，不变动住宅耕田，不侵犯家中各物而养之”。后来南民“叛逃”，乃迁于北方，“住宅、田谷，悉皆给而养之”[2]。

分析一下这些材料，我们可以搞清“各守旧业”政策的基本情况。

一是后金统治者提出“各守旧业”政策的目的，并不是为民着想，保障辽民田园财产，安居乐业，而是为了恢复统治秩序，榨取人民血汗，延续和维护旧的剥削制度。统治者对进行反金斗争的人民，本想全部斩尽杀绝，但如果尽杀，虽能一时掠得大量财货，以后怎么办！抢来之物，能用多久，“瞬时亦尽矣！”民皆杀戮，谁来耕田，谁来筑造房屋，谁来搬运货物经商，谁来培植果树、养花种菜？粮食从何而出，菜蔬从何而生，棉花又从何而产，衣布从何而来？就会如努尔哈赤所说的，将辽沈地区人民的劳动成果——“口粮”全部丢弃了，而“各守旧业”，让辽民照旧种田耕地，筑造房屋，经商行贾，却能获得“长远之利”，能够长期进行剥削。

二是“各守旧业”的业，指的各种行业。后金的“各守旧业”政策，强调各自保有自己的田地，注重务农，特别重视耕田、住房的变动问题。这是因为，在当时，农业是决定性的生产部门，田地是主要的生产资料，也是提供赋役、进行剥削的主要物质条件。因此反复强调“各守旧业”就是各自保有自己的田地和房宅。但是，它又不只是单指农业而言。它明确指出了“经商行贾”、

1 《满文老档·太祖》卷五五。
2 《满文老档·太祖》卷六六。

“各出其力”等，凡是过去经营从事的行业，都包括在内，都可“各守旧业”，各自保有自己原来的祖业，各自从事自己原先从事的行业，各自保有家中诸物。从《满文老档》看，原来经商开店的，照样做生意，制造兵器的，仍然操旧业。

三是这是长期推行的对待汉民的重要政策。天命六年三月进入辽沈地区以后，努尔哈赤多次宣布，反复强调，大力推行“各守旧业”的政策。努尔哈赤死后，其子皇太极继位为汗，也基本上沿袭了这项政策。

四是“各守旧业”的一个内容是“各出其力”，这既包括个人可以照旧从事以前经营的农业、手工业和商业，也意味着富家可以开设店铺，买田典地，贫民则应为主佣工，佃耕度日。即是说，劳动人民必须使出自己的力气，照样劳动，忍受地主、官僚、商人的剥削。

五是“各守旧业”并非绝对不动旧业，不改变旧的财产关系，完全维持明朝原状。现在，世道变了，辽沈地区改归后金国统治，辽民由新君“金国汗”努尔哈赤“育养”，因此，拥护新帝的人，田宅等物可以不变动，“安居度日”。而留恋故主，敌视新汗的人就难以保持旧业了，如果逃亡，则田宅粮谷皆被籍没，成为俘获，旧业尽失。若在规定期限和条件下回来，“持财向督堂叩首”，虽可领回，但也会受到不小损失。或是勒令迁往他乡，另给田宅，也不能完全保持旧业。总之，“各守旧业”是有条件的，归顺新主，拥护后金，可以“各守旧业”；怀恋旧帝，反对新汗，就不能各守旧业，至少不能完全保有祖业。

叙述清楚“各守旧业”的基本情况后，我们从三个方面来剖析“各守旧业”政策的剥削阶级属性。

先看看这项政策和汉族地主阶级的关系。我认为，“各守旧业”的政策，并不是为所有辽民着想，对全部辽民有利，而是仅仅有利于汉族的地主、富商和官僚士绅，是保障汉族地主阶级利益的政策。这项政策，使汉族地主、富商、官绅可以确保自己的“祖业”，继续过不劳而获的剥削生活。

按照“各守旧业”的规定，各自保留过去的产业，各自占有过去的田地，那么，很重要的一个问题就是，当时辽沈地区土地占有情况是怎样的，是辽民大体上平均占有土地，还是集中在地主阶级手中？占人口大多数的贫苦农民是否没有土地或仅有少得可怜的小块坏地？如果辽民平均占有辽沈地区土地，则“各守旧业”的政策对所有辽民都有好处。若系后一种情况，土地主要为地主阶级霸占，则“各守旧业”的政策只对地主阶级有利，对农民阶级则不仅无益，反而危害很大。

明代文献，有很多关于辽沈地区贫富悬殊、土地集中的材料，这里，引录一段努尔哈赤的讲话来说明。

努尔哈赤在天命六年七月十四日下令实行计丁授田的“汗谕”中，对汉民说:“昔尔等明国富人，多占田地，雇人耕种，食之不尽，将谷出卖。贫困之人，无有田谷，买而食之，钱财尽后，则行求乞”。这种情况，需要改变[1]。

这段材料清楚地反映出辽沈平原的广阔田地主要为地主阶级霸占的情形，贫苦农民被剥夺了土地，被迫为人佣工，佃耕度日。

在这样的富人独占田地的形势下，推行“各守旧业”的政策，各自保有旧日的庄田，当然就是说，地主可以像过去一样保有自己的全部土地，即土地仍然全部或绝大部分照旧集中于汉族地主阶级手中，这就是“各守旧业”的真实含义。

在地区易主、王朝更替的情况下，汉族地主既怕劳动人民乘机反抗，夺取田地，抗租不纳；又怕后金没收庄田霸占祖产，惶惶终日，坐卧不安。现在宣布“各守旧业”，后金国不没收民田，各人保有原来所有的产业，他人不得侵占。这首先是指佃农、雇

1 《满文老档·太祖》卷二四。

农、长工、劳苦农民不得侵占，已经占取的，须退还田主，未被占夺的，不准再占。

有些地主在后金攻打辽阳、沈阳时，逃往河西广宁等处，田宅丧失，但只要是投顺新君，按照督堂的规定，手持银财，向督堂叩首跪拜，就可以领回自己的府宅、耕田、粮谷，就可收复旧业。

按照“各守旧业”的规定，地主可以各自保有祖传旧业，因此，实行计丁授田时，并不占用未逃的、不反对后金统治的地主的田地。

这都说明，“各守旧业”是为汉族地主阶级服务的政策，是保障地主阶级利益的政策，也是后金统治阶级拉拢汉族地主的重要政策。

再看看这项政策是怎样对待汉族农民和其他劳动人民的。

“各守旧业”的政策，对没有任何旧业的佃农、雇农等贫苦农民来说，既不能借此条令收回原已失去的祖业，而且，也不能利用战乱时机，占耕地主庄田。已占耕无主荒田，收取无主的马、牛、财、谷，都需退还原主，或被后金汗、贝勒没收。他们应该遵照“各出其力”的规定，照样为地主种田，为富家做工，仍旧过着佃农、雇工的穷苦生活。实际上这就是后金国保护汉族地主阶级财产，这就是“各守旧业”政策的剥削阶级实质。

后金军进驻辽沈后的一段时间内，汉族的地主、官绅、富商、大贾，不少死于兵火，好些人逃入关内，出现了大量的“无主之田”、“无主之宅”、“无主之谷”、“无主牛马”等没有主人的财产。在《满文老档》里有不少这种情况的记载。

比如，就最重要的生产资料——土地而言，所谓“无主之田”在辽阳一带就多至上百万亩。《满文老档·太祖》卷二十四载，天命六年七月，努尔哈赤谕示汉民说：“尔等辽阳地区之贝勒、大臣、富人之田，弃者甚多”，足有三十万日田以上。其中，辽东五卫有

“无主之田二十万日”，海州、盖州、复州、金州四卫有“无主之田十万日”。田一日，一般为六——十亩，就按最低数六亩计算，三十万日田当折一百八十万亩。

据明代撰修的《辽东志》记载，辽东都司二十五卫共有额田三万一千六百二十顷。其中，辽阳五卫和沈阳中卫，有额田六千三百一十五顷。海州卫、盖州卫、复州卫、金州卫共有额田一万三千一百五十三顷，合共一万九千四百六十八顷。虽然这是嘉靖年间数字，而且是卫所屯田额数，还有一些民田未包括在内，不是全部实际土地数目。但两相比较，一百八十万亩“无主之田”也是很大的数字，仅比辽阳、沈阳、盖州、复州、海州、金州的军屯略少一点。可见，辽阳、沈阳、海州一带，相当多的汉族官绅地主，遗下了大量“无主之田”，丢下大批无主财谷。

另一方面，这时，汉满人民猛烈反抗，后金统治尚未稳固，八旗官兵主要聚居大城，小县尤其是边远州县驻兵很少，乡村更少，几乎没有。很多地方，很多屯堡村寨，后金的统治力量尚未达到，正是所谓“乱”的形势。这种情况，是贫苦农民和其他劳动人民占耕田地，夺取地主、官绅、富商的马、牛、银、谷的好机会。

虽然目前尚未发现农民占耕地主庄田和被迫退还原主的直接材料，但从《满文老档》的一些记载，可供分析。

天命六年九月初八日，努尔哈赤谕命副将刘兴祚说："查明盖州、海州属下无主谷、草，从速计量，给与我等兵士"[1]。九月十三日，再谕海州参将，“清查无主之草，给与我等兵士之马”[2]。九月十六日，努尔哈赤又下谕说："佟驸马，尔告八游击、二都司：无主之谷、草，从速调查处理，征取送来，给与未给饲料之马。

1 《满文老档·太祖》卷二六。
2 《满文老档·太祖》卷二六。

此事若不从速料理，无主之阿哈，将擅自卖尽矣！”[1] 九月十五日，努尔哈赤谕令新城游击说："边境各处无主之谷，与其弃之，不如令欲取之人拾取”[2]。

这几段记载，可以说明三个问题。一是出现无主之谷、无主之草的地区很广，不只是盖州、海州、新城，而是整个辽沈地区。所谓佟驸马，是总兵官佟养性，努尔哈赤委令佟养性主管汉民事务。所谓八游击、二都司，是后金设立专管汉民事务的官职。努尔哈赤命佟养性转令八游击、二都司，清查和征取“无主之谷”、“无主之草”，就是命令他们在所有汉民地区进行这一活动。可见，出现“无主之谷”、“无主之草”的地区很广，是辽沈地区相当普遍的现象。

二是出现了相当多的“无主之阿哈”。这里所谓阿哈，并不是仅指汉人地主、官绅、富商的家内奴仆，而主要是指耕种田地的穷苦佃农、雇农，亦即努尔哈赤致明朝边将书中所称的“耕田阿哈”。这里谈的“无主之阿哈”，没有标明具体地区，而是令专管汉民事务的八游击、二都司清查。可见，在相当广阔的地区里，好多地主、富绅或死或逃，出现了比较多的没有主人的阿哈，即没有主人的穷苦佃农、雇农与家内奴仆。

三是这些“无主之阿哈”将主人的谷、草占为己有售卖与人的情形相当普遍，以致如不从速清查，尽快收集，则将出卖罄尽，故努尔哈赤在八天之内，连下四谕，责令臣僚尽快清查、征收。

乡村贫苦农民夺取地主遗下的无主之谷、无主之草，城内贫穷市民也不会束手不动。

天命七年正月二十六日，督堂命令广宁城民说："无主之财物、人畜，以及店、库所存之金、银、闪锻、蟒缎、帛、布、翠蓝布、

1 《满文老档·太祖》卷二六。
2 《满文老档·太祖》卷二六。

各种物品，尔等所得甚多矣！今令尔等拿出，尔等取一半，另一半给与我等之有劳兵士”[1]。

这段话讲得很清楚，广宁城内贫苦人民，趁地主、官僚、富商死亡和逃跑的机会，挺身而起，夺取大量财物，不仅夺取牲畜，而且夺取金、银、帛、缎、布等物品，以致“所得甚多”。后金统治者要凭借武力，逼令上缴。

既能夺取无主粮谷、无主草料、无主的金银财帛马牛牲畜，就不能占耕死于兵火和狼狈逃窜的地主的庄田吗！何况，这些田地本来就是贫苦农民佃种佣耕的，他们当然不会坐以待毙，不耕不耘，当然会照样耕地种田，照样收割庄稼，只不过是这时没有主人鞭责催租罢了。

贫苦劳动人民的这些革命行动，打乱了旧的统治秩序，破坏了旧的剥削制度，引起地主阶级极端仇视，也刺痛了后金奴隶主贵族。后金统治者施行了“各守旧业”的政策，紧紧捆住贫穷困苦劳动人民的手脚，迫令他们交出斗争果实，退回占有的无主粮谷、无主财物，首先是退出占有的无主田宅。这才是真正的反攻倒算。

按照“各守旧业”的规定，每人皆应“各出其力”，“各耕其田”，那么，贫苦农民不仅不能再行夺取地主庄田、牲畜，不仅要退回占夺诸物，而且还要继续当牛作马，被主奴役。所谓“各出其力”，意味着原来干什么的，就照旧干什么。是佃农，还得耕种地主庄田；是雇农，仍为东家效劳；是帮工，是学徒，照旧应在老板作坊、店铺中出力。必须各守过去从事的行业，各出其力，不得乱来，更不能颠倒，由奴变主，或由主变奴，一切都要恢复旧时状况。这就使曾经利用战乱时机暂时取得一定自由的贫苦劳动人民，重新被捆绑起来，重新过旧日牛马不如的痛苦生活，遭

1 《满文老档·太祖》卷三三。

受地主奴役。

由此可见，“各守旧业”的政策，是一项束缚农民、压榨劳动人民，为地主服务的剥削阶级的政策。

现在，再来看看“各守旧业”对后金贵族的影响。

以努尔哈赤为首的后金统治者，从推行“各守旧业”政策中，得到很大好处。

第一，这项政策，表明了原来屈居偏僻山区的小邦小汗努尔哈赤，一跃而为辽沈地区的最高统治者，夺取了辽沈地区最高统治权，对各行各业都有权支配，有权调遣，可以让拥护新君的人“各守旧业”，也可以将反抗后金的人祖业全部籍没。一切皆由汗安排，辽民俱归汗育养。后金全国之内，尽系汗土，全为汗民。

第二，拥有全部土地的最高主权，霸占了全部无主土田。后金国汗、贝勒可以迁民分地，可以赏赐臣僚庄田，也可以籍没抄家。一切逃亡、死绝的人留下的“无主之田”，皆归汗有。可以让逃人根据规定条件，持财赎取，也可以令民分种无主土田，纳赋服役，任意支配，随心调遣。

第三，拉拢汉族地主，为建立以满族贵族为主的新的满汉统治阶级联合专政提供物质条件。留居辽沈地区的汉族地主阶级的大多数，依凭“各守旧业”政策，收回丢失被占的田宅财谷牲畜，确保祖业，重收租谷，照旧安享荣华富贵，当然会减少他们对新君的不满，促使他们拥护后金国的统治。这项政策把汉族地主阶级和满族贵族第一次连接起来了，有了共同的阶级利益。这就为建立以满族贵族为主的新的满汉剥削阶级的联合统治提供了重要的物质条件。

第四，打击了反金官僚地主，扶植和加强了拥金地主、官绅的势力。“各守旧业”的政策，使降金的地主、官绅、富商得以收回失地，取回遗物，确保祖业，但对反金的人，则从重惩处，没收其田宅财谷。这样一来，反金的地主、官僚势力大为削弱，拥金的地主、官绅（这占地主阶级的多数）则实力犹存。而且，在这样威胁利诱下，许多地主必然投降新主，必然充当顺民，不叛不逃，拥护新朝。这就使后金国汗、贝勒拥有不少忠顺臣民，有利于加强后金国的统治力量。

第五，“各守旧业”的政策，保障了业主对产业的权利，因而可以鼓励业主认真经营自己的产业，细心管理自己的产业，已经荒芜的田地，驱使佃农、雇农重新耕垦，修渠开沟，施肥整地。这对改变当时田园普遍荒芜的局面是很有利的，从而对新王朝的巩固也会有好的影响。

第六，“各守旧业”的政策，加上逼民定居、不准叛逃等措施，使辽民各自从事自己的行业，主要是耕田种地，造房居住，为逼令辽民纳赋服役创造了条件。努尔哈赤对这一点十分重视，也讲得非常清楚。他知道，如果斩尽杀绝，虽可暂时多掠一些财物，但今后怎样办？人都杀光了，谁来种田，谁来筑城服役，“此地所出口粮”岂不尽皆葬送！让辽民各守旧业，才能从事各自的行业，才有人耕田种地，才有人开店设铺，挑担装载，才有人打制各物，统治者才能吃穿住行，才能征收赋税，佥丁充役。一句话，才能进行剥削，才能攫夺此地所产的“口粮”——人民劳动成果。而且，民若各守旧业，则不易引起反抗，有助于国家太平。这才是努尔哈赤所说的“长远之利”。

明了“各守旧业”的具体内容及其与各个阶级的关系后，我们可以对这项政策作出总结了。

从阶级实质看，“各守旧业”是为汉族地主阶级和后金统治者利益服务的政策，是束缚和奴役贫苦劳动人民的政策，是后金国帮助汉族地主阶级对农民进行反攻倒算的政策，一句话，这是地地道道的剥削阶级的政策。从这一点看，它与历代王朝初期推行的“招民复业”政策基本相同。但是，它也有其特殊地方，这就是满族贵族成为辽沈地区的新主，因此，“各守旧业”就包含了民族歧视的因素，对反抗后金的汉族地主从严惩处，对降金拥金的汉族地主、官绅则加以优待。但归根到底，这仍然是阶级压迫的政策，仍然是阶级剥削的政策，只不过增添了一些民族歧视的色彩而已。

从生产关系角度看，“各守旧业”的政策意味着辽沈地区的新主人后金国汗，承认了过去各行各业的旧传统、旧的产权形式、旧的经营方式，即承认和延续辽沈地区过去存在的旧的剥削制度，而且还使那些暂时被冲垮、被打乱的旧制度恢复原状，这就是说，奴隶主专政的后金国，进入长期封建化、封建生产关系占据压倒优势的辽沈地区后，承认辽沈地区汉民中的封建生产关系可以延续，并保障封建制，甚至恢复封建制度的剥削方式。

四　“计丁授田”的情况、性质和影响

天命六年三月后金军进入辽沈地区后，努尔哈赤实行了“计丁授田”政策。这和历代王朝招民垦荒，授民田地有很多相同之处，与明代辽东的军屯也有一定的联系。

《满文老档》里有一些关于“计丁授田”的记载，现将两段重要材料摘录于下，再进行分析。

天命六年七月十四日，努尔哈赤下令计丁授田。他下谕说：

> 海州地方取田十万日，辽阳地方取田二十万日，给与我等驻居该处之士兵……尔等辽阳一带之贝勒、大臣、富人之田，弃者甚多，将该田入于我等所取之三十万日田内，亦可足矣。设若不敷，可于自松山堡以东之铁岭、懿路、蒲河、范河、浑托河、沈阳、抚顺、东州、马根丹、清河，直至孤山耕之。如此，若仍不足，则可出境耕种。
>
> 今年耕种之谷，其各自收取。吾今计算田亩，一丁种谷

五晌[1]，植棉一晌，均行给与。尔等勿得隐丁，隐丁，则不能得田矣！原为乞丐者，不得乞食，乞丐、僧人皆分与田。三丁耕官田一晌。每二十丁征一丁当兵，以一丁服官役。[2]

天命六年十月初一日，努尔哈赤又下谕说：

明年兵士所食之谷，饲马之草料，取于耕田。辽东五卫之人，令种无主之田，给与二十万日。海州、盖州、复州、金州四卫之人，亦同样令种无主之田，出田十万日，给之。[3]

这两道汗谕，讲明了实行计丁授田的目的、方式和地区。从这两次“汗谕”可以了解到实行“计丁授田”的大体情形，主要内容有四点。

第一，用来分授的田地，不是有主之田，不是将现存辽民耕垦、占有的土地没为官地，用来分配，而是明朝“贝勒、大臣、富人”即汉族官僚、地主遗弃的田地，是没有主人的田地，是“无主之田”。

第二，这些无主之田，分别授予满汉人丁。已经进入辽沈的八旗官兵，按其全家人丁多少，计丁承领无主田地。辽东五卫及金州、海州、盖州、复州四卫汉民，亦即辽沈地区大多数汉民，也计丁承领土地。每丁领地六晌，五晌种谷，一晌种棉。

第三，辽民一切人丁都须首报，清点编制，不得隐瞒，不得遗漏，均须按丁承领无主田地，开垦耕种，不许弃地不耕，四处行走。一切辽民都必须固定在土地上，耕田种地，连“行乞”和

1　晌即垧，亦作日，土地面积单位。东北地区多数地区每垧合十五亩。

2 《满文老档·太祖》卷二四。

3 《满文老档·太祖》卷二七。

念经为“僧”的自由也被剥夺了。

第四，授予田地，并不是为辽民着想，实行“计丁授田”，是为了征赋佥役。

“计丁授田”政策，对满汉各个阶级各阶层影响很大，起了不同的作用。有的阶级备受优待，获利甚多；有的阶级却吃尽苦头，遭害极大，从这里可以说明“计丁授田”政策的阶级实质。

现在，我们先看看“计丁授田”与汉族地主阶级的关系，是对地主有利，还是有损。可从两点来分析。一是用来授予兵民的田地，是“无主之田”，即按照“各守旧业”的政策，仅将死亡和逃走的人遗留下来的“无主之田”，授予兵民。这样，对未走的、不反对后金的汉族官绅、地主没有多大损害，他们过去占有的庄田，并不没收，并不用来分授，仍旧归他们所有。

二是所谓“均行给田”，纯系欺人之谈。富户丁多，贫民丁少，这一点，努尔哈赤是很清楚的。他自已就说过，辽东地区，贫富之间，人丁不一，悬殊很大。有的“一户有四五十丁，或一户有百丁”，而有的“一户只有丁一二”，若以户计，则“富人给钱而得免，贫民无财而常服役”。[1]

地主富家丁多，如若原来占有的庄田不太多，少于每丁六晌的数目，则可根据计丁授田的规定，按丁领进土地。如若地多丁少，超过每丁六晌，则可依照“各守旧业”的政策，照旧保留全部祖业，并不拿出多余田地，让人分走。

再看看这项政策对贫苦农民的影响。所谓计丁授田，并不是为穷苦农民着想，满足农民渴望得到土地的要求。它对贫困农民，不仅不能解脱农民遭受封建地主的租役压榨，而且对农民危害很大，是统治阶级对贫穷农民进行严重剥削、施加严格束缚的重要手段。

1 《满文老档·太祖》卷二八。

第一，所谓计丁授田的丁，并不是指一切成年的丁，并不是单纯指年龄和性别而言，而是含有阶级属性的。包衣阿哈、雇工和佃农，虽然都达到成丁的年龄，但都不能成为独立的丁，都不是计丁授田的丁，都必须包括在家主、雇主、田主的户内。授田时，根据家主、雇主、田主自己家庭的丁数及其阿哈、雇工、佃农的丁数，按丁授予田地。这些土地，与包衣阿哈等人无关，他们对这些土地没有任何权利，没有任何关系，完全是他们的身外之物。当然，从另一角度来说，也不是完全无关，因为，他们必须为自己的主人耕种这些土地。很显然，包衣阿哈的一切，连同其人身，都是主人的，根本不是能够独立的人。在满族贵族看来，汉族的佃农也是阿哈，是努尔哈赤称呼的“耕田阿哈”。

为什么在宣布实行“计丁授田”的汗谕中，虽然已经说到富人“雇人耕种”，即已经知道有雇工和佃农（这里所说的雇人耕种，实际上也包括佃农），可是叙述授田办法时，除泛谈计丁授田外，在讲到对原来没有田地的人授予土地时，只列举了乞丐和僧人领种田地，而不明确提出阿哈、佃农、雇工可以分田，其原因就在于此。

了解这个情况后，再联系到辽沈地区土地占有和经营方式的现状是“富室多占土地，雇人耕种”、“贫困之人，无有田谷”，那么，原为地主佣耕、佃种的大量贫苦农民，都包括在地主户内，都不能成为单独的丁，都不能依靠“计丁授田”规定按丁领受土地了。

第二，宣布计丁授予无主之田，就是宣布后金国霸占了全部无主之田。现在，所谓“无主之田”，并不是没有主人，它的原主（单个的地主、官绅），虽然是或死或逃，但已有了新的主人，已归属新的主人所有，这个新主不是别人，不是单个的地主，而是后金国，就是后金国汗努尔哈赤及其子侄诸贝勒。

这样一来，无地少地的贫苦农民就不能夺取无主土田了，已夺取占耕的，要退出，未夺取的，不准夺取。如果只实行“各守旧业”政策，贫苦农民虽然不能夺取家主仍存的“业地”，已夺取的，要退还原主，但是，那些死于兵火和逃亡在外的地主遗弃的“无主之田”，又怎样处理呢？让不让农民占有，许不许农民占耕？“各守旧业”的政策对此没有明确规定。固然可以从“各守旧业”，各人保有原来产业的含义，来反对农民占耕无主之田，因为贫穷农民原本没有田地，不是这些无主土田的业主，现在也应该是照旧没有田地，不能耕种无主之田，但总不如有一条直截了当的不准占夺的禁令更好。现在这个“疏忽”被注意到了。后金国汗明确宣布，一切无主田地，皆归国有，皆为汗有，皆为诸贝勒所有，由汗授予兵民。根据此令，无地贫困农民不仅不能夺取业主尚存的有主田地，也不能占耕断子绝孙和逃亡在外的“无主之田”，仍然过着悲惨生活。

第三，穷苦农民的大多数，平时被地主阶级束缚在土地上，佣耕佃种，很少能摆脱地主的羁绊，四处行走，另寻生路。现在战争频繁，乡村混乱，好多地主、官僚、富商死绝逃亡，这些人役使的穷苦农民成为“无主之阿哈”了。他们暂时取得了一定自由，不受主人的管治，到处行走，谋生求活，被努尔哈赤贬称为“乞丐”和不定居的“无谷之人”。如不实行“计丁授田”，这些穷苦人民，可以乘机占耕无主之田，也可以从事其他行业，生路比较广阔一些。但是，现在实行计丁授田，就不行了。既不许夺种田地，又不许隐匿人丁，必须申报丁数，纳入后金的统治，重新束缚在土地上，耕种汗、贝勒授予的无主之田，承担沉重的赋役剥削，遭受八旗官将的奴役，苦不堪言。

由此可见，实行计丁授田政策，对占人口绝大多数的贫苦农民来说，是加强了束缚，有害无利。

现在，我们再来看看计丁授田给后金国汗、贝勒带来的好处。实行计丁授田，对保证后金军粮、提供赋役来源起了重大作用。

努尔哈赤在下令分田的“汗谕”中明确指出，之所以要授田与民，是为了供给士兵的粮谷，供应军马饲养的草料，是为了征收赋税，佥派丁役。

按照天命六年七月十四日汗谕的规定，一丁授田六晌，三十万日田可授给五万丁。这五万丁能征收多少赋税？汗谕规定，三丁耕官田一日。这个规定，并未实行，后改为计丁征收赋谷赋银。

先按三丁耕官田一日的规定来看看。三丁耕官田一日，五万丁应耕一万七千日，折合十万亩，如亩产一石，可收谷十万石。以一兵月食二斗计，可供四万一千六百名兵士全年的口粮。当时，后金八旗兵丁总共只有四万至五万。即是说，将这“无主之田”三十万日授予汉民五万丁后，征足额数，可以搜刮到供应后金八旗兵士的大部军粮。

再按后金实际上推行的征赋规定算，每丁每年应缴赋谷赋银等项，合计一丁缴银三两，五万丁可征收银十五万两。拿这十五万两银，可买好几万石谷，供应八旗兵丁军粮所需。

至于每二十丁征一丁当兵，每十丁至一百丁佥派多少丁应役，数量也不少。可见，实行计丁授田，对增加后金国的收入，是起了很大作用的。

不仅如此，实行“计丁授田”，还直接为后金巩固统治、安定社会秩序、处理降民、“叛民”的政策服务。为了惩罚逃民、叛民，防止叛逃，后金多次将南方汉民往北迁移。要迁，总得解决移民的吃饭问题。而且，说得更准确一点，总得从移民身上挤出油水。那么，首先就要提供土地，有地，才能种谷，才能植棉，才能生产出粮食、棉花，移民才有糠菜饭吃，统治者才能征收赋税。同样，招民归降，也得给田。后金多次移民和招民降服，仅天命八年一次，就迁盖州等地大量汉民到北部地区，授无主之田三十万日。

实行计丁授田，可以将好些“无主之阿哈”即贫苦农民重新束缚在土地上，不得四处行走，有利于稳定社会秩序，减少“乱”的因素。

计丁授予满族人民田地，为汗、贝勒增加赋税收入，保证兵源，巩固后金的统治，提供了重要条件。天命六年三月努尔哈赤率兵数万打进辽沈后，陆续将满族人丁自原居女真地区迁往辽东，分拨田土，每丁六晌，逼令诸申纳赋服役，充当甲兵（详见后述）。通过三丁（或二丁）抽一当兵的制度，汗、贝勒获得了大批人手，建立了一支人数众多、开支很少（无月粮，军装、战马、兵器自备）的强大军队。汗、贝勒使用这支军队——八旗官兵，残酷镇压反金武装，捕捉逃亡的阿哈和辽民，强迫后金辖区满汉人民交赋服役，并一再进攻明朝城镇，掠夺人畜财帛。不采取计丁授田的办法，就不能实行这样的“出则为兵，入则为民”，“无事耕猎，有事征调”的“兵农合一”的制度，就不能确保兵士的来源，就不利于巩固汗、贝勒的统治。

实行计丁授田，为满族贵族、官将继续剥削阿哈，榨取财富提供了物质条件。过去，汗、贝勒和八旗满官掠夺了大批人丁，建立拖克索，迫令阿哈耕田种地，采参打猎。进驻辽沈后，一方面掠民、没民为奴，同时又将原有阿哈大部分移往辽东。这样，劳动力是有了，而且相当多，但如无土地，也就没法使用这些劳力，就不能坐享其成。通过“计丁授田”制度，解决了这个问题。满族贵族、官将按丁（主要是占有的阿哈）分取大批田地，役使阿哈耕种，纷纷成为广占良田沃壤、敛取巨额银谷的大土地所有者和大庄园主。

实行计丁授田，还为汗、贝勒拉拢汉族地主阶级代表人物，扶植拥金势力，增强统治基础，创造了有利条件。满族贵族进入辽沈后，必须利用汉官来征赋佥役，对付反金斗争，巩固后金国的统治。由于局势不稳，相当多的旧明朝大官不愿与后金合作，有的还秘密策划反抗活动，降金的多是守备、备御、守堡等偏裨末将和微不足道的千总、把总之流，或者是战阵被俘的败将，关在狱中的罪官，革职在家闲居的废臣。这些人，丁口不多，家资不算太富，庄田也较少。要用汉官，要让汉官出力效劳，不仅要授予官职，给些政治特权，而且要让其有福可享，有财可求。但是，当时初入辽东，国库空虚，财力不足，没有固定的大宗收入，不能沿袭明朝旧制，按官给俸，只有实行满族故例，给与人口，计丁授田，榨取银谷。

皇太极对这一点讲得很清楚。他训谕各汉官说："尔等曾奏云，一切当照官职功次而行之。我国若从明国之例，按官给俸，则有不能。至所获财物，原照官职功次，加以赏赉。所获土地，亦照官职功次，给以壮丁。先是分拨辽东人民时，满汉一等功臣，占丁百名，其余俱照功依次给散。如尔等照官职功次之言，果出于诚心，则满汉官员之奴仆，俱宜多寡相均，尔汉官或有千丁者，或有八九百丁者，余亦不下百丁。"[1]

这里所说的"满汉一等功臣，占丁百名"，并不是说只能占有百名人丁，或只能按一百丁的额数分领土地。所谓占丁百名，乃就免赋而言，指的是一等功臣可免百丁的赋税（详后述赋役部分）。

皇太极说得很明白，"所获土地，亦照官职功次，给以壮丁"，亦即按照各官占有壮丁（主要是阿哈，也包括家主本家人丁和雇工、佃农）的数量，计丁授予田地。

这样一来，降金的微员末将，不仅被破格擢升，荣任副将、参将、游击、都司、备御等要职（详后），而且通过计丁分领田土，一个个成为人丁众多、田连阡陌的大地主、大财主，当然会对新君感恩戴德，竭力讨好，为汗、贝勒的江山巩固和发展而效尽犬马之劳。他们的庄田增多，财势扩展，在汉族地主中的影响就越大。这批汉族地主阶级的新的代表人物的命运，和汗、贝勒

1　王先谦：《东华录》天聪卷九。

紧紧相连，成为拥护、支持后金国统治的一支可靠力量。

以上，从阶级关系角度，分析了“计丁授田”对汉族地主阶级，对汉族贫苦农民，对后金国汗、贝勒的不同影响。现在，进一步从生产关系方面，再做一些分析。

一般地说，“计丁授田”，本来是讲的授地与谁，归谁所有，只涉及土地的分配和土地所有权问题，尚未直接谈到生产关系的形式，它可以是奴隶制的生产关系，也可以是封建制的生产关系，甚至也可以在这部分土地上采用资本主义的剥削方式，这都是可以的。不能一见到“计丁授田”，就立即不加分析地断言这是封建制或其他什么形式的生产关系，还须具体研究。

我认为，后金国从天命六年七月开始宣布和实行的“计丁授田”政策，既牵涉土地所有权形式，也包含了生产关系的问题。说得稍微详细一点，在授予满汉人丁的土地上，封建制的生产关系占居主要地位，但也有部分土地采用了奴隶制的剥削方式。更具体一点讲，那就是授予汉民的土地，基本上是属于封建制的范围，授予八旗兵丁的田地，大多数实行封建制的经济方式，而给与八旗各级额真和小部分富裕诸申（原来的小奴隶主）的田地，则有的是封建生产关系，有的又采用奴隶制的剥削形式。现在先分析授予汉民的田地。

首先，从土地所有权看，计丁授予的田，已经归被授予的汉族官僚、地主和一小部分农民占有，成为与其他“业主”占有的土地基本相同的“民田”了。后金国家对这部分土地，如同对其他民田一样，有最高的主权和最高的所有权，必要的时候，也可调拨，也可处理。但是，宣布“计丁授田”的“汗谕”，并未对受田者施加特殊的限制，并未规定不准出卖，不准转让，不准传给子孙，也未要求限期归还，或死后入官。在赋役征收上，也没有特别增添的项目，而是和对待一般“旧业”、一般“民田”一样，施行同一标准，不像明朝对官田与民田的征赋有所区别。

其次，从人与人的关系和分配关系看。天命六年七月和十月的两条“汗谕”，并未说明这些田地应该怎样耕种，是怎样耕种的。有没有明确规定产品如何分配？是归民所有，还是其他。可是，有几点需要注意。一是不能忽视辽沈地区原来土地占有和经营形式的基本情况，即主要是地主占有土地，奴役贫苦农民，进行封建的租役剥削。这是左右汉民的基本的生产关系、基本的土地经营形式，实行“计丁授田”，不可能完全离开这个范围，不可能不受其影响，不受其制约。何况不少的降官、降将本来就是封建地主，对贫苦农民索要租谷，他们按照占有人丁的多少计丁领取土地后，能不照其老样、照其祖传方式经营领来的田地吗！

二是汗谕只规定民丁需纳赋服役，没有讲生产的全部粮谷归汗所有。这和明王朝对民田的规定是相同的。既然要纳租赋，就意味着田地所获，归民所有，只有一部分以赋税形式上缴国库，明朝的民田也是如此。这从下述《满文老档》的记载，也可看得很清楚。

三是《满文老档·太祖》卷五五载明了土地经营的情形。天命八年六月二十一日，后金统治者令迁南方州县汉民时说：“尔等移来之人，父兄当先来，记取受领尔等之住宅、田、谷。诸子弟率领包衣（booi niyalma）善为耕作，收取田之谷物。对于尔等之谷物，我等不干与，任凭尔等之意，运各自之谷而食”。

这里明白地指出，田主的子弟率领包衣种地，收获谷物。此处讲的辽民的“包衣”，并不是满族的包衣阿哈，并不是奴隶，而是汉民的佃农、雇农，即努尔哈赤所说的“耕田阿哈”。而且，这里用的行文方式是概括性的叙述方式，泛指南迁汉民，不是指迁民中某一户、某几户，可见汉族地主役使佃农、雇农耕田种地的行为是很普遍的。这和后金未来之前辽沈地区普遍存在的封建租佃关系，是一致的。

当然，也可能有少数汉官使用奴隶性质的包衣阿哈耕田种地，采用奴隶制的剥削方式，不应完全排除这种可能性。但根据以上分析，总的来看，在授予汉民的土地上，封建制的生产关系仍然是基本的、主要的形式。

据上所述，我们可以对“计丁授田”问题作一个小结了。天命六年三月八旗军队打进辽沈后，汗、贝勒确曾在后金辖区推行了“计丁授田”政策，将大批“无主之田”按丁分与满汉人户。这样做，使封建制的剥削方式在授予汉民的广阔土地上能够延续下去，并使满族贵族、官将占有了大批田地，增强了拥金的汉族官僚地主的力量，促进了满族贵族与降金的汉族地主阶级代表人物的结合，为以满族贵族为首的满汉统治阶级的联合专政提供了又一重要的物质条件，对加速后金从奴隶制向封建制的过渡产生了强烈的影响。

五 按丁征赋佥差的封建赋役制度

努尔哈赤很重视征赋佥役的问题。天命六年三月，打下辽阳、沈阳后，他在劝诱汉民降服时就说过，不会因为辽民坚持反对金国统治者的激烈斗争而将全体汉民斩尽杀绝。因为，若将黎民杀光，则把此地“所产之口粮”尽皆丢弃了，也即是说，不能征收国赋，不能佥民充当各役，不能进行剥削了。

他在下令计丁授田时，也明确强调，兵丁食粮，军马饲料，要取诸于田，受田兵民必须纳赋服役。

直到天命十年十月，他下令大杀反抗后金的人员时，仍专门指出，将“小人”留下，不杀，因为“小人”是“筑城纳赋之人”。所谓“小人”，就是劳动人民。即是说让百姓活着，是为了叫老百姓给统治者筑造城池，纳赋服役，授民以田，就是为了叫民上缴军粮、马料、充役。

对赋役的项目和数量，努尔哈赤在天命六年七月宣布计丁授田的“汗谕”中，曾作过规定：“三丁耕官田一日，二十丁出一丁当兵，一丁服役”。所谓“三丁耕官田一日”的规定，并未付诸实行。这种劳役地租的剥削形式，根本不适合于长期封建化的辽沈地区，没法实行，因此只有另订新例。

根据《满文老档》的记载，后金基本上采用了明王朝征收赋役的“旧例”，即采用了明朝实行的封建赋役制度，但又渗进了后金的传统做法，实行以丁为主要计算单位的计丁征赋佥役制。

现先摘录《满文老档》里部分征收田赋的材料，再做分析。

天命六年八月十七日，努尔哈赤下令：“从速逼迫催征依照旧例征收官赋之谷草”[1]。

九月十六日，谕佟养性转令八游击、二都司，“官赋征收之谷，须并征以草”[2]。

十二月初十日，努尔哈赤下谕指责盖州副将刘兴祚说：“依照旧例征收之谷、银、炭、铁、盐等官赋，何故不从速催督遣送！”并指示：“遣佟备御率兵一百，令其催征依照旧例征收之赋。若无兵，谁畏殴打也。”[3]

十二月十四日下令：“汗所差遣督催依照旧例征收之官赋，勿得停止。”又责令副将刘兴祚“将盖州、复州官赋之草取来”，“对未交地方之人，罚以银”[4]。

同月十八日，再谕刘兴祚说：“依照旧例，汗所规定之各项官赋，勿增，勿减，照旧征收”。“汉官私下擅自征收之谷、草、小麦、芝麻、线麻、蓝靛、笔、纸等物，俱皆革除。”[5]

天命七年正月初七日，努尔哈赤对汉民下谕说：“依照（辛）

---

1 《满文老档·太祖》卷二五。

2 《满文老档·太祖》卷二六。

3 《满文老档·太祖》卷三〇。

4 《满文老档·太祖》卷三〇。

5 《满文老档·太祖》卷三一。

酉年旧例征取官赋之各种物品，从速尽行交纳”[1]。

这些“汗谕”，是针对全体汉民而言，所有汉民都要遵守，并不是只限于个别地区的民户。有的谕令明确写道：“汗之谕下于汉人曰：……”，即是说，不管是辽南或辽北，不管是边境，还是辽阳、沈阳中心地区，不管是计丁授田的田，还是“各守旧业”的田，所有汉民都得遵照这些谕令，缴纳赋税。

这些谕令，用词和语气都很厉害，要快征，要全征，要逼征，还要尽快送来。反复强调“从速催督遣送”，“从速尽行交纳”，“从速逼迫催征”，真是急如星火，刻不容缓，不许迟延，不许拖欠，不许短缺，不交的，要惩处罚银，而且还派遣八旗官兵，武力强迫，殴打鞭挞，逼令交纳。

从这些材料，可以看出一个十分重要的问题，这就是与明朝对抗的，奴隶主专政的后金国，打败明兵，进驻辽沈后，竟基本上采用了明朝征收赋税的“旧例”，实行了封建王朝使用的封建赋役制度。

所有谕令，都着重强调依照“旧制”、“旧例”征收各种官赋，这个所谓“旧例”、“旧制”是指的什么？是指的后金国进入辽沈前的旧例？不是。从女真国到后金国，进入辽沈前，辖地并不太广，人口也不太多，主要是称为“女真”的满族，汉民基本上沦为阿哈，全部居民编入八旗，没有专门的汉民。因此在征赋佥役时，都是按八旗制来进行的，并没有成套的、比较固定、比较正规的赋役制度。一切军费、用费，皆由八旗各牛录临时摊派，没有固定的额赋，更没有专门针对汉民的征赋佥役制度，也就是说没有“旧例”。

特别值得注意的是目前发现的第一个对汉民征赋的“汗谕”，即天命六年八月十七日的汗谕，就命令“从速逼迫督催依照旧例

1 《满文老档·太祖》卷三二。

征收官赋之谷草”。后金军是三月进入辽沈的，八九月是其入驻后第一次收获季节，也是第一次在新的辖区，并且是第一次专门向汉民征收赋谷。那么，这个汗谕中所说的“旧例”，无疑就是明朝的征赋制度。

十二月初十日的“汗谕”，讲到“依照旧例”征收的赋物时说，有“谷、银、炭、铁、盐等官赋”。这和明朝在辽沈征赋的项目基本相同。明代嘉靖年间，辽东都司额田三万一千六百二十顷，额粮三十六万四千九百石，额盐三十七万七千四百七十三斤，额铁三十九万五千零七十斤，额草五百九十四万六千三百束。可见，此处所讲的“旧例”，即明朝征赋的办法。

如果说以上这两次“汗谕”还不够明确的话，则十二月十八日的谕令就更加清楚了。努尔哈赤在十二月十八日谕示副将刘兴祚说:“依照旧例，汗所规定之各项官赋，勿增，勿减，照旧征收。”关键在于“旧例”二字，努尔哈赤是按照这个“旧例”而规定各种官赋的，此“旧例”指什么？是后金国进入辽沈前的“旧例”吗？不大可能，过去没有专门征收汉民的赋税条例。联系后半段，就可明白了。努尔哈赤接着说:“汉官私下擅自征收之谷、草、小麦、芝麻、线麻、蓝靛、笔、纸等物，俱皆革除。”这里明确讲到汉官私派各物，尽行取消。只要弄清楚这里的“汉官”指的什么人，问题就迎刃而解了。

努尔哈赤讲的私派虐民的汉官，是指的明朝时的汉官，还是指的后金国使用的降官？如果指的明朝时期，汉官在正额官赋以外另行苛征各物，那么，上半段讲的“旧例”，就是明朝辽沈赋税条例。如果指金军进入辽沈后使用的降臣，情形就不一样了。我认为，这种汉官，不是别人，就是在天命六年三月金军进入前明王朝派驻辽沈地区的大小官将。根据有三。

第一，从行文语气看，此处讲的汉官私下派征各物，是一种惯习，是以前就有的。努尔哈赤曾多次讲到明朝官员苛索属民财物的传统恶习，这次又讲此事，而且比较具体，列举私派的各种物品。后金军是三月进入辽沈的，如果讲的后金国任用的降官催征赋税而私自苛派，则刚刚过了一个秋收，怎能形成苛征的习俗，知道这么详细，而且下令革除。既名革除，就是有成例，不是某官苛派多少，而是行之已久，已经和正赋相列，有固定的品种和数量，才叫革除。可见，这里说的汉官是明朝时辖治辽民的明臣。

第二，这次讲革除汉官私下苛征的时间，是天命六年十二月十八日，如果说是指的后金国任用的明朝降官，那么，至少到十二月十八日止，辽民的赋税是由这些人催征的，他们才能利用职权在征正额官赋时苛索谷物。可是，在此谕下达的一个月以前，即十一月十九日，努尔哈赤就不许降官参与管理汉民的事务了。他谕示汉民说："尔等明国之帝，政令不公，皇帝自己任用太监收敛银财，诸官员亦仿效皇帝而索取下民财物。（现在任用的官员）不得窃取下人。……若令汉官照旧管辖汉人，将因其取财惯习而苦累国人。今河东（即辽沈地区）汉人，皆点数人丁，于女真官员中选取适当之人，令女真官员管辖。无论何人，皆不得由汉官干预，胥依女真为生矣！"[1]

这道"汗谕"中，非常清楚地、反复地讲到汉官私取属民财物的"惯习"，并且因此"惯习"将虐害百姓而不许汉官管辖汉民。这就十分有力地证明了，一个月以后讲的私征各物的汉官，不是后金国任用的降臣，而是明朝时期的辽沈官将。

第三，十二月十八日"汗谕"中列举汉官擅自派征属民的物品，有谷、草、小麦、芝麻、线麻、蓝靛、笔、纸等物，而五个月前的七月十四日，努尔哈赤在宣布"计丁授田"的汗谕中，讲了受田汉民要耕官田，当役夫，当兵卒，并指出明朝官将私征各

1 《满文老档·太祖》卷二八。

物，要尽行革除。他说："尔等明国之参将、游击，一年所取者，豆、高粱及粟，合共五百石，还有麻、麦、蓝靛，每月食用的米、菜、木炭、纸，又取银十五两，我今将此苛政，尽行革除。"[1]这与十二月十八日"汗谕"列举的物品又何等相似！

据此可以肯定，十二月十八日"汗谕"讲的擅自苛派属民财物的汉官，就是明朝时期虐民的明臣，努尔哈赤规定赋税时根据的"旧例"，就是明朝在辽沈地区征收赋税的规章条例，也就是说，后金国采用了明王朝实行的封建赋役制度。

当然，后金国处的社会发展阶段与明朝不同，剥削人民的具体形式及传统习惯，与明也不一样，因此，在赋役制度上也有其特殊的地方，主要是从天命七年起，在保留明朝征收赋税的主要项目和正额数量的条件下，实行以丁为计算单位，而不像明朝着重以田土为纳粮的计算单位。请看以下诸证。

证据之一，努尔哈赤曾经明确规定各官计功分等，各食若干丁的钱粮，以代替明朝按官给俸制度。《满文老档·太祖》卷六二、六三载有努尔哈赤授予群臣的敕书，其中规定了各官应食多少人的钱粮数目。比如，总兵官额亦都"食百人之钱粮"。博和齐，"食二等参将之钱粮，二十二人"。尼喀里，"食一等游击之钱粮，十六人"。索色，"食二等备御之钱粮，八人"。其他各官，按等各食若干丁钱粮不等。

所谓食多少人的"钱粮"，就是说，这些人每年应上缴国家的"钱粮"，不交国库了，作为俸禄，由这些官将享用。这不是很明显地反映出官赋是按丁计算征收吗！

看看后来皇太极执政时对这种制度的说明，就更加清楚了。天聪八年正月，众汉官要求减免所占人丁的徭役时奏称："我等蒙圣恩，每备御帮丁八名，止免官粮"，其余杂差，"与堡民一例当

1 《满文老档·太祖》卷二四。

差”，要求免去这八丁应承担的徭役[1]。这里所说的帮丁八名，即系上述《满文老档》中努尔哈赤规定的二等备御应食钱粮的八丁。备御占有的八丁，本应上缴官粮，因作为俸禄，不交了。这八丁，免去了官粮，不向后金国库缴纳，而由本主占有。可见，赋税（即“官粮”）是按丁计算，按丁征收的。

其所以用丁作计算单位，按丁征收，就是因为实行了计丁授田，每丁皆应有地六晌，其上交的官粮，就是折算这些土地应缴官赋的总数。这就是后金天命七年起实行计丁征赋的规则。

证据之二，平虏堡民交给恩格德尔的赋谷赋银。上述各官分食人丁的钱粮，固然可以说明实行计丁授田地区，按丁领受田地的满汉官员是计丁交纳官赋，但是没有实行计丁授田的地区，没有领田的民人，是否按丁纳赋？每丁又缴多少？这两个问题，仅从上述材料，不能说明，现以平虏堡的实例，作些分析。

天命七年正月初八日，努尔哈赤下令：“以平虏堡之四百三十四丁，给与蒙古恩格德尔额驸。……一年征收官赋，银一百两，谷一百石，以我之手给与”[2]。

平虏堡在辽阳西北边境，接近蒙古居地，没有实行计丁授田，这里的汉民是一般的民户。努尔哈赤以平虏堡民赐给恩格德尔，一年四百三十四丁征官赋银一百两、谷一百石，平均每丁征银六钱三分、谷二斗三升。这批银谷本应上缴国库，因堡民赐予恩格德尔，故交与恩格德尔。这里，根本未提本堡有多少田地，每亩应交赋银、赋谷若干，而一概以丁计算。可见，在未实行计丁授田的地区，对汉民的征赋，也是按丁计算。

证据之三，再赐恩格德尔的材料。天命八年二月十二日，努尔哈赤以厚赏劝诱恩格德尔来归时说：“（过去）曾给汝之一千丁，

1 《清太宗实录》卷二〇。
2 《满文老档·太祖》卷三二。

一年所取之六十六两银、一百一十石谷，仍照旧给与”。这次，如来定居，“将赐尔等八千丁之赋谷，赋银”。“一年取银五百二十两、谷八百八十石，服役之人一百四十人，牛七十头，护身兵士一百四十人”[1]。

在这里，明确地讲赐八千丁的赋谷、赋银，却不讲赐多少土地的田赋，可见，后金是实行计丁纳赋制。

证据之四，督堂上报丁银的材料。天命八年二月初十日，“督堂计算后而上奏之书曰：一年一丁之征取官赋者，赋谷、赋银、饲军马之料，合共三两。按三两银计，淘金之六百丁，一年取金三百两。炼银之一万丁，取银三万两”[2]。

这段材料，很重要，很有说服力。这是后金国具体处理日常政务的督堂“计算后”得出这个数字向汗上报的，是全面概括后金情况的总结性材料，不是讲个别地区、个别人丁的负担。每丁征收的项目，包括了赋谷，包括了赋银，包括了饲养军马的草料，即包括了主要的官赋项目，加起来折为白银，合共三两。

这里所说的丁，虽未明说是农，是工，还是商，但从其着重举出赋谷、赋银、马料来看，很显然是指农业上的丁，即有田地的丁。

以农业上的丁每年应交的数量，推广到其他人丁，推广到淘金的丁、炼银的丁，皆照此数，皆每年一丁征银三两。这就非常有力地说明了，此是通行后金辖地的征赋标准。后金的征收赋税，是以丁为计算单位，按丁征取官赋。

明了正赋的征收情况后，再来看看徭役的内容。役分两个方面，一是按丁出兵，一是计丁出夫。天命六年七月十四日，努尔哈赤在实行计丁授田的汗谕中，规定每二十丁，出一丁当兵，一

1 《满文老档·太祖》卷四五。

2 《满文老档·太祖》卷四五。

丁服役。十一月，又做了补充和修改，不只限于授田的人丁，而且扩大到所有汉民。大体情况如下。

天命六年十一月十九日，努尔哈赤谕告汉民说："吾自来辽东观之，诸凡服役，皆不计丁，而计以户。……吾不行尔等之制。吾之历来之制……贫富均以丁计，二十丁，出一丁为兵。若有急事，十人出一人，使之服役。若系缓事，百人出一人服役。百以下，十以上，视其事而使之"[1]。

这是关于役的基本规定。现先看看充当兵役的情况。每二十丁，出一丁当兵，这是很重的奴役。不仅每二十丁须出一丁当兵，还须置备衣服、兵器及战马。天命七年正月初四日，努尔哈赤下谕："二十丁，征一人为兵。此当兵之人，乘十两之马，及携带之器具，令二十人合同征之"[2]。

同月初六日，努尔哈赤下谕，详细规定按照满汉官将管辖人丁的多少，各准备一定数量的大炮、长炮。管四千人的汉官，准备大炮十、长炮八十。管三千人的，准备大炮八、长炮五十四。管二千人的，准备大炮五、长炮四十，等。[3]所谓将官准备，实即各将辖属的人丁共同负担。在当时技术不发达的条件下，准备一门大炮，制造一门长炮，需要大量的人力物力，需花费很多银米。按照这道汗谕，每两百丁需负担长炮四、大炮半门。

每二百丁，需出十名兵和十匹马。每马价银十两，十匹马价银百两。二十名兵的衣服、兵器（刀、枪、弓、箭）、鞍辔以及长炮四门，大炮半门，这需多少银两！真是沉重的负担。

后金国汗、贝勒对这些汉兵，并不相信，戒心很大，施以严格管制。最初规定，所有当兵的户，都须居住"汗之都城"[4]。后

1 《满文老档·太祖》卷二八。
2 《满文老档·太祖》卷三二。
3 《满文老档·太祖》卷三二。
4 《满文老档·太祖》卷三二。

来天命八年四月，又做了修改，规定一半汉兵及其父母妻子居住东京城。四月十三日，“督堂之书下：于一备御之五百汉人，出一千总，二十五兵，将千总自身及父母妻子，十二兵自身及父母妻子，令住于东京城，令家里人住于彼地（即原居）耕田。居住之十二兵士，当查看挑选好者而令居之。若兵士恶劣，责问千总。……二十五兵士中，令八人看护备御之各物，其他之能懂射箭者七人，持枪，带弓及撒袋。不懂射之十人，皆令持炮。兵士所持之炮、弓、撒袋、腰刀、枪，皆取之，收藏于各自官员之家”[1]。

兵士的马，如果瘠瘦，则鞭打该兵。马死，责令兵士赔偿。这些汉兵还要遭受所属将官的野蛮奴役。

至于后金国役夫的人数，比例也很大，基本上是十丁出一夫，有时甚至五丁出一夫。当时，征战频繁，大兴城工，既筑新都，又修各地重要城池，拉石运木，载土装沙，砌墙拌灰，佥派了大量民丁和牲畜。比如，《满文老档·太祖》卷三十二载，天命七年正月初四日，努尔哈赤下令，十丁出一丁，并出三辆牛车，筑造汗的都城。金州、复州，每十丁出二丁筑城。

除城工外，还要运送军粮，输送兵械器具等项目，差重役繁，真是疲于奔命。

以上讲了征收正额租赋和佥派力役的基本情况，还未谈到额外苛索。努尔哈赤反复宣称只收正赋，不另苛派，革除明朝汉官私下勒索属民的银米财物，但是，后金的额外苛索，也是很厉害的，项目也不少，剥削量很大。有一次竟强迫每三丁缴纳额外粮谷二石之多。

天命八年二月十六日，令女真官员管辖的汉民，每三丁交谷二石。一石送往沈阳仓，另一石送辽阳仓或海州仓[2]。

1 《满文老档·太祖》卷四九。
2 《满文老档·太祖》卷四五。

这个规定，涉及人多，苛敛很重。分析这个命令的剥削情况，首先要弄清交谷人丁的大致数目。天命七年分拨辽东汉民归隶满汉官将时，汉官人少职低，管辖的汉民并不多，而女真（满族）将官人多职高，统辖了大部分汉民。

到底女真官将辖属多少汉民？绝对的数字难以确定，但能够分析出大致情况。可从两个方面来看。

一是按八旗的备御等官的人数来推算。当时，八旗大概有二百四十个牛录。姑且扣除十分之一的汉官（实际上，这时汉官人少，达不到十分之一的比例），按二百一十个牛录计算。每个女真备御辖丁五百，二百一十名备御当辖汉民十万零五千丁。五牛录为一甲喇，共有四十八个甲喇章京（即参将、游击），扣除八个汉官，为四十个，每个参将、游击辖丁一千，当有丁四万。每旗两个梅勒额真，相当于副将，每人辖丁一千七百，八旗当辖二万七千余丁。八督堂、八固山额真各辖三千，当为四万八千丁。加起来，总计当辖汉民二十二万丁。这个数字，只会少不会多。因每一旗不止一个总兵官，每一甲喇不止一个参将，有时总兵官、副将、参将、游击并不担任固山额真、梅勒额真、甲喇章京。但为了推算方便起见，就按正额官将计算吧！

另一个计算办法是按照备御的数目测算。后金在赐给将官财物时，常以备御作为计算单位，将总兵官、副将等备御以上职务的将官，分别折为若干备御，依次按职赏给。

天命八年五月三十日赐盐与各官时，从总兵官至游击，以备御计，加上备御一级官将，合共有七百零六个备御[1]。

每备御辖丁五百，按此推算，当有三十五万丁，除去一小部分汉官，也应有二十多万丁。

这两种测算，大致相同。结论是一个，女真官员辖属的汉民，

1 《满文老档·太祖》卷五三。

当在二十万丁以上。按照三丁征谷二石的规定，可敛谷十四万石以上，几乎接近明朝征收正赋额数的一半。

再从每三丁征谷二石看，当时，正是年荒缺粮的时候，谷少，价昂。天命八年三月十五日，即下令三丁交谷二石的第二月，努尔哈赤说："谷价甚高，一板斗谷值银一两矣！"[1]一板斗合一斗八升，一石谷当值银五两五钱。三丁征谷二石，平均每丁征谷六斗六升，折银三两七钱。

将此数与天命八年二月赐予恩格德尔的丁征收的银谷比较，一丁征银二钱三分、谷二斗三升，即是说，三丁征谷二石，平均每丁征谷六斗六升，比赐给恩格德尔的丁上缴赋谷、赋银的数字多两倍。

再与督堂所说的每丁征赋三两相比，三两银折谷五斗四升。三丁征谷二石，也大大超过督堂所说每丁三两银的额数。不管怎样计算，都超过每丁缴纳的正额官赋。在年荒缺粮的条件下，竟征收大大超过正额的临时苛派粮谷，这是多么重的剥削！

后金统治者对劳动人民的额外盘剥，还不止于此。他们利用贫苦农民没有耕牛的情况，把掠夺来的牛以"官牛"名义出贷给民，征收租谷。也就是在下令三丁征收额外苛索粮谷二石的这个月，督堂下令："官赋之万牛，今年饲养者，可以耕田，依汉人之旧例，赁一牛，给与汉人之石五石谷、草百束"[2]。赁一牛，收谷五石，值银二十七八两，还加上百束草，这样大的数量，缺粮无钱的贫苦农民怎样交得起！

赁一牛，收谷五石、草百束。一万头官牛可收谷五万石，相当于明朝全辽额粮总数三十六万石的七分之一，可折银二十七万多两。万头官牛可收草五百万束，仅比明代全辽额草总数五百九

1 《满文老档·太祖》卷四七。
2 《满文老档·太祖》卷四七。

十四万束略少一点。这又给后金国增加大量收入。后金统治者真是“善于理财”，善于盘剥！

最后，再从生产关系角度对赋役制度略加分析。我认为，后金实行的上述赋役制度，是封建的赋役制度。这可从两方面来看。一是这些制度沿袭明朝“旧例”，基本上采用了明朝的征赋佥役办法。明政权是封建政权，明王朝是封建国家，它所实行的赋役制，是建立于封建生产方式的基础上，是封建的赋役制度。后金的计丁征赋佥役，基本沿袭明制，当然也是封建性质的赋役制度。

另一方面，从计丁授田与计丁纳粮当差的关系来看。后金以丁为主要计算单位的赋役制，与计丁授田密切相关。一切丁，皆有土地。“各守旧业”的田主，有土地，计丁授田的人丁，也有土地。在这样条件下主要按丁征赋佥役，很自然地与授田有关，与后金国汗、贝勒是全国土地最高所有者有关，与后金国汗、八贝勒是金国“无主之田”（即授予人丁的田）的最高所有者有关。对于“各守旧业”的田主来说，前面已经讲过，努尔哈赤实行“各守旧业”政策的目的之一，就是为了收到“长远之利”，为了收到辽沈地区的“口粮”，即为了进行长期剥削。什么样的剥削，那就是征赋佥役。对于领种土地的人丁来说，努尔哈赤在宣布“计丁授田”的“汗谕”中明确地、着重地指出：“三丁耕官田一垧，每二十丁征一丁当兵，以一丁服官役”。故将几十万垧的“无主之田”，分给辽东汉民。八旗兵丁领受田地后，也是“凡百差徭，皆从此出”。这都清楚地表明，赋役的征佥是和计丁授田分不开的，授予土地，就得征赋佥役，领种汗、贝勒“无主之田”，就得为汗、贝勒纳粮当差。这样建立在封建土地所有制基础上的征收官赋、佥民服役，当然是封建的性质，是封建的赋役制度。

奴隶主专政的后金国，进入辽沈后，基本上沿袭封建国家明王朝的“旧例”，采用了封建赋役制度，这就是我们分析上述材料得出的一个重要结论。

六　下降为封建依附农民的诸申

随着向封建社会的过渡和后金国的强大，曾经是自由的氏族成员的诸申，情况更为恶化，地位愈益低贱，进一步从奴隶占有制国家统治的穷苦平民，下降为封建依附农民。这是社会阶级关系的一个重大变化。

对于这段时间内诸申的地位，努尔哈赤作过总结性的讲述。

天命八年正月二十七日，努尔哈赤训谕诸贝勒、大臣，评论君、臣、民、奴的情况，明确规定各自的身份、地位、义务和相互关系，指出存在的问题，给与严厉警告，不许犯上违法，不许作乱行盗。这次训谕，十分重要。这样总结性的论述，有大量事例为依据，很能说明问题，对研究汗、贝勒、大臣、诸申和阿哈的情况，很有用处。

先摘引有关诸申的训谕。努尔哈赤说：

> 天之子汗，汗之子诸贝勒、大臣，诸贝勒、大臣之子伊尔根（irgen），主（ejen额真）之子阿哈。
>
> 伊尔根（irgen）以诸贝勒、大臣为父，若敬思弗忘，不萌贼盗奸诈凶暴之念，不违法禁，尽力维生，则忧愁何由而生！
>
> 伊尔根若违背诸贝勒、大臣之法禁，而为盗贼奸诈凶暴之行，则将为诸贝勒、大臣所谴，遇逢忧患矣！
>
> 女真、蒙古、汉人，无论何人，皆弃贼盗奸诈凶暴之心，持公正善良之心，自汗、贝勒以下，取木之男、运水之妇以上，忧患不自外而来，皆出于各自之身也！[1]

---

1 《满文老档·太祖》卷四四。

在这道汗谕中，努尔哈赤把后金国人员分成四个大类：汗、贝勒与大臣、伊尔根、阿哈。这个分类，不是按照民族的区别，而是依据政治地位的高低和经济条件的差异。他对四类人的身份、地位及其相互之间的关系都作了明确的而且是根本性的规定。名为四类，实际上只是三个阶级。汗和贝勒、大臣这两类是一个阶级，是统治阶级。伊尔根情况比较复杂，极少数人占有相当多的田地财富，役使阿哈，上升为奴隶主或农奴主，构成剥削阶级的一个组成部分。大多数伊尔根被束缚、被奴役，与阿哈同样都是劳动者，都是被剥削阶级。

这四类人中，除汗和诸贝勒全是女真人外，大臣、伊尔根和阿哈，包括了各个民族。

努尔哈赤在结束语中，还专门强调，“女真、蒙古、汉人，无论何人，皆弃贼盗奸诈凶暴之心”。这又一次指出，看一个人，主要不是看其民族的不同，而是着重看其所处的政治地位和经济条件，所有的人都必须尊君敬上，不许冒犯，不许僭越，更不许“叛乱行盗”。

这就很清楚地表明了，在后金国中，阶级分野，高于种族区别，民族问题与阶级问题紧密相连。

伊尔根包括女真、蒙古、汉人。这里单就女真而言，它就是指的当时被称为“女真人”的满族的诸申。

汗谕规定，伊尔根以诸贝勒、大臣为父，是诸贝勒、大臣之子。这里所说的父与子，并不是单纯指血统、亲属关系而言，而是讲的上下关系、尊卑关系，是讲的奴役与被奴役的关系，实际上是讲的阶级与阶级的关系，是讲的统治阶级与被压迫阶级的关系。

被尊为父的诸贝勒、大臣是统治者，被抑为子的伊尔根是被统治者。为父的诸贝勒、大臣对其子伊尔根拥有生杀予夺大权，有权管辖、盘剥和惩罚。

被贬降为子的伊尔根，则应对诸贝勒、大臣“敬思弗忘”，毕恭毕敬，俯首听命，奉养孝顺，不得冒犯父的威严，不得忘记父的恩德。伊尔根须听从其父诸贝勒、大臣的统治，规规矩矩，安分守己，不得产生犯上作乱的念头。伊尔根须遵守诸贝勒、大臣制定的法令，绝对服从，不得违犯。伊尔根须“尽力维生”，耕田种地，当兵服役，筑城纳粮，老老实实地安于当牛作马的卑贱穷苦生活。

如果伊尔根对此不满，胆敢产生犯上念头，违犯贝勒、大臣的法令，则将为贝勒、大臣“所谴”，罚银夺物，枷责鞭笞，脚镣手铐，抄家籍没，妻儿为奴，斩首示众，“遇逢忧患矣!”

这就是努尔哈赤在汗谕中关于诸申、伊尔根的讲话的真实含义。把这些言词与进入辽沈前努尔哈赤谈论诸申——奴隶占有制国家统治下的穷苦平民的话作一比较，便可发现有着相当大的区别。

当时，努尔哈赤说:“贝勒当爱诸申，诸申须爱贝勒”，“汗善待国人，国人亦善对汗矣！贝勒善视诸申，诸申亦善视贝勒矣！若汗知国人之苦，贝勒知诸申之苦，则诸申、伊尔根虽劳苦从事，亦无怨矣!”

两相对比，可以看出，虽然在这两个阶段中，伊尔根都遭受统治者的剥削奴役，在这根本点上，是共同的，但是情况已经有三点明显的差异。

一是进入辽沈以前，努尔哈赤强调贝勒与诸申的互爱，强调“善视”诸申，以这种方式来促使诸申劳苦而“无怨”。当然，所谓爱，所谓善视，都是骗人之词，在“爱”的背后，有大棒和皮鞭，在“善视”的掩盖下，握有屠刀。但就其说话方式来说，还是比较隐蔽一点，伪装更多一些。现在公开恫吓，杀气腾腾，逼令伊尔根听从役使，不得反抗。这表明统治更严，束缚更紧，压迫更重了。

二是直截了当地将伊尔根压抑为诸贝勒、大臣之子，身份、地位明显下降。

三是从过去以诸申为主，间或以诸申、伊尔根并提，改为现在只提伊尔根，而且包括满、汉、蒙族的人，都是同一性质、同一类别的伊尔根，都是后金国汗、贝勒的百姓、黎民。为什么用词上、行文上有这样的差异？这是因为诸申的情况发生了显著的变化。在氏族制阶段，诸申是女真和早期满族的主要成员，与所谓的“贝勒”是平等关系，故言谈行文中，皆用诸申二字。进入奴隶社会后，诸申下降为遭受奴隶主阶级、奴隶主专政的国家剥削与奴役的一般穷苦平民，已经与百姓有些近似，故在一些场合用诸申，有些场合则诸申、伊尔根并提。现在进入辽沈以后，陆续向封建社会过渡，女真的诸申地位更加下降，情况更为恶化，与汉族的百姓没有多大的区别，因此，努尔哈赤不分女真、蒙古、汉人，都用一个名词伊尔根来称呼。从这用词的变化上，也反映出女真的诸申已下降为类似汉族百姓的封建依附农民了。

简略地分析了努尔哈赤讲述诸申的话的真实含义后，现在以这道“汗谕”为主要线索，联系《满文老档》的记载，进一步看看沦为封建依附农民的诸申遭受剥削与奴役的具体情况。

首先看看诸申“尽力维生”所遭受剥削的情形。这主要表现在“计丁授田”和纳赋服役上。

天命六年七月十四日，努尔哈赤下谕，令将无主田地分给八旗兵丁。他说：“海州地方田十万日，辽沈地方田二十万日，给与我等驻居该处之兵士……一丁种谷五晌，植棉一晌”。

在女真——满族社会历史上，这是以前没有的。这项重要措施，影响很大。

原始社会阶段，土地公有，女真诸申可以“任意行止”，“田猎资生”，不管什么地方，都可自由开垦，自由放牧，自由采猎，不需向“贝勒”申请，不用向“马法”要求，更不必向“王子”

领地。进入奴隶社会后，虽然已被“束行止”，“纳所猎”，每牛录必须出十丁四牛屯耕闲地，作为向奴隶占有制国家缴纳的赋税，但并未直接涉及土地问题，仍可尽力垦殖。随着牛录的迁移，而在新的地方任意耕垦，诸申没有向汗、贝勒要求田地，也没有看见汗、贝勒占有土地授予诸申的行为。土地并未明白宣布归汗所有，不准诸申自由耕种，土地公有的古老传统还在起作用。当然，已经发生一些变化，汗可命令诸申东迁西移，离开故居，弃下熟地，另至新境耕垦。即是说，汗、贝勒已将眼睛盯住土地，逐步想攫取全部田地。

现在，实行计丁授田，命令诸申丢弃故乡熟田，迁入辽沈地区，计丁授予无主之地，而且规定每丁授地六晌，不准多耕。对汉民也是计丁授田六晌。

这就表明，无主田地已成为有主田地，一切无主的土地皆归汗有，皆由汗支配，任何人不得侵占，不管是汉民，或是女真，或是蒙古，都不得占耕，都得向汗领取，而且不能多领，每丁只有六晌。八旗披甲诸申离开老家，留下长期垦种的熟田，进入辽沈，也只能每丁领取汗所授予的无主田六晌，不能多垦，不能多占。这就彻底地破坏了行之多年的土地公有的古老传统，建立了新的土地所有制，建立了属于汗和贝勒所有的土地所有制，成为后金的国有土地，属于封建土地国有制范围。

原来耕种氏族公有土地的诸申，变成了领种汗和八贝勒所有的无主田地的伊尔根。既领汗、贝勒田地耕种，就得为汗、贝勒纳粮当差了，就下降为汗、贝勒的封建依附农民了。所谓“每丁给田五日，一家衣食，凡百差徭，皆从此出”[1]就是讲的这种情形。

诸申是怎样缴纳封建官赋的？对于这个重要问题，三种《太

1　高士俊：《谨陈末议疏》，《天聪朝臣工奏议》卷上。

祖实录》没有任何记载。《满文老档·太祖》卷四五载，天命八年二月十六日，督堂下令说："于一牛录之三百丁，取谷二百石"，一百石送沈阳，另一百石送辽阳或海州。女真官将管辖的汉人，每三丁取谷二石，一石送沈阳，另一石送辽阳或海州。

这里讲的女真三百丁取谷二百石，是否是诸申缴纳的正项赋谷？是否三丁交粮谷二石？我认为，不是。计丁授田的办法，是天命六年七月十四日努尔哈赤下谕宣布的，十月初一日再谕实行。从七月起，到天命八年二月十六日，甚至到以后，《满文老档》里未见任何向诸申每三百丁征收赋谷二百石的记载。这次督堂下令每三百丁取谷二百石，时间是天命八年二月十六日，如果说是向诸申征收的正额官赋，为什么在实行计丁授田已达一年半之久才征收？为什么不在秋收前先下令预告征收数量？为什么不在秋收完毕时下令征收？偏要在二月这个青黄不接的季节征收？这时离收获已四五个月，恐怕好些诸申、汉人早就把耕种所得的粮食吃光了。汉民本有正额官赋，并不是三丁收二石。前面已经弄清这三丁征谷二石，是后金国征收的额外苛派，汉民如此，女真是否例外？为什么不明确讲向诸申征赋每三百丁收二百石？假若把这三百丁征谷二百石说成是征收诸申的正额官赋，万万不能回答以上问题。

查看《满文老档》，发现另外材料，才弄清了这个疑问。同书卷四四载，天命八年二月初二日，努尔哈赤下谕："为右屯卫之谷物，每三丁先曾取谷一石。又使运南边迁移地方之谷，每三丁取一石。若不运，而愿以汝家之谷给与，亦可了结"。

这里所说的右屯卫之谷，是指明朝于广宁附近的右屯卫积存了五十多万石谷，后金军占领广宁后，派遣大批人丁抢运此谷，送往辽阳、沈阳。

努尔哈赤的这段话是说，为搬运右屯卫和南部迁移地方的粮谷，命令诸申，每三丁运二石，如不运送，则以诸申自己家中粮谷二石上缴顶替。右屯卫和南方迁徙地区，都远离辽阳、沈阳，山遥路险，道途不宁（反金人民抢夺官粮），诸申差徭又多，负担沉重，不易离开，很难备办牛车前往装运。可是，又非运不可，不运，就得将自己家中之粮代缴。这实际上是后金统治者借运谷名义对诸申的额外苛派。

二月初二日，努尔哈赤下谕提到此事，二月十六日，督堂又向后金全部辖民（包括女真、汉人）下令，正式规定每三百丁取谷二百石，对女真诸申与汉民征收超过正额官赋的额外谷物数十万石。这就可以明了，所谓三百丁取谷二百石，并不是规定诸申上缴的正额官赋，而是临时的额外苛派。

那么，诸申有无正规的额定官赋？怎样征收？虽然三种《太祖实录》没有记载，但从《满文老档》看，我认为，诸申肯定要缴纳封建赋谷，肯定有正额官赋。

《满文老档·太祖》卷六九载有几十件努尔哈赤免除臣民纳赋交粮的敕书，现引两条为例。

努尔哈赤给萨布图的敕书说：萨布图原为挂勒察路大臣，前来投靠，有功，“自彼随来之人，子孙皆令勿与于赋”。这段材料说明，一切女真人，都应缴纳正赋，但如因有功，经汗下谕，可以特赦免除。

萨布图原系大臣，来投后，又任官职，随行的人可以免纳正赋，一般诸申来投，是否也可豁免？根据《满文老档》的记载，来投的诸申也是可以豁免正赋的。

努尔哈赤说：“诺木图牛录之湖岱、巴柱、格布库，因自锡伯携子女等逃来之功，子孙世代勿与于赋”，将此等功书于诺木图的敕书上。湖岱、巴柱、格布库三人是诺图牛录的诸申，没有资格领受敕书，因此，将免赋的事书于牛录额真诺木图的敕书上。这段材料说明，虽不是大臣，只是一般诸申，也可因功免除正赋，而且子孙可以世代免赋。

不需多引了，仅此，亦足以说明一切诸申都有正赋，都应上交官赋。

诸申是怎样缴纳正赋？我认为是计丁纳赋，每丁皆有规定缴纳赋税的正额数量。在《满文老档》中记载这方面的材料是很多的。努尔哈赤在赐各官及有功人员的敕书中，规定了各官、各职、各种人应食的钱粮数目。他规定：屡立大功的总兵官、一等大臣额亦都祖孙三代，“食百人之钱粮”。“阿达海，一等备御之钱粮，十人。一千总，四人。三把总，各三人。三守堡，各二人。驻于汗城之甲士、哨探、守门、工匠，各二人。”“守台者，四人。”游击、参将、二等备御、三等备御、巴克什等，皆各食若干人钱粮[1]。所谓食若干人钱粮，即系免若干人的官粮，免去本人占有的人丁（子孙及阿哈）应纳的官粮。

现再举一个具体例子为证。《满文老档·太祖》卷二八载：“原曾免什罕弟兄之二十丁之赋，后彼等送来，汗曰：‘给与备御之职。’”从“免去二十丁之赋”的记载，可充分说明女真是计丁交赋的。

这里需要着重指出的是，钱粮、官赋，不以亩计，不以石计，不以银计，不是规定免多少亩的赋谷，免多少石的赋谷，而是以丁为计算单位，免多少丁的官赋。这就可以说明一丁应缴的官粮，有一定的额数。每丁皆授地六晌，每丁也就必须上交额定官赋，这是必然的结果。

一丁应交多少正额官赋？肯定数量不小。备御一职是相当高的，既是女真牛录三百丁的额真，又辖属汉丁五百，不少备御担任理事大臣等高级职务，努尔哈赤之子塔拜等也当过备御。努尔哈赤在很多场合将备御称为“大臣”。这样一个有实权、地位高的官将，才食六至十人钱粮（一等备御十人，二等备御八人，三等

1 《满文老档·太祖》卷六二。

备御六人），六丁、八丁、十丁缴纳的官粮及其耕种计丁授田的田地的收获，就是备御的官俸，就可供备御一家的吃穿，可见，诸申每丁上交的官粮不会太少。

再以甲士、哨探来看，“驻于汗城之甲士”，是完全脱离生产、完全从事官役的，哨探也是这样。这种甲士、哨探本人的衣食及其家属的生活，怎样解决？这就靠他们计丁领田和免除二丁的官粮，即是说两个丁上交的官粮和耕种每丁六晌田的收获，可供甲士、哨探及其全家老小的生活费用，至少是可供大部分用费，如果每丁上缴的官粮的额数太少，是不可能的。

联系到前面讲过，督堂总括全国情况计算后说，每丁交赋谷、赋银、马料合共三两，看来，这也可能是女真诸申每丁上交的正额官粮数目。

催征封建官赋，只是后金统治者分授田地与诸申的一个目的，同样重要甚至是更为重要的另一企图是逼令诸申为国效劳，为汗、贝勒效劳，主要是佥丁披甲，派遣差役。

披甲当兵是诸申非常艰苦的重役。随着后金辖地的扩大，战争的频繁，人民反金斗争的发展，后金国汗、贝勒更需要加强暴力，增加军队，因此强迫更多的诸申当兵从征，屯驻要地。

天命三年四月，攻明抚顺城时，一牛录有五十甲，即六丁抽一。后陆续增多，到天命六年十月，已经是每牛录佥诸申一百披甲，三丁之中，必征一丁为兵。

同年十一月十四日，努尔哈赤下谕，每牛录增披甲五十，分驻辽阳、海州，共一牛录有一百五十甲，诸申二丁必然出一丁当兵。

天命七年正月攻明广宁时，每牛录一百甲从征，五十甲留守[1]。

二丁抽一，使诸申承担的差役过重，长期如此，困难很多，

1 《满文老档·太祖》卷三三。

所以天命十年正月，已改为每牛录出一百甲，三丁抽一，此后，大体上皆循此例。

三丁抽一，二丁抽一，这是很大的比例，是很重的剥削。

许多披甲从征的诸申虽拼死挣扎，得回故乡，已成废人，既无月粮军饷，又无抚恤银米，免缴罚银几两的区区“汗恩”何济于事，家境愈益贫穷困苦，艰窘难熬。

三丁抽一，二丁抽一，兵丁的军装、兵器、战马皆须自备。军马一匹，价银数十两，最贵时，三百两银一匹。刀、箭、弓、枪，需银很多，用费浩繁，实难筹措。但是上有汗的严令峻法，下有章京、领催登门逼迫督促，只有典卖衣物，告借银米，竭力置办。

一般兵丁只有口粮，并无军饷，仅能免除一至二丁的官粮，没有其他优待，全靠耕种计丁领地的收获。长期当兵，征战驻防，耕种困难，入不敷出，妻子儿女缺吃少穿，度日艰难。

而且，不是三丁抽一，二丁抽一就可完事大吉，剩下的诸申（一般叫余丁）还要承担名目繁多的差役。

每牛录需出六人以上在汗、贝勒府宅服役。每牛录规定养官马十六匹以上，又需若干余丁饲养牧放。每牛录还要出守台人、铁匠、银匠、弓匠等若干名[1]。

筑造城池，是苦累诸申的重大负担。既修汗都，又建州县各城，大工屡兴，服役期急，严督修造，真是苦差，满汉兵民皆困。努尔哈赤也不得不承认：“我等旧女真，又有修筑各城官役之苦[2]。”

其他临时差派，也很繁重。现以《满文老档·太祖》卷三五至三七记载的天命七年二月为例，来具体看看。

天命七年正月十八日，命一牛录五十甲留驻辽阳，一百甲出

---

1 《满文老档·太祖》卷二一。

2 《满文老档·太祖》卷二七。

征广宁。

二月初一日，命一牛录出一人，自广宁往辽阳，迎接后金国汗的诸福金来广宁，与汗会晤。

初三日，命一牛录出一人，护送乌尔古岱额驸之子恩塞德里尸体，自杏山回辽阳。

初六日，命辽阳牛录的人，耕种披甲兵丁的田地。

二十七日，命一牛录出十五人，饲养朝鲜马。

可见，临时差派何等之多！可以说，二丁抽一、三丁抽一披甲当兵，长期性的养马、打铁，侍奉汗、贝勒的官役，筑城，临时差派，这一切，几乎把所有诸申都网罗在内，征调佥派，兵役之繁，真是惊人！在这样沉重负担之下，诸申怎有力量从事耕种，生活问题自然很难解决。

本来，进入辽沈以前，大多数诸申已经是穷苦不堪，衣食艰难。进入辽沈后，汗、贝勒、八旗各级额真发了大财，后金国更强大了，更富庶了，可是一般诸申却更难度日了。

再看看努尔哈赤所说“不萌贼盗奸诈凶暴之念”，不违法禁的情况。

诸申既然遭受这样沉重的剥削和奴役，这样的贫穷困苦，就必然产生反抗情绪，必然要向统治者进行斗争。汗、贝勒也就必然要千方百计加强控制，镇压反抗，施行酷刑峻法，严格管辖。现在，法更严，禁更多，刑更重了。

为防止诸申反抗，不许诸申自由行走，擅离牛录。弓匠硕塞、穆巴里牛录诸申呼什、穆哈连的诸申乌齐凯，未经许可，自萨尔浒前来辽阳，以其“无故乱行”，立即拘捕，重刺三人耳鼻[1]。

努尔哈赤特谕，规定牛录章京分头督催辖束诸申，一章京率诸申牧放马匹，一章京督催制造兵器，一章京督责诸申耕田种地，

1 《满文老档·太祖》卷二〇。

严格管辖[1]。

由于诸申违法的行为太多，努尔哈赤下谕，令牛录额真等官将其所属诸申严加管束，不许随意行动，外出乱走，每天早晚点名查看，控制非常严密[2]。

既严格控制，又制定各项法令，从重惩处诸申。天命六年九月初五日，以三个诸申取汉民的猪宰杀食肉，就斩杀一人，鞭挞二人。但是有个参将逼取汉民四十头猪，却仅仅罚银二十五两[3]。可见对诸申惩治之重，对官将处罚之轻。

天命七年二月十三日，以叶赫诺浑牛录的十三个诸申"盗"马五十匹，下令各鞭一百，刺耳鼻[4]。

一个诸申"盗"鞍，竟被乱刺耳、鼻、脸、腰各处，如此重刑惩处之后，再斩首示众[5]。

以上事例清楚地说明了，此时的请申地位很低贱，不如一鞍一马，甚至还不如一头猪。

再看努尔哈赤规定诸申以贝勒、大臣为父，"敬思弗忘"的情况。

为什么过去讲贝勒、诸申互爱，善视诸申，现在诸申要尊贝勒、大臣为父？原因固然是多方面的，但根本的因素是"计丁授田"。既然汗、贝勒霸占了全部无主土地，再转授予诸申，就必然加强诸申对汗、贝勒的人身依附关系，加强对汗、贝勒的隶属程度，因而诸申被抑为子，勒令尊奉贝勒、大臣为父，必须"敬思弗忘"。这就必然导致诸申的身份更为卑贱，地位更加低下。除去上面引过诸例外，再举以下三事。

1 《满文老档·太祖》卷四八。
2 《满文老档·太祖》卷五八。
3 《满文老档·太祖》卷二六、四六。
4 《满文老档·太祖》卷三六。
5 《满文老档·太祖》卷三五。

沙津参将不仅夺人财物，而且逼人之妻，竟将所辖牛录诸申之妻，抢回己家，强奸霸占。虽被告发，仅罚银二十两即了结此案[1]。

努尔哈赤族人色冷充任备御，在费阿拉时，硬将本牛录之诸申妻子诬为狐精，凶狠鞭挞，活活打死。这样的杀人惨案竟无人敢于上告。直到进入辽沈以后，色冷又打瞎牛录章京赖山妻子的双眼，赖山上告，因此，打死诸申妻子的事才被揭发，但处分却很轻，仅革其备御职，打杀诸申妻，仅"取偿"，取其一妇女，罚银十五两[2]。

还有更加荒唐的判断。努尔哈赤之子塔拜强奸诸申布哈里之妻，布哈里忍无可忍，冒死上告，执法诸大臣竟然打了布哈里一百板，贬为阿哈，给与大贝勒代善为奴[3]。诸申的女人被贵族奸污，所谓公正判断、不偏袒亲贵的执法诸臣，不仅不惩罚强奸犯塔拜，反而重惩被害者，将受害人处以重罪，贬为阿哈。这些事实，表明了诸申地位的严重下降，诸申身份更加卑贱。

由上所述，从诸申自由耕垦公有土地，变为计丁领种汗、贝勒的"无主之田"；从每牛录出十丁四牛屯垦闲地，到按丁缴纳官粮，二丁抽一，三丁抽一，计丁服役；从贝勒与诸申"互爱"、"善视诸申"，到诸申被贬为子，尊贝勒、大臣为父，法纲严密，动辄得咎，横加侮辱，惨遭蹂躏。这一切，变化很大，差异显著。一句话，诸申已下降为严格隶属于汗、贝勒的封建依附农民，生活更苦，束缚更紧，奴役更重，与汉族贫苦农民的处境基本相同，成为后金国统治与奴役的伊尔根，成为被压迫的百姓了。

1 《满文老档·太祖》卷三二。
2 《满文老档·太祖》卷四六。
3 《满文老档·太祖》卷三〇。

七　奴隶性质的包衣阿哈转化为封建农奴

在这个阶段，过去旧有的拖克索中的包衣阿哈，已不是奴隶，已向封建农奴转化，他们的人数很多，主要从事农业劳动，在生产中起了重大作用。

根据《满文老档》的记载，包衣阿哈的数量，比进入辽沈以前又增加了很多。主要是战争中掠夺民人，逼令为奴。努尔哈赤一贯规定：抗拒者，杀；俘取者，为奴。在攻取辽阳、沈阳时，掠夺了大量汉民，作为俘获，逼令充当阿哈。后来，镇压镇江、复州等地汉民反抗时，又掠夺了大批俘获，部分归汗、贝勒占有，部分赐予八旗官将。此外，查寻逃人时，又将查获的逃人及收留者处以重罪，没为阿哈。对一些违犯法令的汉民和女真诸申，也常贬处为奴。

关于包衣阿哈的情况，努尔哈赤于天命八年正月二十七日下的“汗谕”，作了根本性的规定。

努尔哈赤说：“阿哈以主为父，若敬思弗忘，不萌贼盗奸诈凶暴之念，小心翼翼，而尽力于阿哈之事，则刑罚从何而至！”“阿哈若不小心翼翼，尽力从事主所委托之事，违之，而为盗贼奸诈凶暴之行，则将为主所责，受刑罚矣！”“若不尽力，违背怠慢，则主将发怒，而打伤矣！”[1]

这几段话的中心意思是，贬降阿哈为子，迫令尊主为父。主为父，就是阿哈的统治者。阿哈为子，就是沦为被剥削者，就是被尊奉为父的主子的鱼肉对象，就是主子役使的牛马。

逼令阿哈以主为父的具体内容，大致包括四个方面：

阿哈对于尊之为父的家主，必须“敬思弗忘”，俯首帖耳，奴

1 《满文老档·太祖》卷四〇。

颜屈膝，唯命是听，不得违抗，不得冒犯威严。

阿哈必须用尽全身力气，全家老小，“尽力于阿哈之事”，“尽力从事主所委托之事”，当牛作马，为奴作婢，耕田种地，伐木运水，采参摘松，捕鱼捉蟹，猎貂擒虎，牧马放牛，不得松懈怠慢，不得拖延迟缓。

阿哈必须安于牛马不如的悲惨生活，不得有任何埋怨情绪，不得产生犯上作乱的念头，不准反抗家主，不许逃亡或起义。

阿哈若不尽力，怠慢不恭，则家主有权处治阿哈，皮鞭大棒是主子统治阿哈的常用武器，鞭挞杖笞是后金国允许家主惩责阿哈的合法手段。

这就是努尔哈赤讲话的基本精神。现在，以这个讲话为主要线索，列举历史事例，叙述清楚阿哈受剥削、受奴役的具体情形。

先看看阿哈必须“尽力于阿哈之事”。包衣阿哈并不是仅只从事家务劳动，而是被迫做家主派遣的各种苦活，主要是束缚于主子的拖克索内，耕田种地，仍然是后金国农业生产的重要劳动力。

拖克索 tokšo 一词，散见于《满文老档》各卷。如该书卷二二载，天命六年五月十八日，yafani booi niyalma 送来瓜及樱桃。yafan 的汉文意思是“种蔬菜水果的园子”。yafani booi niyalma，直译为种蔬菜水果园子的包衣人，即瓜园、果园、菜园的包衣阿哈给努尔哈赤送来瓜及樱桃。可见，这园子里的包衣阿哈是从事农业生产的，是在主子拖克索内干活的，而且这些园子还是属于汗、贝勒的拖克索，因此，才送瓜来。

不仅进入辽沈以后新建大批拖克索，原来建州、海西女真住地，也保留了不少拖克索。天命七年正月，努尔哈赤的包衣纳杨携带奉集堡属下昆拖木屯的汉民八十八口、四十四丁，前往费阿拉[1]。这是为汗、贝勒的拖克索送去作阿哈的。

1 《满文老档·太祖》卷三二。

阿敦（努尔哈赤族人、亲信大臣）在纳丹拉发的拖克索，送来貂皮六十八张、水獭皮二张、灰鼠皮四百四十张、貉皮八张、蜂蜜一瓶。拉发的扎什屯的拖克索，送来貂皮六十一张、水獭皮三张、灰鼠皮二百张、东珠四颗。

可见，汗、贝勒及八旗各级额真确实拥有大批拖克索，各地皆有。

查明拖克索的有无，是必要的，但仅停于此，还不能解决阿哈是否主要从事于农业生产的问题，还要进一步了解拖克索劳动力的情况，了解贵族、将官对俘获的包衣阿哈作何安排。现举四条有代表性的概括性材料，予以说明。

天命六年十二月十一日，努尔哈赤召集“八贝勒家之人”下谕：“将原先给与各自庄园 yakani tokšo 之汉人，皆送于稽丁处，再恰如其分而取之”[1]。

这里明确讲了，过去曾将汉人给与贝勒的庄园。这些汉人就是被掠为俘获的包衣阿哈，因一般作为民户的汉人，是不会给与八贝勒的庄园的。这可以从另一“汗谕”得到证实。

天命七年正月初五日，即距上谕不到一个月的时间，努尔哈赤又下谕：“将抚顺得获之汉人，给与各自贝勒，其领催管辖之人，由各自主人察看任置”[2]。这段材料清楚地说明了上一件汗谕所说八贝勒庄园中的汉人，就是被掠为俘获的包衣阿哈，既是俘获，既是包衣阿哈，又安置在拖克索中，安置在瓜园中，很显然就是从事农业劳动了，就是耕田种菜了。努尔哈赤的另一“汗谕”，对此讲得很明白。

天命七年二月，努尔哈赤从广宁致谕留驻辽阳的诸贝勒说：“将尔等得获之二百马、四百牛，给与自乌噜特来之（蒙古）诸贝勒。所得汉人，亦给与自乌噜特来之诸贝勒，为种圃置拖克索之

1 《满文老档·太祖》卷三〇。
2 《满文老档·太祖》卷三二。

人"[1]。这不是讲的个别行为，而是富有代表性的概括性材料，很能说明问题。这道汗谕说得非常明白，将俘获的汉人给与来投的蒙古乌噜特部各贝勒，并不是作家内劳动用，而是用于种菜，用于耕田，作为"种圃置拖克索之人"。这不是有力地说明了被俘为奴沦为阿哈的汉人，是在贵族的拖克索中干活，是主要从事农业劳动吗？

天命八年七月十五日，以"八贝勒之拖克索之庄头"不持棍棒阻止乱跑的牛，各鞭四十[2]。按金制，各拖克索皆有庄头和壮丁，主要是被俘为阿哈的汉民，也有少数因罪被贬为奴的女真诸申。从这个材料，可以明显看到，当时八贝勒的拖克索不少，庄丁不少，阿哈主要从事农业劳动。

天命十年十月初三日，努尔哈赤下谕大杀反金人员时说："自八贝勒之包衣拖克索之汉人起，至入于女真之家之汉人，皆捕而依例区别"[3]。

此事表明了三个问题：一是讲清八贝勒占有的拖克索，不是其他类别的拖克索，而是包衣拖克索。二是八贝勒的包衣拖克索中有汉人，并且数量不少，这些汉人是八贝勒的包衣拖克索中的阿哈。三是不仅八贝勒拖克索中有汉人阿哈，一般女真官将家中也有汉人阿哈。

综上所述，完全可以肯定，当时（1621~1627年）后金辖区中，拖克索遍布各地，包衣阿哈主要在汗、贝勒和八旗各级额真的拖克索中耕田种地，是农业生产的重要劳动力。

包衣阿哈还被迫承担各种苦役。好些阿哈在汗宫、贝勒府宅和额真大院中当牛作马，侍奉家主，起早摸黑，攀山越岭，伐木

1 《满文老档·太祖》卷三七。
2 《满文老档·太祖》卷五八。
3 《满文老档·太祖》卷六六。

砍柴，肩挑背负运回府院，还要深井汲水，洗衣洗菜，淘米煮饭，点烟倒茶，略有怠慢，即遭毒打。

一些阿哈为家主牧马放羊、养猪饲牛。有些阿哈专为主子放牧，成年累月，跟着马羊四处游牧，日逐水草，夜宿荒滩，日晒雨淋，艰苦之极。

更为劳累而且十分危险的是“打牲”苦役。汗、贝勒、大臣都派遣包衣阿哈前往乌拉打牲。阿哈们跋山涉水，千里迢迢，进入崇山峻岭，大树蔽日，草高过头，十天半月，不见人烟，悬崖陡壁，烂泥深坑，行走艰难，更兼虎吼狼叫，熊闹狮咆，声震大地，闻之丧胆，万分危险。阿哈们忍饥挨冻，四处奔走，找寻人参，采摘松子，下网设套，捕鸟捉貂，猎虎斗豹，艰苦之极，危险之极。费尽千辛万苦，流血流汗，甚至葬身于猛虎腹中，好不容易才捕捉到虎、豹、貂、鹰，采挖到人参、松子，捞取到东珠，全为家主霸占享用。

主子出征，阿哈跟随从行，牧马做饭，背运兵械，甚至陪主上阵，厮杀肉搏，枪刺刀砍，身负重伤，血洒战场。

努尔哈赤还特下汗谕，强迫阿哈将其子阉身，充当侍奉贝勒的太监。

阿哈遭受家主野蛮蹂躏。阿哈与马牛相似，在用语行文中，经常是人畜并提，阿哈牛马并提。家主可以任意打骂斥责阿哈。努尔哈赤反复强调阿哈必须敬养家主，家主有权施加刑罚，辱骂阿哈，打伤阿哈。

日夜劳累，缺衣少食，皮鞭棍棒，实难忍受，阿哈起而反抗，逃亡他乡，家主发现后，四处追捕，官兵紧跟查寻，捉回后残酷毒打。后金国统治者还下令将逃亡阿哈的耳鼻削去，野蛮惩治。

了解阿哈受剥削、受奴役的基本情况后，进一步探讨和判断阿哈的身份和性质。仍然从生产关系的三方面来分析。

第一，从生产资料所有制来看。拖克索的田地等生产资料，皆属家主所有，这一点十分清楚，不需多说。

第二，从家主与阿哈的关系看，即从人身占有看。阿哈是奴仆，是家主的奴仆，遭受主子野蛮奴役，但由于包衣阿哈长期斗争，由于满汉人民坚决反抗，统治阶级也不能完全按照过去的方式统治阿哈了，家主已不能任意杀害阿哈了。这是阿哈斗争的重大胜利，是满汉人民反对奴隶制野蛮剥削方式的斗争的重大胜利，也是确定阿哈性质的重要因素。对此重大问题，需要论述清楚。

我们可以从四个方面来看。首先、将天命八年正月二十七日的“汗谕”和过去传统习惯说法加以比较。在过去阿哈是奴隶的阶段，家主可以任意打杀阿哈，可以公开用“打杀”来威胁奴隶。前面曾经讲过，奴隶主遏儿哥就以“打杀”来威胁奴隶金宝钒。努尔哈赤之伯祖索长阿告诉栋鄂部长克彻，愿将自己两个阿哈杀死，以领赏金。

现在，努尔哈赤在“汗谕”中，专门讲阿哈的问题时，只强调家主可以斥责阿哈，可以打伤阿哈，但却只字不提可以杀死阿哈。它表明家主已不能任意处死阿哈，故“汗谕”才不提家主有权杀害阿哈。

其次、家主杀害阿哈，已是违犯国法的犯罪行为。过去，阿哈是奴隶，是家主完全占有的会说话的工具，打死阿哈，如同打死鸡、鸭一样，是不受非议的行为，是司空见惯的普遍现象。现在，不行了，家主虽可压迫阿哈，侮辱阿哈，打伤阿哈，却不能任意杀害。如果打死阿哈，则系违法，要受惩处。

天命八年二月二十七日，以色冷备御打死自己家中一包衣阿哈和本牛录一诸申之妻，打瞎牛录章京赖山之妻双眼，革色冷备御职。打死二妇，取二人以偿，罚银十五两[1]。

这样的判决，很不合理。人命关天，打死两个妇女，仅没取

1 《满文老档·太祖》卷四六。

二人，罚银十五两结案，处罚是很轻的。这样的判案，充分表明剥削阶级的法令就是维护统治阶级的利益，就是偏袒剥削者，苛待劳动人民。

但是，从这个案例看来，与过去也是有些区别的。现在，已不能任意打死阿哈了，杀害阿哈是违法的行为，是应受惩处的罪行，尽管处罚很轻，但总是惩治了，总不是合法的，这是阿哈长期斗争的重大胜利。

再次，家主可以打骂阿哈，但也有所约束，太野蛮了也是要受处罚的。《满文老档·太祖》卷四二载，什拉之弟阿纳家中，一个女阿哈逃走，被抓回后，阿纳之妻残酷迫害，用烧红的铁器烙女阿哈的阴门。后金国审案的诸大臣认为，阿纳之妻的这种行为是 kooli akū，曾拟处死罪，后免死，改为刺其耳鼻。kooli 意为定例，法例，例。akū 意为无，没有。kooli akū 直译为无法、无例、没有法例，意译为破例。即认为这种暴行是违犯了“国法”，违犯了家主对待阿哈的法例，须对阿纳之妻施加惩治。

从这种断案，可以看出，后金国法已将家主虐待阿哈的权力限制在一定范围内，可以骂，打伤，但不能打死，也不能太野蛮，不能超越维护整个统治阶级根本利益的国法容许的范围。当然，这种判决，也并不是后金统治者发善心、持公正，而是从整个统治阶级的根本利益出发。这样的暴行很多，能够上告的，能裁处的，则少得可怜。而且就是这个案子，最后也是从轻发落，仅刺阿纳之妻耳鼻了事。但是，与前相比，过去把阿哈当做工具，主人有绝对支配权，可以随意处置，任意打杀，不受任何限制，两相比较，总有所制约，总算前进了一步。

最后，现在阿哈可以告发家主违犯国法的行为，审实后，阿哈离主。下举三个例证。

例一，天命八年五月初三日，苏儿玛家的女包衣阿哈，告发其主在姨夫纳米达被处死刑时，带刀乘马外出（即有谋叛抗上意图)。众督堂审查核实后，报汗裁处，将首告的女阿哈与其家主分离，给与贵族阿拜[1]。

例二，天命八年六月，叶赫备御石宁杀死逃亡汉民，私自隐其衣服，包衣阿哈告发后，法司审实，革石宁备御官职，使首告的阿哈与其主分离[2]。

例三，天命八年二月，沙津参将的包衣阿哈，告发其主逼取汉民的猪、鸡等物，督堂审实后，对沙津罚银处罪，并以妙什洪将首告的阿哈放回原主家中，治妙什洪罪，罚银[3]。

以上所述家主不能任意打死阿哈，家主虐待阿哈须受一定限制，不能超越国法范围，阿哈可以首告家主，与主分离，这些情况集中说明了一个问题，这就是家主已不能像对待奴隶那样完全占有阿哈人身了。

第三，从产品分配关系看。关于拖克索中包衣阿哈怎样缴纳租谷的情形，目前尚未发现具体的材料。从天命十年十月的编丁立庄来看，可以考虑两个问题。一是这种拖克索采用的封建劳役地租的剥削形式，不会从空突然而降，如果原来的拖克索全是采用进入辽沈前的奴隶制剥削形式，如果大部分拖克索或一部分拖克索没有向封建制转化，没有采用封建租役剥削方式，新编的数量众多的拖克索就会沿袭奴隶制旧法，就很难采用逼令阿哈耕地二十晌作为“正赋”的封建力役地租制度。

二是天命十年十月，新编了大批封建农奴制拖克索，这种新的生产关系，必然会对原有的奴隶制拖克索产生剧烈影响，加速促使其向封建农奴制庄园转化。

从原东北档案馆保存的清朝顺治初年盛京内务府档案来看，辽沈地区的拖克索已基本上采用了封建农奴制的剥削方式，拖克

1 《满文老档·太祖》卷五一。
2 《满文老档·太祖》卷五六。
3 《满文老档·太祖》卷四六。

索的劳动力——庄丁，是耕田种地缴纳地租的封建农奴[1]。这就是说，到顺治元年清军入关以前，奴隶制拖克索的剥削方式已经衰落，已向封建农奴制庄园转化了。

综上所述，原有的奴隶制拖克索已经发生了显著变化，包衣阿哈从衣食于主人、家主可以任意打死的奴隶，正在迅速向纳租服役、家主不能完全占有人身、不能随意杀害的封建农奴过渡，奴隶制拖克索正在向封建农奴制庄园转化。这是生产关系的大变化，是满族社会发展的一个重要标志，是广大阿哈长期坚持斗争的重大胜利，是满汉人民反对后金统治者斗争的重大胜利。

八　汗、贝勒、大臣、奴隶主向封建主、农奴主转化

（一）汗、贝勒、大臣攫取财富的手段

后金统治阶级进入辽沈以后，利用权势，想方设法，疯狂攫取人丁牲畜，极力扩大财富，主要是掠夺、领赏、苛索属民和剥削阿哈。

天命六年三月到天命七年正月，后金军攻下辽阳、沈阳、海州、复州、盖州、镇江、金州、广宁等辽河东西大部分城乡地区，掠夺了大量反金的汉民，逼为俘获，勒充阿哈，耕田种地、打牲服役。有的明臣说，辽民尽被掳为奴仆，此说虽欠确切，有些言过其词，辽沈地区仍有部分黎民，并未全部沦为阿哈，但是这种说法也反映出掠俘为奴的情况是很普遍的，是很严重的。以后，在镇压复州等地反金斗争力量时，又将抗拒之人大量掳为俘获。

掳来的男女老少及银帛财畜，在统治集团内部进行分配，部

1　辽宁省档案馆藏：《盛京内务府顺治年间档》。

分归汗、贝勒所有，部分由各官将直接抢夺霸占，另一部分则以赏赐的形式给与八旗各级额真。

天命六年三月二十三日，以打下辽阳、沈阳，努尔哈赤大赏群臣，赐总兵官各银二百两、布二百二十匹、帛三十匹。副将各银一百五十两、布一百五十匹、帛十五匹。参将银八十两、布八十匹、帛八匹。游击、备御各得银数十两、布数十匹[1]。

天命六年五月乌尔古岱和李永芳率兵强迫镇江民投降，杀拒降者，以其妻子为俘获，带回一千。努尔哈赤下令，赐予督堂以下，备御以上各级官员[2]。

同年七月底，遣阿敏、皇太极领兵镇压镇江反金人民，杀拒者，将起义民人编为俘获，带回俘获一万二千，部分赐给有职的官将，自督堂起，下达千总[3]。

同年九月初四日，以海岛掠获汉民带来的俘获一万，赐予督堂以下、守备以上各官[4]。

天命七年正月十四日，以掠取明将毛文龙所得俘获一万，一半赐予督堂以下、备御以上官将，一半留待处理[5]。同年二月初四日，将“驱护”的汉民赐予督堂、总兵官各三十五丁，副将各三十丁[6]。

各大臣和八旗各级额真依凭占有的人丁，“计丁授田”，分领大量土地。

勒索属下人丁，收受贿赂，是八旗各级额真扩大财富的另一重要方式。努尔哈赤多次夸奖所辖臣僚不贪婪，不索金银，不徇

1 《满文老档·太祖》卷二〇。
2 《满文老档·太祖》卷二一。
3 《满文老档·太祖》卷二三、二四。
4 《满文老档·太祖》卷二六。
5 《满文老档·太祖》卷三三。
6 《满文老档·太祖》卷三六。

情枉断，实际上这完全是骗人之词。剥削阶级的贪婪本性，决定了后金国的文官武将也都是爱财如命的贪污能手，敲诈苛派，纳贿索银，与明朝官将毫无区别。督堂乌尔古岱就是一个典型代表。

《满文老档·太祖》卷五四载，天命八年六月初九日，复州备御王炳向大贝勒代善上告说：原先曾将一匹赤马和银五十两送与督堂乌尔古岱。天命七年十二月，为送督堂新年礼，拿银一百两买蟒缎、东珠相送。同月二十一日，又送上等银十两、上等蟒缎一匹。今年四月，送银一百三十两。五月送银三百五十两、金十二两、银瓢二、马二匹，要求督堂委任自己为沈阳甜水站官。

永宁监备御李项国也上告说，送督堂金二十两、狐皮袄一件、狼皮袄子一件、马二匹、骡一头，督堂又取走铁匠马额尔、皮匠张果、李拍。

众理事官审实后，拟处以死罪，籍没家产，但努尔哈赤却反对这个拟议，决定从轻了结。他下谕说："岂能以收受汉人财物之故，将乌尔古岱处死乎！"乃从轻处理，仅降为备御，而且，不久又提升其职。

为什么这样从轻处理呢？原因很简单。一则乌尔古岱不是一般人或一般的官员，而是努尔哈赤亲生爱女之夫，后金国高贵的"额驸"，这样显赫的皇亲国戚，岂能因索银区区小事而处死！再则乌尔古岱为汗效尽犬马之劳，为建立大金国、拥戴英明汗、管辖黎民、镇压反抗立下了功勋，对这样的功臣，岂能重惩！

不仅督堂之类的大官勒索其属下，贪婪不法，中小官将亦同样鱼肉人民。象驻守一个堡的游击，官既不大，职也不高，可是却榨取属民大量财富。比如，驻硕可堡的游击刘尤宽（明朝降臣）竟勒索属民四十驮谷及大量银钱衣物[1]。就连文臣，也同样贪婪好财。拿额尔德尼来说，此人创制满文，随侍汗身边，专记后金国

1 《满文老档·太祖》卷五〇。

汗努尔哈赤的“嘉言”、“善规”，特别善于反复宣扬努尔哈赤教导群臣清廉公正、不贪银财的“汗谕”，受到努尔哈赤十分宠爱和信任，升为副将，被清太宗皇太极夸奖为无人可比的“一代杰出之人”。根据《满文老档·太祖》卷三三的记载，这样一个温文尔雅的巴克什，竟然也利用职权索银受贿，大量收受众汉官送来的猪、鸡、雉、米、面、绸、缎、布、帛。虽因钩心斗角，为旁官告发，抄出赃物，送往汗衙门，而努尔哈赤却责备法司大惊小怪，公开为他开脱说“汗之近侍，怎能如此无财”！不仅下令从轻发落，而且仍然留在身边，继续重用。

八旗各级额真就是这样利用职权，大肆搜刮民财，扩充个人私产。

剥削辖属汉民，奴役包衣阿哈，是满族贵族、官将榨取财富的重要来源。按规定，各官皆辖治数百、数千汉丁，可以“任意差遣”一定数量的汉兵，可以勒令属民交纳贡物。各官将又拥有大量包衣阿哈和拖克索，驱使阿哈耕田种地，征收租谷，遣丁打牲放牧，每年榨取大量银谷财畜。

按照过去规定，各大臣可以自行遣派包衣阿哈前往乌拉猎捕兽禽，仅天命八年二月初五日的一次统计，各大臣捕获数为：貂一千四百九十三只，水獭一百零三只，貉二百八十一只，灰鼠九百三十六只，虎四只，猞猁狲十六只，黄鼠狼二十只，狐四只，雕一百零四只[1]。

有的官将不仅在对明战争中乘机大抢特抢，而且逼迫包衣阿哈私拿私取。牛录额真姜桥，于天命六年二月攻打辽阳城时，指使包衣阿哈拿取大量绸帛衣服，赠送众人。在掠夺明奉集堡时，又责令包衣阿哈盗取被褥[2]。

1 《满文老档·太祖》卷四四。
2 《满文老档·太祖》卷二四。

为了牟利得财，有的官将竟私自和明人买卖货物。游击库瓦泰暗中遣派包衣阿哈“潜与明人商贾”，而且还隐瞒不报，拒不交税[1]。

有的官将不仅榨取民财，而且还偷盗国赋。正黄旗汉官陈旺卫备御，前往复州收获官赋粮谷时，竟乘机盗取了二十二车谷。二十二车谷究竟有多少虽不得详知，但可以肯定，数量不小。可举一例为证，天命七年三月，为了抢运明朝存贮于右屯卫的五十万石谷物，后金国派了一万辆牛车赶运。第一批是三千六百辆牛车，按旗运输，每旗牛车数量不一，装载量也不相等。像达尔汉辖的固山，五百五十七辆车，装谷八百三十石。苏巴海固山，二百六十五辆车，装谷三百八十石。三千六百辆牛车共装谷四千五百五十一石，平均每车装谷一石五斗六升多。这是远途运输，而且是加紧赶运，怕明军半途抢劫，肯定不能装得太多。复州打谷就不一样了，既近，又在本地，每车装的数量总会多些，姑且照最低计算，就按每车装谷一石五斗六升，二十二车应有谷三十四石三斗二升。在当时年荒粮缺的情况下，这是相当大的数量了。若照市价一金斗值银一两计，可值银一百九十两。所以努尔哈赤大怒，下令逮捕陈备御从重处罪，本欲斩杀，因陈奏称父为汤山守堡时，效忠后金国，被明将毛文龙抓走杀死。为有此“大功”，努尔哈赤才下令赦免[2]。

小小一个备御，仅被发现的就盗取二十二车谷，难道就只此一人，只此一事吗？

有的官将见缝插针，逢利必夺。游击托保辉，竟将从蒙古逃来的明国“庶民”二人藏匿于家，逼令他们耕田种地[3]。

---

1 《满文老档·太祖》卷二七。

2 《满文老档·太祖》卷六〇。

3 《满文老档·太祖》卷二二。

蒙古将官阿布图，原系明朝的一个小小守备，天命四年来投后金国，努尔哈赤大喜重赏，赐给人一百、马牛一百，并擢升官职，赐号巴图鲁，委以重任。经过几年征战，阿布图既掠夺人畜财帛，又按职论功领赏，家产本已够多了，这样一个占有大量人丁的官将，竟不放过与己同住的汉民，强迫为己家服役[1]。可见剥削阶级的反动本性，就是贪得无厌，寸利必争。

通过这些方式，八旗各级额真掠夺了大量人畜和财物，占有大批庄田。

（二）“恩封”的贵族和官将

后金国的贵族、官将，有一部分是主要依靠汗、贝勒的扶植而发展起来的，如恩格德尔等蒙古各部的贝勒、台吉。当然，他们也不是完全没有“功”，率领属下来投，壮大了后金国力量，这本身就是一功。来投以后，充任官职，率兵出征，厮杀抢掠，辖治属民，催赋佥役，为后金国的扩展和巩固起了重要作用。但就其初期能担任高级官员的原因来说，主要是汗的恩赐，与其他贵族、官将基本上凭借辖兵治政的“战功”、“军功”而擢升，总还有些区别，因此，我们把这类人称作“恩封”的贵族、官将。

后金国汗、贝勒一贯重视与蒙古各部贝勒的关系，极力拉拢他们，作为对付明朝、壮大后金国的重要依靠力量，因此，对蒙古各部的贝勒、台吉等上层人物十分优待，联姻缔婚，互为“亲家”，封官授爵，分民赐人，赏给庄田、阿哈、牲畜、金银财帛，大力扶植，造成了一批贵族和高级官将。他们统兵隶民，役使阿哈，成为富贵豪华、权势显赫的大农奴主、大封建主。我们可以举几人为例。

1 《满文老档·太祖》卷二四。

明安，原系科尔沁蒙古兀噜特部贝勒，天命七年二月，明安与本部的锁诺木等贝勒率千丁来投，努尔哈赤设宴款待，授明安三等总兵官。后明安一再从征，晋封二等伯，死后，雍正时追封一等侯。其子多尔济娶公主为妻，尊号“额驸”，从征有功，授三等总兵官。

布颜代，兀噜特部蒙古贝勒，天命七年亲率所属部众来投，娶公主，封“额驸”，授二等参将，以后军功晋三等梅勒章京（三等男），任镶红旗固山额真。

古尔布什，喀尔喀部蒙古台吉，与另一台吉莽果尔于天命六年十一月率所属六百户来投，努尔哈赤以女给与古尔布什为妻，赐满洲牛录一、蒙古牛录一，授一等总兵官世职。又以族弟济白里之女嫁与莽果尔为妻，授总兵官世职。

对这些蒙古各部的贝勒、台吉，努尔哈赤大量赐予人丁、牲畜、财帛。像莽果尔这样辖户很少、牲畜不多的小小台吉，来投以后，仅仅经过了半年时间，在汗、贝勒的“恩赐”重赏下，一跃而为辖治万民、拥有上万头牲畜的大财主、大贵族了[1]。

为了进一步说明这些“恩封”贵族、官将的情况，特别是考察其阶级属性，看其是否已转化为封建主、农奴主，可以恩格德尔作个典型，仔细研究。

恩格德尔原是喀尔喀蒙古巴约特部达尔汉巴图鲁贝勒的儿子，是一个仅占有一百来人丁的小小台吉。由于在蒙古各部的贝勒、台吉中，他是最早来朝拜努尔哈赤的，所以努尔哈赤特别优待，以亲弟舒尔哈齐贝勒之女给与为妻，尊称为“额驸”，并厚赐财物。

三种《太祖实录》只极其简略地提到赐予奴仆、庄田、衣物，没有具体数量，难以了解赏赐的真实情况，而《满文老档》却详

1 《满文老档·太祖》卷三九。

细记载了赏赐内容[1]，现举例如下：

努尔哈赤赐给恩格德尔很高的政治地位和很大的特权。天命九年正月初三日，努尔哈赤亲自与恩格德尔盟誓，永以恩格德尔为子，“眷爱育养”，并特赐“制诰”，除篡位大罪外，“其他一切过失”，“俱不加罪”，又给以“子孙世代罔替之职”，荣任总兵官。这就保证了恩格德尔子孙世代占据高位，永为统治集团的重要成员。有了政治上的特权，就为攫取大量财富，奠定了可靠的基础。

努尔哈赤赐给恩格德尔及其弟莽古尔岱大批财物。天命九年正月二十一日，赐恩格德尔金十两、银五百两、大蟒缎一匹、次蟒缎一匹、椟蟒缎二匹、金丝龙缎一匹、补子纯缎一匹、钱蟒缎一匹、倭缎一匹、蟒缎衣服四套、帛五十匹、毛青布五百匹、钉有金佛首帽顶的帽子一顶、黑貂皮镶边的皮袄一件、黑貂皮皮袄子一件、柜子十个、立柜十个、碗碟八百件，以及鞍、辔、弓等物。赐予其弟莽古尔岱物品，与恩格德尔完全相同。对二人的妻、子及随从，又赐予大量财物。这样的厚赏，在当时后金国来说，还是很少有的。

比金银财帛更重要的、更能说明实质问题的是赐予人丁、阿哈、拖克索的详细情况，这是十分难得的珍贵资料。

天命七年正月初八日，努尔哈赤以平虏堡民四百三十四丁赐予恩格德尔。

天命八年二月十二日，努尔哈赤致书招劝恩格德尔来投，定居后金国时允诺说，将给与恩格德尔及其妻、子六千丁，给其弟莽古尔岱二千丁。

天命九年正月初三日，恩格德尔入居后金国后，努尔哈赤赐恩格德尔及其弟莽古尔岱各七丁的女真拖克索二个，汉人十丁

1 《满文老档·太祖》卷三五、四五、六〇、六一。

的拖克索二个，近身役使的女真五对，其下伐木运水男女五对。又赐恩格德尔、莽古尔岱的儿子六人合共女真四丁的拖克索四个，三丁的拖克索二个，汉人十丁的拖克索六个。又分别赐予辖属的汉民。恩格德尔兄弟二人带来所属蒙古二百多户，仍由他俩辖属。

分析这些赐予人丁、拖克索的情况，我们可以得出四个结论：

第一，恩格德尔兄弟二人占有大量人丁。他们两个原来仅是辖属二百多户蒙古的小小台吉，经过领赏，获得了大批人丁。赐予恩格德尔的平虏堡民有四百三十四丁，后又给六千丁，他就占有汉民六千四百三十四丁，加上其弟莽古尔岱的二千丁，共有汉民八千四百三十四丁，比原来辖属蒙古的二百多户，增加了二三十倍。

还有拖克索的人丁。努尔哈赤给与恩格德尔及其子女真拖克索七个，汉民拖克索七个，共十四个拖克索，丁一百零二。莽古尔岱及其子有女真拖克索三个，汉民拖克索三个，四十八丁。兄弟二人共领拖克索二十个，一百五十丁。

再加上赐恩格德尔夫妇近身役使和伐木运水男女四十对。

总加起来，兄弟二人共占有女真、汉民八千六百二十四丁。其中，恩格德尔一人就有六千五百七十六丁，这是相当大的数字。

第二，恩格德尔兄弟成为田连阡陌的大土地所有者。《满文老档》未载明努尔哈赤赐给土地的具体数字，但我们根据“计丁授田”和天命十年十月的编丁立庄规定进行推算，是可以了解大概情况的。

天命十年十月编丁立庄时，每庄十三丁，地一百垧。一垧按六亩计算，为六百亩，平均每丁领有土地四十六亩。照此折算，恩格德尔弟兄二人的二十个拖克索，有一百五十丁，共应领地六千九百亩。其中，恩格德尔一人就有十四个拖克索，一百零二丁，应领地四千六百九十二亩。

恩格德尔还有役使男女四十对，即四十丁，这四十丁也应按丁领地，每丁六垧三十六亩，又应领地一千四百四十亩。

这些地都属家主所有，这样，恩格德尔仅凭赐予的拖克索人丁和役使阿哈，就应领地六千一百三十二亩，加上莽古尔岱的人丁应领的二千二百零八亩，共为八千三百四十亩。

这还只是直接由恩格德尔弟兄所有和经营的田地亩数，还不包括赐给八千汉丁应领的土地。按每丁领地三十六亩计，八千名汉丁当领地二十八万八千亩。这样多的土地虽不归恩格德尔兄弟直接处理，仍由汉丁自己经营耕种，但他们必须向主人恩格德尔纳租服役。这个租役，本来是后金国汗以后金国土地最高所有者的身份，以最高主权的资格，向汉丁征收的，现将这个权赐给恩格德尔兄弟，由他们来征租佥役，也就是说，恩格德尔兄弟对给与他俩的八千名汉丁领有的土地有一定的主权，有一定的所有权。

还有平虏堡的汉民四百三十四丁是赐予恩格德尔的，这个堡的田地人丁不向后金国汗纳粮，而归恩格德尔占有。这个堡的上万亩土地也与主人恩格德尔有一定的关系，即恩格德尔对万亩土地有一定的主权。

一个小小的蒙古台吉一下子变成了占地上万亩、辖地数十万亩的大土地占有者了。

第三，恩格德尔兄弟成为征收大量银谷的大庄园主、大地主。按照天命十年十月编丁立庄的规定，一庄十三丁，耕地百垧，其中二十垧作为正赋，即作为地租。二十垧为一百二十亩，平均每丁耕正赋地九亩，照此折算，恩格德尔弟兄有拖克索二十个，一百五十丁，应耕正赋地九百一十八亩。如果亩产一石，可收谷九百一十八石，亩产八斗，可收谷七百三十四石，仅凭这二十个拖克索，恩格德尔弟兄就可以榨取正赋一千零八十石——一千五百石谷，恩格德尔一人就可收七百三十四石——九百一十八石谷。

努尔哈赤赐平虏堡民给恩格德尔时，明确规定每年收赋银一百两、谷一百石。

努尔哈赤允诺赐八千丁给恩格德尔兄弟时也明确规定，从这八千丁每年征银五百二十两、谷八百八十石，其中恩格德尔六千丁，每年征银三百八十八两、谷六百五十八石。

仅凭这三项，恩格德尔每年就可收银四百八十八两、谷一千四百九十二——一千七百七十六石。还要加上役使阿哈四十丁应领地一千四百四十亩的谷、银收入。这个数字相当惊人了。

第四，恩格德尔兄弟已成为剥削阿哈和汉族农民的大封建主、大农奴主。从努尔哈赤的赐予来看，恩格德尔的奴役对象和剥削收入有五个方面：平虏堡民上交银谷；汉民六千丁纳租服役；十四个拖克索的阿哈一百零二丁上交的正赋；辖属蒙古的贡物；按职计功领取赏物。这几项，可以肯定，基本上都是属于封建剥削性质。

以平虏堡来说，平虏堡民原系隶属后金国汗，现转赐予恩格德尔，为其属下，受家主驱使剥削。天命七年正月，努尔哈赤赐予恩格德尔堡民四百三十四丁时规定，“一年征取官赋：银一百两，谷一百石”，这本是堡民四百三十四丁应向国家交纳的封建赋谷、赋银，现转交给恩格德尔，显然是封建剥削性质。

天命八年努尔哈赤允诺赐八千丁时，明确规定，赐予恩格德尔二千丁，妻二千丁，子岱青一千丁，这些人丁也由后金国臣民转变为主人恩格德尔的属下，从这五千丁，“一年所取者三百三十两银，谷五百五十石、服役之人九十名、牛四十五头、防护身之诸物的兵士九十名”。赐其弟莽古尔岱二千丁，每年取银一百三十二两、谷二百二十石、役夫三十三人、牛十六头、护身兵士三十三人。赐恩格德尔另二子各五百丁，每五百丁一年取银三十三两、谷五十五石、服役人九名、护身兵士九名、牛四头。

不仅征银征谷，还要佥派服役人夫，佥选护身和供驱使的兵士。这些谷、银、兵、夫，本是八千汉丁每年应向后金国家纳粮当差的封建赋役，现转归恩格德尔兄弟，由他们占有、收取，由他们役使，这显然也是封建性质的剥削。

至于拖克索中的包衣阿哈，怎样交纳贡物，尚不太了解，但前面已经弄清，这些阿哈已不能任意杀害，家主已不能完全占有阿哈人身，联系到第二年就在后金国辖区大规模地建立封建农奴制拖克索来看，恩格德尔领受的拖克索，也很可能是封建庄园。

不管怎样，从恩格德尔占有的满汉人丁看，遭受封建形式剥削的汉民有八千四百三十四丁，与拖克索中的阿哈一百五十丁相比，占绝对优势，就算拖克索的性质暂时不能确定，也不能影响全局，起决定作用的是对汉民八千四百三十四丁的剥削的性质，也即是说主要的决定性的是封建制剥削方式，恩格德尔兄弟已成为大的封建主了。

恩格德尔的发家及其成为封建主的情况，是一个很好的典型，可以从此了解八旗中蒙古贝勒、台吉的发展和阶级属性，可以作为主要依凭恩赐、被后金国汗、贝勒扶植起来的贵族、官僚这一类的典型代表。

（三）“军功勋贵”

后金国的大部分贵族官将，主要是依靠论功行赏、升官晋爵发展起来的。他们率兵出征，攻城略地，辖治属民，催赋佥役，清查丁口，“平叛止逃”，为后金国的建立、巩固和扩展立下了汗马功劳，因而擢升高官，封授要职，厚赐财畜、人丁，又凭权势，刮取民脂，一个个上升为大贵族、大官僚、大封建主。为了和主要依凭“恩赐”而起家的“恩封”贵族、官将相区别，我们把这一类称之为“军功勋贵”。天命六年三月后金军进驻辽东后，原有的大贵族、大官如费英东、额亦都等人更加显赫，人畜更多，赀财更富。一些备御、游击等中小官将因攻克辽阳、沈阳、广宁等城有功，或征伐蒙古有功，捕逃平叛有获，纷纷蒙恩受赏，加官晋级，权势膨胀，财富增多。下面，先举几人为例，略加介绍，再着重剖析额亦都一家的情形。

扬古利，其父郎柱为库尔喀部长，很早来投，努尔哈赤以女给与扬古利为妻，尊号“额驸”，特加重用。扬古利也竭力效劳报恩，转战南北。他在击败乌拉、大破明兵于萨尔浒等战争中，督军猛攻，负伤不退，立下大功，提升正黄旗固山额真。天命六年三月进攻沈阳时，壕深堑固，城坚难下，各将畏难，扬古利拔刀驱使本旗兵先登，才打下沈阳。攻辽阳时，亦首先登城，大败明兵。取辽沈后，努尔哈赤以扬古利多次征战，屡受创伤，重赏，命其名列八贝勒后，统左翼兵，升授一等总兵官。后又多次立功，升至“超品公”，世袭，位仅次于贝勒，死后追封武勋王。

劳萨，天命六年三月从征辽沈时，以功封授游击，后多次征战，升授三等副将，追赠三等昂邦章京（三等总兵官，后之三等子）。

图鲁什，初为牛录额真，天命十年率兵捕“盗”，俘获甚多，擢甲喇额真，授游击官职，后因功升至三等总兵官。死后，子巴什泰袭爵，晋三等侯。

叶克书，系尼玛察部长之子，早期来投，授牛录额真，攻辽沈时，激烈冲杀，立功封授三等副将，后任至固山额真。

博尔晋，率众来投，授牛录额真，攻取辽沈有功，晋梅勒额真。

这些所谓国初功臣，大都属此类型。为了深入分析这批军功勋贵的情况，尤其是弄清其阶级属性的变化（从奴隶主转化为农奴主、封建主），现以“开国元勋”额亦都家作为典型，具体剖析。

前面曾经说明，额亦都依靠直接掠夺和受赏，迅速上升为位高权重的大贵族、大官僚、大奴隶主，现在看看进入辽沈以后，额亦都家有何变化。

《满文老档》记载努尔哈赤给与额亦都官职、免赋和专主牛录的敕书，很有代表性，很能说明问题，现选录分析。

《满文老档·太祖》卷六二载："汗曰：额亦都巴图鲁，独取舒尔黑布占城，取巴尔达城，破萨克扎之来兵，率先取尼玛兰城，故使为一等大臣，给与总兵官之职，彼自身至子、孙三代，食百人之钱粮。"

《满文老档·太祖》卷六三载，努尔哈赤赐额亦都"专主牛录"的敕书说："汗曰：额亦都巴图鲁，独取舒尔黑布占城，取巴尔达城，破萨克扎人之来兵，于尼玛兰城前率先而战，有功，为第一等，给与三牛录，使之专主。于乌拉大国之战时，不推托于众兵，彼亲身下马，徒步率先而战，破乌拉之兵，灭大国带之来矣"。

从这两件敕书，我们可以看出四个问题。一是额亦都的受赏是因其有功。功在何处，在于破兵取城。所谓破兵取城的真实情况，在前面第二章叙述额亦都早期"战功"时已讲得很清楚，那就是督责士兵，拼死搏斗，猛冲猛杀，占城夺地，肆意抢掠。没有额亦都等"开国元勋"为主效劳，努尔哈赤也就只是一个微不足道的偏僻山区的小小女真部落的头人，就不能登上聪睿恭敬汗、英明汗的宝座，就不能成为辖地数千里、臣民上百万的强大后金国的最高统治者。这就是额亦都的"大功"。有功，就应赏赐，既酬功于前，又奖励于后，让各官各将以此为榜样、为目标，更加效忠于汗，用尽全身之力，为巩固大金国的江山效尽犬马之劳。

二是酬功的奖赏，是统治阶级内部将掠夺所得人丁、土地、财帛瓜分霸占。对额亦都的赏赐，是后金国臣僚中最高一级的规格：功为一等，这是评论功的最高等级；一等大臣，是最高名次，后金国只有五个一等大臣；总兵官是很高的官职，仅次于“众额真”，后金国只有两个“众额真”，而额亦都本人既是总兵官，又是众额真；“食百人之钱粮”，是食粮的最多、最高的标准；子孙三代世袭，非一般臣僚所能享受；给与三个牛录，使之专辖，更只有额亦都等极少数特大“功臣”所独有。其所以如此重赏，就是酬报其立下的大功，就是将额亦都等武夫悍将掠夺来的归属后金国所有的人丁、土地、财畜，拨出一部分，给与额亦都。

三是额亦都成为占有大量人丁、土地的大庄园主。努尔哈赤给与额亦都三个牛录，使之专辖。这句话值得着重分析。其满文原文是：ilan niru enculebuhe。enculebuhe 是动词 encumbi 的被动式和强制式。encumbi 意为“承当专担行之”[1]。enculebuhe 意为“使之承当专担行之”。后来天聪年间译为“专管”，这种牛录称为专管牛录。

额亦都的三个专管牛录的成员都是包衣阿哈，是额亦都征战所掠及多次领赏的阿哈。努尔哈赤特下谕令，以额亦都“所俘获者，益以赏给户口，为三佐领（即牛录）”，隶于额亦都，“俾无预上役”，为其“私属”。所谓以俘获和赏赐户口编三牛录，无预上役，为其私属，就是成为包衣牛录，就是成为额亦都个人的包衣牛录，归其全权支配。

一牛录三百丁，三牛录九百丁。计丁授田，一丁六垧，一垧六亩，九百丁当领地三万二千四百亩，这三万多亩地皆属家主额亦都占有。曾经是父母被杀、无家可归的贫穷诸申额亦都，一跃而为广占良田沃地、拥有大量包衣阿哈和拖克索的大庄园主了。

四是额亦都家已经转化为封建农奴主。天命六年三月后金军

1 《清文汇书》卷二。

进入辽沈。额亦都于天命六年五月病死，总兵官一职由其子车尔格袭承。从其家的剥削收入来看，除贪污和征战掠夺外，主要收入有三个方面：驱使包衣阿哈耕种拖克索田地；论职计功领赏；勒索辖属汉民。额亦都是一等总兵官，死后其子车尔格继任，按照总兵官职，领取大量金银财帛和人丁牲畜等项赐品。这是由封建国家的后金国赐予的财物，主要是通过推行封建性质的剥削措施搜刮而来的，其中，大部分是征收的封建赋税。因此，领取这种赐品，就是主要领取封建赋税和其他项目的封建剥削物品。

额亦都及其子车尔格是总兵官，辖属汉民三千丁，对这些人丁勒索贡物，佥派差役，也是封建性质的剥削。努尔哈赤曾经几次下谕，规定八旗各级额真可以对辖属的汉民进行剥削。《满文老档·太祖》卷四八载，努尔哈赤下谕，允许各官将对“各自之汉人”（即辖属汉民）征收鱼、雉、野鸭、水果诸物。

在佥拨辽民分隶诸将时，努尔哈赤曾详细规定各将对辖属汉民中佥征的兵，可以任意差遣一半。天命七年正月初四日，努尔哈赤下谕，“分河东之汉人”。女真的督堂、总兵官给与三千丁，副将一千七百丁，参将、游击一千丁，备御五百丁。汉人的总兵官给与四千丁，副将三千丁，参将、游击二千丁。每二十丁出一丁为兵。这些兵士中的一半，各官将“可以任意差遣”。女真的督堂、总兵官“可以任意差遣”七十五名汉兵；副将“可以任意差遣”四十一名汉兵[1]。所谓“可以任意差遣”，即是说可以任意佥派这些汉兵为督堂、总兵官各将服役，实际是将这些汉兵变成各将占有的封建役夫、封建士兵。

不仅可以任意差遣部分汉兵，对所辖汉民各将都可以佥派。努尔哈赤曾下谕，各将可遣派辖属汉民打牲捕猎，供给肉食[2]。

---

1 《满文老档·太祖》卷三二。

2 《满文老档·太祖》卷四五。

辽民之所以被迫充当上述各役，主要是因为“计丁授田”，领种后金国汗、贝勒田地，或“各守旧业”，须向国家纳赋服役，因而也要向辖属官将纳贡服役，这完全是封建性质的剥削。

对于包衣阿哈和拖克索的情况，尚未发现具体的剥削材料，只知道这三个牛录九百名阿哈为其主额亦都家耕田种地、采挖人参、捕捉貂狐。但有一点可以肯定，即这时的包衣阿哈已不能任意杀害，家主已不能像对待奴隶那样完全占有阿哈人身，而是受到一定限制，说明正在向农奴转化。

以上所述，在三项主要剥削收入中，有两项可肯定是封建性质的剥削，另一项包衣阿哈和拖克索也很可能向农奴和农奴制拖克索转化，至少已开始转化，可见，额亦都家在其子车尔格袭职后，已不再是奴隶主了，已正在向大农奴主、大封建主转化了。

额亦都家的情况，是一个很好的典型，可以作为后金国“功臣”、“战将”的代表人物。额亦都家依靠率兵征战和协治国政，即攻城略地，镇压起义，统治人民，榨取民脂，为努尔哈赤打江山建后金国立下“汗马功劳”，从而掠夺大量人畜土地财帛，分领赏物，荣任要职，飞黄腾达，家资巨万，成为奴隶主、贵族、大官，进入辽沈以后，又向封建主、农奴主转化。

后金国中大多数满族贵族官僚，亦即所谓“军功勋贵”的情况，基本上和额亦都家相同。从额亦都的发家及其由奴隶主向封建主转化的具体事例，可以了解到后金国大多数满族贵族、官僚的“兴起”及其从奴隶主向封建主转化的大体轮廓。

（四）降金的汉官

在论及满族统治阶级成员的情况时，有必要对编入八旗的汉官作些叙述和分析。从努尔哈赤天命三年四月攻下抚顺、守城游击李永芳降金以后，陆续有明朝的官吏、生员和偏裨、末将战败被俘归顺。特别是天命六年三月到天命七年正月攻下沈阳、辽阳、广宁以后，相当多的明朝官、将、生员纷纷投降，愿为新君效劳。这批降金汉官大都编入八旗，分别隶属于八贝勒，后来专门编立汉军八旗，由他们担任各级额真，或充当其他官职，在后金国——大清国的社会生活中起了相当大的影响。这些汉官也就成为八旗制度中的一个集团，成为满族统治阶级中的一个组成部分，对他们的情况需要讲解清楚。主要有三个问题。一是汗、贝勒为什么要任用降金的汉官，要用什么样的汉官，要他们做哪些事情，怎样驱使他们竭力效劳？二是举例说明汉官卖力投靠，巴结新汗，为维护后金国统治而出力尽劳的大致情形；三是讲述汗、贝勒对效力汉官的擢升重赏。下面依次叙述。

后金国汗、贝勒采取大量任用降金汉官的政策，完全是出于维护自己统治权力的需要。以努尔哈赤为首的女真贵族，人数很少，力量有限，辖属的八旗兵丁也不太多。进驻辽东地区以后，区区数万金兵，只能聚居辽阳、沈阳，保护“汗都”，其他州县城镇和广大乡村，难以一一分兵屯驻。兼之，语言不通，文字相异，服饰有别，形式不同，在这样的条件下，怎能了解辽民的心情，怎能查获“叛、逃”密谋，也难逼迫汉民纳粮当差，充兵服役。简言之，由满族贵族、奴隶主（和后来的农奴主）独占一切，完全排斥汉族地主阶级，是不行的。这样做，很难在辽东地区站稳脚跟，控制住全辽汉民，巩固后金国汗、贝勒的统治，更难于进一步大举攻明，占据关内州县，扩展后金国的辖区，攫取更多的人畜财帛。要想克服障碍，加强对满汉人民（尤其是对汉民）的统治，必须拉拢汉族地主阶级，建立起以满族贵族为主的满汉剥削阶级的联合专政。也就是说，必须拉拢汉族地主阶级中愿意归顺新君的头面人物——降金汉官，必须实行任用汉官的政策。至于在这个新组成的混合体中，让汉族地主阶级获得多少利益，汉官占据多少职位，分享多少权，后金国汗、贝勒的安排并不是一成不变的，常有调整。总的趋势是逐渐扩大汉官的权势，更加注意维护汉族地主阶级的利益，以满族贵族为主的满汉剥削者的联合专政不断扩大，日益巩固，越加正规化。具体的是让汉官担任各职，发挥更大的作用。初期，主要叫他们私查暗访，送信告密，捕捉“逃人”，镇压起义，办理汉民事务，征赋收税，派役佥兵，一句话，要这些人背叛故君，效忠新汗，从而建立和巩固以汗、贝勒、大臣为首的满汉统治阶级的联合政权。

这一点努尔哈赤多次谈论，讲得很清楚。现举三次“汗谕”为例。努尔哈赤很明白，知道自己对广大汉民不了解，不知谁可靠，谁难信任，不知谁是顺民，谁想抗金，也不知道应该抓谁杀谁，应该用哪些人，这只有汉官才了解。天命七年三月，他在一次专门召集各汉官的会议上，对他们说，“尔等之国人，可信者，不可靠者，尔等知之矣！”你们应当担负起防守边境的责任，“善为把守边境不固之处，收其不可靠之人”[1]。

努尔哈赤还在一次对汉民的讲话中，透露了任用汉官的原因之一。他说：“得辽东后，欲任女真官员管辖，恐尔等新民言语不通，故令汉官管辖。”[2]在这里，语言的不同，起了很大的作用。当然，问题也很明显，其所以任用汉官，并不只是语言的因素，实际上是整个制度、风俗、习惯的差异以及阶级斗争形势的需要。

这两次“汗谕”，表明了汗、贝勒任用汉官的原因，但是，究竟要汉官做哪些事，怎样使他们尽忠效劳？对这个问题，努尔哈赤在进驻辽沈以后不久的一次“汗谕”中，讲得很明确。

天命六年三月二十一日，攻下沈阳、辽阳后，后金国任用汉官为八游击、二都司，管理汉民事务，并大量留用降金的州县城堡的明朝旧官。四月初三日，努尔哈赤给“明国众游击官”（即任用的汉官）下谕说：“我等非汝明国，不取属下人之财，不以财

1 《满文老档·太祖》卷四〇。

2 《满文老档·太祖》卷二九。

送上级大臣，公正断决。与其科索下人，给与上司，何如公正审断，汗嘉赏赐财，此诚终身享受矣！凡汗所一度嘉升之人，不似明国，有过即黜。尔等游击官员，须秉正直，不敛取属下之财，不馈送上司，勤守各种法令，为汗之眼，观察众人，为汗之耳，用以听众，诸凡各事，皆详加督察”[1]。

这次“汗谕”比较重要，基本上包括了汗、贝勒对汉官的要求和政策，主要是两个方面。一是要求汉官为汗耳目，作汗之犬马，尽忠效劳。具体内容为：

第一，责令汉官“勤守各种法令”。为了剥削与统治阿哈、诸申和广大汉民，后金国汗、贝勒制定了许多法令。比如：强迫满汉人民尽力种田，不许怠耕；安分守法，禁止“叛逃”；纳粮交税，充当役夫，筑城运粮，不许拖欠违抗；敬养汗、贝勒，尊奉家主，不得冒上不敬等禁令，汉官都须“勤守”，都须贯彻执行。

第二，要求汉官“为汗之眼”，“为汗之耳”。因为汉官知悉汉民情况，了解明朝习俗，故要汉官充当汗、贝勒耳目，侦察属人，谁家富庶，谁家贫穷；谁顺从新君，谁留恋故帝；谁可信任，谁不可靠；谁与明臣联系，准备“叛逃”。最后这一点，努尔哈赤特别重视。努尔哈赤曾因辽阳各汉官很少告发叛逃而大发雷霆，严厉斥责。他训斥各汉官说：“吾所举用养育之官员，尔等思及育养之恩，毛文龙（明总兵）所遣之奸细，尔等何故不检举之？叛逃凶暴为乱，尔等何故不查？若如斯不为汗而勤奋，养尔等有何益耶！”[2]这就是要汉官到处侦察，打听满汉人民抗金的密谋，告发明臣遣来“奸细”，直接带兵率卒，屠杀反金人员，为贯彻执行汗、贝勒的“平盗贼、止恶逆”的国策而效力。

第三，谕示汉官要“审断公正”。前面已经叙述清楚了所谓

1 《满文老档·太祖》卷二〇。
2 《满文老档·太祖》卷四八。

“审断公正”的真实含义和阶级实质，那就是以严刑峻法逼令满汉人民规规矩矩地听任汗、贝勒、大臣鱼肉，维护汗、贝勒的统治。进驻辽沈前，这个重大责任，主要是女真官将担承的，现在汉官既充任各职，也就要分担了，特别要对汉民“审断公正”，强迫汉民充当降金顺民，巩固后金国在辽东地区的统治。

第四，委命汉官对各事“皆详加督察”。这个范围就太宽广了，不是一件或两件事，不是这一方面，那一方面，而是“诸凡各事”，都要监督，都要察看，委以汉官具体办理汉民事务的权力。

第五，谕劝汉官不要“科索下人”，不要“敛取属下之财”。这个问题，努尔哈赤曾一再讲述。《清实录》等官书也反复宣扬后金国汗为民着想，要臣僚当清官，为廉吏，不要苛派属民，不要榨取民财。我们略加分析，便可知晓，这些话是不符合历史实际的。一则后金国的官将绝不可能是爱民如子、分文不取的青天大人。剥削阶级的贪婪本性，决定了女真、汉官不可能不是好财恋权的贪官污吏。前面所引荣任督堂、总兵官要职的乌尔古岱额驸，温文尔雅的大巴克什额尔德尼，以及驻堡游击汉官刘尤宽等人的贪财纳贿、科敛属民的案件，就是很好的例证。

再则，努尔哈赤之所以这样劝谕，并非为民谋利，而是从私利出发，是为了平息人民的愤怒，缓和阶级矛盾，减少反抗，维护大金国的统治。努尔哈赤在“汗谕”中讲道，因为汉官索取民财，致使古河、长山岛等处汉民起义反抗，逼得好些河东辽民逃往河西广宁等地。这就清楚地道出了努尔哈赤劝谕汉官的真实原因。[1]

按照上述要求，努尔哈赤对任用哪些汉官，任用什么样的汉官，是有一定标准的，是有选择的。主要是两条标准：第一是忠。是要其尽心竭力为后金国汗、贝勒效劳，要和明朝一刀两断，要彻底背叛明帝。第二是有用。使其能办理各事，能榨取和束缚汉

1 《满文老档·太祖》卷二九。

民，能对维护后金国的统治起到一定的作用，有所补益。

因此，努尔哈赤特别注意收罗和起用明朝的罪臣、废官、偏裨末将和小官小吏。努尔哈赤专门谕示督堂，指示不要重用明朝大臣，而应擢升小官小吏。他说，这些大官“自以原系大臣，向来为官，不为我等勤劳……彼于我等，究有何益，何足为友！”而那些小官，若愿“尽出其才，勤其所能”，就应“即行擢用，给与官职”[1]。刚打下辽阳，他就释放狱中关的罪官，并查明削职闲住官员，恢复原职[2]。此后，继续实行这个方针，不断提升为金效劳的明朝废官、罪臣及千总、守堡等小官末弁，任为备御、游击、参将、副将和总兵官。

《满文老档·太祖》卷四八载录努尔哈赤于天命八年三月二十五日训斥众汉官的一段话，很能说明后金国任用的汉官成员情况。他说：“众官员：尔等一半之人，曾于明帝时得获死罪，监于牢中，一半之人，曾坏其身（即被革职），又皆战阵所获而养之也。”

这段话清楚地表明了汉官的组成情况，不是明朝的罪臣、废官、囚犯，便是战败被俘未杀的降将。这些人是容易抛弃旧君、效忠新汗的，是会把自己的命运，把自己的升官发财、荣华富贵和后金国汗、贝勒连在一起的。

为了使汉官为后金国出力，努尔哈赤采取以“功”、“福”相诱，以惩罪相威胁的政策。他多次宣称，对效忠尽力的汉官，要“嘉赏赐财”，“终身享受”，要“赏以功，给与为官”，甚至还允诺“功臣”子孙可以世代承袭祖、父所遗官职。但对持有二心，不捕“叛逃”，不为巩固汗、贝勒江山而努力的汉官，则严厉申斥，并以斩杀相胁。他着重强调，汉官“若闻叛逃而不告”，不捕奸细（指明朝派来煽动抗金的密使），被人告发后，即行斩杀，没

1 《满文老档·太祖》卷二三。
2 《满洲实录》卷七。

其家产[1]。

在后金国汗、贝勒的高官厚赏引诱下，好些明朝官、将、生员卖身投靠，巴结新汗，阿谀奉迎，献计献策，告密送信，逼赋催役，迁民分地，查点人丁，追捕逃人，为巩固后金国汗、贝勒的江山使出全身力气，倾心报效。现以李永芳、佟养性、刘兴祚三人为例，作些分析。

李永芳原是明朝驻守抚顺城的一员游击，因其最早降顺，努尔哈赤特加优待，妻以孙女，尊号“抚顺额驸”，擢升副将。天命六年进驻辽沈后，提升为总兵官，委以重任。佟养性原系商贾，迁居抚顺，私与努尔哈赤勾结，明将发觉后，捕押于狱。佟越狱来投，努尔哈赤甚喜，以亲族之女妻之，尊号“石乌礼额驸”，授三等副将。天命六年三月从攻辽阳，晋二等总兵官。刘兴祚于明万历三十三年即抛弃妻子、土地来投，努尔哈赤大喜，授封他为备御，进驻辽、沈后，又提升为参将、副将，驻守盖州，管辖金州、盖州、复州三卫汉民，十分器重。

李、佟、刘三人也竭力效劳，干了许多事。其中重要的是“平叛”、“止盗”、“捕逃”、“防边”，即镇压满汉人民反抗，维护大金国的统治。天命六年四月十四日，刚打下沈阳、辽阳不到一月的时间，努尔哈赤就遣派督堂兼固山额真阿敦、李永芳、阿布图（后两人皆是明朝旧臣）“于沿边各堡置官，教部属，置台，设哨探”[2]。这是为了防御明兵反击，抵挡蒙古各部来攻，也是加强控制，不许辽民外逃。努尔哈赤还召集各汉官，叫他们承担守护边境重任，诸凡各事，和李永芳、佟养性二人商议而行。可见对李、佟的器重[3]。

1 《满文老档·太祖》卷四八。
2 《满文老档·太祖》卷二一。
3 《满文老档·太祖》卷三九。

努尔哈赤多次调命李永芳偕同贝勒、督堂率兵镇压辽民反金斗争。天命六年五月，因镇江民拒不降服，捕杀后金国派去劝降的官员，努尔哈赤命亲女婿乌尔古岱和李永芳带兵前往观察情况，胁令归顺，相机斩杀。二人去后，民仍拒降，遂纵兵屠杀，掠夺抗金人员妻室儿女，作为俘获，带回辽阳，赐与官将[1]。

天命八年四月二十四日，以王备御告称托伦山村民与明臣毛文龙遣来的蒋达、蒋萨二人密议，欲行叛逃。努尔哈赤命李永芳带兵前往处理。李去后，发现该村居民，不耕田地，变卖谷物，确将逃走，遂斩杀村民，将子女牲畜作为俘获[2]。

由于辽民不断反抗，大批逃亡，李永芳除凶狠杀戮外，还撰写书文，巧言欺骗。他以"李驸马"名义，写告南方辽民书，大谈明朝官员虐民敛财，而后金国汗却慈善爱民，不杀不掠，不动民间田宅，后因毛文龙遣人挑唆，南边沿海居民叛逃，始迁民北上，并给以住宅、耕田，如此恤爱，不应叛逃，当安分守法，好好耕田种地，安居度日[3]。看看金兵的多次大规模杀掠，后金国汗、贝勒竭力搜刮民财、逼赋催役，李永芳沾满民血的双手，便可知晓这些言论完全是骗人之词。

为了制止辽民外逃，惩处反金人员，后金国几次大批迁徙边境和抗金州县居民，这项重要任务主要由李永芳和佟养性承担。由于镇江人民激烈反抗，多次起义，后金国汗、贝勒除一再派兵镇压、烧杀掳掠外，又强迫将土著居民迁走。天命六年十月，努尔哈赤命李、佟二人主持，将镇江民迁往萨尔浒。天命七年三月，又命二人及刘兴祚将广宁、锦州、义州等河西九卫民迁往河东，分居辽阳、沈阳各地。天命八年正月，再派二人前往迁移辽南沿

1 《满文老档·太祖》卷二一、二二。
2 《满文老档·太祖》卷四九、五〇。
3 《满文老档·太祖》卷四九。

海居住人民，逼令徙至内地[1]。

为了控制满汉人民，防止外逃和起义，搜捕逃亡阿哈和辽民，后金国汗、贝勒一再派遣官兵，清查丁口，严禁窝逃。天命八年，努尔哈赤命李永芳、佟养性二人前往清查南部州县人丁，规定所有居民都须向清查官员如实报告本身人丁数目，告发外地逃来辽民，若隐匿不举，“则将逃人定为逃罪，容留之人定为盗贼之罪，将此二户皆作为俘获，使为阿哈”。李永芳即大力贯彻执行，严厉训示所辖清查官员，责令他们“当思汗之育养之恩”，认真清查，若因收纳银物而徇情不追，不查出逃人，“将上奏于汗杀之”[2]。

努尔哈赤还谕令李、佟、刘收取官赋，清查余粮，运送官谷，“委以财赋重任”。天命七年正月打下广宁后，夺取了明朝存贮于右屯卫的五十万石粮谷。在当时年荒粮缺的形势下，这对后金国汗、贝勒来说，是一笔巨大的财富，是迫切需要、非常难得的宝贵物资。为了防止明兵反击争夺存粮或派人放火烧毁，努尔哈赤立即下令，在全国征调官牛，凑足万牛巨数，委命李、佟二人具体负责，调遣八旗官兵和役夫加速装运。李、佟确实日夜忙碌，费尽心机，将谷抢运回来，为减少后金国粮荒、增加国库收入立了一功[3]。

佟养性是负责主管汉民事务的高级官员，下辖八游击、二都司，有关征收汉民国赋、佥派役丁等事务，皆由佟养性办理。比如，天命六年九月十六日，努尔哈赤谕令佟养性转达八游击，从速征收无主之谷、草，以防“无主之阿哈”将谷、草卖完。又如天命八年六月，努尔哈赤遣佟前往盖州等地清查民间余谷。佟在十一日的上报中，即已查出千余石。佟还遵奉汗令，选择抚顺、清河“旧商可靠之人”，于汗都辽阳开店设铺，出售货物[4]。

1 《满文老档·太祖》卷三〇、三三、四三。

2 《满文老档·太祖》卷四三、四七。

3 《满文老档·太祖》卷三七。

4 《满文老档·太祖》卷二六、二七、五四。

刘兴祚主要驻守盖州，管辖金州、盖州、复州三卫。其侄为海州参将。他大肆斩杀明朝来兵，搜寻明朝遣来的“奸细”，追捕逃人，为巩固后金国南部辖地，“平叛”、“止逃”，立下功劳。他并负责督催三卫租赋，严厉逼征，火速运送，还驱使盐丁“勤煮官盐”，赶架大桥，搜求巨船，为维护汗、贝勒的统治卖尽力气[1]。

为了表明对汗忠诚，以李、佟、刘为首的各汉官，还挑选上等贡品，大送年礼。《满文老档》载有天命六年十二月二十七日一些汉官贡献后金国汗的“年货”，引录于下[2]：

抚顺额驸（李永芳）送来二头猪、五十只野鸡、葡萄一盆；

石乌礼额驸（佟养性）送来二头猪、五十只野鸡、葡萄一盆；

张游击送来二头牛、二只羊、四十只鸡、三十只野鸡、十只兔、拔毛之猪四头，以及各种饽饽；

李钦善送来二头猪、二头牛、二只山羊、四十只野鸡、果四盆；

关泰登送来二头猪、稻米二金斗；

奉集堡佟备御送来二头牛、二头猪、二只羊、四十只野鸡、十二只兔、十只鸡、饽饽二盆；

张游击（另一人）送来二头猪、二只羊；

戚游击送来二头牛、二只羊、二头猪、十只鹅；

爱塔副将（刘兴祚）送来五百梨；

佟游击送来二头牛、二头猪、四狍、一百只野鸡、十只兔；

1 《满文老档·太祖》卷二三、三五、三九。

2 《满文老档·太祖》卷三一。

刘都司送来七头牛、二只羊、二头猪、一只活狍；

刘参将送来二头牛、二只羊、十只鹅、二头猪；

魏游击送来二头牛、二只羊、四只鹅、十只鸡，又送已经宰杀的四只鸭、四只鹅、十只野鸡、四头猪；

王游击送来二只羊、一头牛、二头猪、四只鹅；

沙参将送来二头牛、二头猪、四只鹅；

邓备御送来一头猪；

巴游击送来二头牛、二只羊、二头猪；

马克古送来一头牛、一头猪、十只鸡；

张备御、王备御送来二头牛、二头猪、十只野鸡、二只鹅；

马游击送来二头牛、二只羊、二头猪、二十五只野鸡；

郭游击送来二头牛、二只羊、二头猪，二十五只野鸡；

刘游击送来二头牛、二只羊、二头猪、二十五只野鸡；

镇江李游击送来二头牛、二只羊、二头猪、活鹅四只、鸡八只；

佟游击、苏游击、房游击、冷游击、尤游击五游击合送六头牛、八只羊、五头猪、六只鹅；

张游击送来二头牛、二只羊、二头猪、六只鹅、六只鸡；

果游击送来二头牛、二只羊、二头猪、二只鹅；

盖州佟游击之子送来二头猪、二头牛、二只山羊、四只鹅、一狍、十只野鸡、梨五盆、葡萄二盆。

以上记录表明：

第一，各汉官所贡年礼，品种多，数量不小。这批降官送的礼品计有牛四十二头、猪六十一头、羊四十二只、山羊四只、鸡八十四只、鹅七十只、兔三十二只、野鸡四百六十五只、狍六头、葡萄、梨若干，还有米，也有做好的饽饽，多达十五种。乍一看来几十只猪牛似乎并不太多，但是，联系到当时年荒物缺的具体历史条件，这些贡物就不算少了。可举一例对比。天命六年七月，蒙古喀尔喀部诸贝勒送来牲畜一万头，八旗官兵又掠取镇江俘获一万二千[1]。得到这样大的胜利，努尔哈赤决定“厚赏”群臣。这时，赐总兵官才每人给四头牛，副将三头牛，游击每人一头牛，管牛录的备御每二人赐一头牛，闲散备御每五人只领一头牛[2]。两相对照，就可看出汉官贡纳年礼的数量是不小的了。

第二，上面的贡单，是揭示降金汉官巴结新汗的很好物证。关于降金汉官的情况，《清实录》、《清史列传》等官书，除对李永芳等几人略加叙述外，很少提到其他汉官的行为，尤其是对这些降臣讨好后金汗的真实情形更无记述。《满文老档》多次载录汉官贡献黄金、白银、良马等物，以及这份贡单，很有利于说明历史真相。

天命六年十二月二十七日献纳年礼的降臣，有二总兵官（李永芳、佟养性）、一副将（刘兴祚）、一都司、三参将、十八游击、四备御，另有盖州佟游击之子及四个官职不明的人，共三十四人。当时后金国并未发给官俸，只是不定期地按职论功赏赐人畜财帛，各汉官既未领取俸银禄米，为什么还要利用“年节”作为借口而贡献礼品，数量还不小。在上述努尔哈赤重赏群臣时，一游击才赐一头牛，现在，有的游击贡牛二头、猪六头和几十只鸡，一般都是送二头牛、二头猪、两只羊及其他物品，远远超过了赐给的物品。其所以这样做，目的很清楚，那就是巴结新君，表白自己对汗的忠诚。

对于降官的阿谀逢迎，奔走效力，后金国汗、贝勒甚为称赞，从厚升赏。除去前面谈过的李永芳、佟养性、刘兴祚三人外，现

1 《满文老档·太祖》卷二五。

2 《满文老档·太祖》卷二五。

再举数例为证。石廷柱，原系明朝千总，天命七年正月金军攻广宁时，石以城降，授三等游击世职，十一月升三等副将，后任至汉军左翼都统，晋三等伯世爵。

金砺，原为明都司，率众降后，四处征战，忠于后金国，先后任副将、都统、平南将军、川陕总督，授世爵为一等男。

郎熙载，本系明生员，率四堡兵民降，授备御，又擒获逃卒五十人，升三等轻车都尉世职，其子廷佐官至江南总督、福建总督。

孙得功，明广宁巡抚王化贞的中军，降后授游击，续因功予二等男世职，其子有光晋爵为三等子。

李永芳等降金汉官，凭借职权，利用后金国女真官将刚入辽东不谙民情的机会，敲诈勒索，搜括民财，攫夺了大批人畜银帛。

天命七年正月初二日，后金国汗努尔哈赤斥责众汉官说：

> 曾命尔等将归降之兵，尽行放回各自父母之处，尔等不从，以为将此遣返，今后我等俘获敌兵有何用处，乃不遣返。尔等往新城、叆河之时，曾带人数万，欲以充兵，而不能得兵，欲以服官役，而不能得人。带来之百人、千人之中，亦不能得一二人服役者。河东数万万人，若皆由尔等索取财物而使之豁免，则人有何用！……抚顺额驸，石乌礼额驸，吾视尔等如同半子之婿而育养之矣。贝勒家中庭院有草料乎？尔等家中庭院所积如斯草料者，若非尽皆免于赋税而取者，何能有也。草乃积于表面易见者耳，金银能见乎？尔等不思报答汗育养之恩，不明白办事，而一味如此索取财物，我等今不信尔等汉人矣！[1]

1 《满文老档·太祖》卷三二。

这次训谕反映出四个问题。

第一，这是对“众汉官”的谕旨，是概括性的叙述方式，是用“尔等”这样的共同代名词，这就充分表明，索取财物，隐占人丁，是“众汉官”共有的普遍现象。

第二，它表明，各汉官隐占人丁的情况很严重。汗谕中明确提到的有两处。一是说众汉官不遣返归降的明兵。此处虽未谈明兵有多少人，但可以肯定，数量是不小的。天命六年三月金军攻打辽阳、沈阳时，明朝防守的官兵达十六万人之多，经过激战，虽然明兵死亡不少，还有一些败兵溃逃入关或漂洋过海进入山东，但总有相当多的士兵留下未走，有的就投降后金了。据明臣王化贞揭报，三月二十七日，后金国汗、贝勒令辽阳明兵二万人隶属沈阳。金州、复州、海州、盖州等州县的明兵，皆不战而降。沈阳也有兵士降金。可见，至少有数以万计的降兵。这批降兵大多被李永芳、佟养性等汉官占有了。

汗谕讲的另一处是“往新城、叆河之时，曾带人数万”，这是指李永芳、佟养性负责将新城等地汉民往北迁移时的事。这次迁民，是因为镇江各地人民武装反金，大量外逃，故后金国汗、贝勒下令，将镇江、新城、叆河、汤山、凤凰、长甸、宽甸、永甸、大甸、镇东堡、镇夷堡等城堡村民迁往萨尔浒等原女真人居住地区。李、佟等汉官在迁民过程中，乘机勒索民财，纳银豁免，大量隐占人丁，以致虽带数万人之多，后金国汗、贝勒反而“不能得兵”，不能佥派役夫。

后金国是以丁为主，计丁授田，有丁就能占据田地，因此各汉官也就成为田连阡陌的大地主、大封建主了。

第三，各汉官积累了大量财富。努尔哈赤特别以李永芳、佟养性二人为代表，指出众汉官苛索民财，仅只庭院堆积草料一项，就远远超过了执掌后金国大权的诸贝勒，至于汉官们敛取的金银财帛之多，亦可由此想见了。

第四，各汉官隐占人丁、索取民财的情况太严重了，直接影响到后金国汗、贝勒的赋税收入，影响到役夫、兵丁的佥派，故努尔哈赤在大年初二就召集众汉官，严厉训斥。

以上情况集中说明，在天命六年底，以李永芳、佟养性为首的降金汉官，已经占有了大量的人丁财帛。随着辖区的扩展（半个月后，就攻下了辽河以西的广宁等地），统兵治民时间的延长，对明朝关内州县的掠夺，各汉官占有的人丁、牲畜、银帛也就更多了。从而，在经济上，巩固了封建主、农奴主的地位。

（五）“英明汗”和诸贝勒

汗和诸贝勒是后金国的最高统治集团，从后金国的富强中获益最多。后金辖区的人口、土地皆属汗、贝勒所有，满汉人民交纳的赋税和国库所存诸物，尽归汗、贝勒支配。他们大量掠夺人丁逼令充当阿哈，增建新的拖克索。

天命六年九月，后金国汗、贝勒下令自牛庄、海州以东。鞍山以西，“一贝勒各置三拖克索”[1]，尽力扩大贵族庄园。

天命八年六月，镇压复州人民反抗后，将杀后遗下的“叛民”编为阿哈，共五百户，每十口给一牛、一驴，遣往设有汗、贝勒拖克索的纳丹费勒，耕田种地[2]。

天命九年正月，在大杀“无谷之人”时，强迫盖州、析木城一带的汉民三千二百丁迁往盖州城居住，充当汗的“种棉之人”、“育养水果之人”[3]，逼令他们辛勤耕种栽培。

天命十年十月，努尔哈赤下谕，大杀反金人员，编立成千上万的新拖克索，除以数百庄赐予八旗满官外，其余拖克索尽归汗、贝勒所有。后金国“英明汗”努尔哈赤及其子侄诸贝勒一跃而为

1 《满文老档·太祖》卷二七。
2 《满文老档·太祖》卷五五。
3 《满文老档·太祖》卷六一。

中国历史上罕有的大庄园主。

汗、贝勒拥有大量马、牛、羊、猪。除原有牲畜以外，进入辽沈后，又掠夺和没收了大批马、牛、羊、驴。天命六年八月，蒙古喀尔喀部为赎取被俘的斋赛贝勒，送来马二千匹、牛三千头、羊五千只。除以一小部分赐予八旗官将外，其余悉为诸贝勒分取[1]。马、牛、羊群需人牧放，这是很苦的差役。牧放牲畜的阿哈，成年累月跟随牧群，找寻水草繁茂场地，四处漂泊游荡，艰苦异常。努尔哈赤也承认看守牧群的人是“日久劳累”，需加以恩赐[2]。这些阿哈还受到严格统治，动辄遭到棍棒鞭挞[3]。许多阿哈穷苦异常，连妻子也娶不上，终身鳏独[4]。

汗、贝勒还有数以千计的专门培养杏、桃、梨、李等果树的园丁、捕鱼捉蟹的渔户、捉鸟的雀户、煎熬食盐的盐丁，以及种植棉花的阿哈。另外，诸贝勒每年派遣上千阿哈到长白山采参，猎捕貂、狐等兽，捞取珍珠[5]。

了解了这些情况后，我们可以进一步来分析汗、贝勒的阶级属性，看看他们是什么阶级。除去征战掠夺的人畜财帛外，汗、贝勒的剥削收入大体包括三个方面：汉民交纳的正赋，八旗诸申上缴的官粮，阿哈的贡物。前两项可以肯定是封建性质的剥削，后一项也基本上是属于封建制的范围。

汗、贝勒执掌后金国大权，人丁、田地皆归其所有。通过推行“各守旧业”、“计丁授田”和征收封建赋税的政策，广大汉民交纳田赋，八旗诸申计丁纳粮，成为汗、贝勒的封建依附民。这种田赋，名为国有，实归汗、贝勒占夺。这就是说，满汉黎民向

1 《满文老档·太祖》卷二五。
2 《满文老档·太祖》卷五五。
3 《满文老档·太祖》卷五八。
4 《满文老档·太祖》卷五五。
5 《满文老档·太祖》卷四四。

汗、贝勒交的官粮是封建赋税。

天命十年十月以前，汗、贝勒占有的阿哈和拖克索，征收贡赋的详细情形还不清楚，是仍旧沿袭进入辽沈前的奴隶制，还是已转化为封建农奴制庄园，目前尚难定论。但是应当看到，任何事物都不是孤立存在的，都与周围事务密切相连，互为影响，汗、贝勒的拖克索不可能完全摆脱辽沈地区基本上是封建制的这一客观事实的影响，不能不受到八旗官将所辖的拖克索向封建庄园转变的影响。特别是天命十年十月的编丁隶庄，建立了大批农奴制庄园，远远超过了汗、贝勒旧日辖有的拖克索。可见，至少到天命十年十月，汗、贝勒已基本上转化为大封建庄园的所有者了，对包衣阿哈采用了封建制的剥削方式。

因此，可以断定，从天命六年三月进入辽沈后，汗、贝勒便逐渐由奴隶主向封建主转化，天命十年十月的编庄，标志着汗、贝勒基本上变成了大封建主、大农奴主。

九　天命十年十月的编丁立庄

天命十年十月初三日，后金国汗努尔哈赤下谕，指责汉民不忠，叛逃不绝，令八旗满官奔赴各地清查，大杀反金人员，将“筑城纳赋”的“小人”，编进汗、贝勒的拖克索（庄）。编庄后，努尔哈赤以一部分新设的拖克索分赐各将。

这样重大的事件，三种《太祖实录》竟然只字不提。《清太宗实录》仅非常简略而且十分含混地追述了几句。现先摘译《满文老档》的重要材料，做些分析。

《满文老档·太祖》卷六六载：

> （天命十年十月初三日）汗曰：我等常养汉人，而汉人准备棍棒不止。总兵官以下，各御以上，去各自之村，区分汉

人，（大杀反金人员）……为我等筑城纳赋之人，则养之而编拖克索。……一庄以十三丁七牛编成，将庄头之兄弟列入于十三丁之数。将庄头本身带至沈阳，令其与牛录额真之包衣为邻。使二庄头之家，同居一处，若逢有事，则令该二庄头轮班前往督催，女真勿得干预。将庄头之名，庄中十二丁之名，牛、驴之色，尽行书之，交与各村章京，令前去之大臣书之持来。

（汗曰：）以小人筑造城邑，不留奸细，欲逃，则彼只身逃，故育养小人也。育养之人，若置于公中，恐受女真侵害，皆编作汗、诸贝勒之庄。一庄十三丁、七牛，给与百晌田，二个晌作正赋，八十晌尔等自身食用者也。

诸贝勒曰：诸汉官，尔等携取各自之近亲，勿得携取疏远之亲戚，若贪财妄自携取，恐伤尔等颜面。言毕，八固山诸大臣分路而行，逢村堡，即下马而杀。将杀毕后区别而活命者，十三丁、七牛编为一庄，总兵官以下，备御以上，每一备御各给与一庄。

根据上述《满文老档》的记载，结合其他资料，可以看出六个问题。

第一，严格控制，紧紧束缚。汗谕规定，庄头、庄丁的姓名，“牛、驴之色”，皆要尽行书写，送至汗都，把各个地区的庄头带到沈阳，与牛录额真的包衣为邻，庄中有事，两庄头轮班前往督催。这样一来，汗、贝勒散处后金国各地的全部拖克索皆实行统一管辖，庄头被作为人质，被用为爪牙，集中于都城，由牛录额真监督管理。庄中情况，庄丁的耕作，都可从庄头处了解，及时采取对策。这就大大加强了对各庄的控制。

汗谕规定，对总兵官至备御，每备御各赐一庄。备御辖有女真三百丁，指挥披甲士兵一百名。参将、游击辖五牛录女真一千五百丁，统兵五百名。总兵官管辖一旗，领兵上万，权力更大。这样一批辖领几百、几千以致上万兵丁的悍将，各自统治一个或几个新编的拖克索，还能出事吗？庄丁还能叛逃吗？

直接归汗、贝勒所有的拖克索，庄丁的处境更为困难。汗、贝勒执掌后金国大权，统辖精兵数万，施用严刑峻法，庄丁稍有不顺，便被斩首抄家。在这样强大的压力下，庄丁敢反抗吗？还能逃亡吗？

这样的编庄，比过去分拨辽民与八旗官将管辖，束缚更紧。特别是汗、贝勒直接统治遍布后金国各地的拖克索的庄丁，对后金国的控制也就更紧更严了。

第二，汗、贝勒再次宣布全部田地皆属已有，并直接霸占了后金辖区大部分田地。过去，实行“各守旧业”和“计丁授田”的政策，本已表明，汗、贝勒是后金国土地的最高所有者，掌握后金国土地最高主权。现在，更进一步了。汗谕规定，将后金国各地所有汗民皆编隶汗、贝勒新编的拖克索，每庄给地百晌。这百晌地就是过去汉民“各守旧业”和计丁授田的地。这就是说，后金国汉民占有和耕种的土地皆被没收了，变成为汗、贝勒新编的拖克索的庄田了。这就再一次表明，对所有土地，汗都有权支配，可以让你保守“旧业”，可以将无主田地授予汉民，也可以取消汉民“旧业”，收回授给田地，都编为汗、贝勒的拖克索。

第三，庄丁沦为农奴，拖克索成为封建农奴制庄园。按照汗谕的规定，一庄有地百晌、十三丁、七牛，皆为庄主（即汗、贝勒和各满官）所有，即是说，生产资料归庄主所有，这一点，是很清楚的，无须多说。但是，过去的后金国民人现在变为庄丁的人丁又是什么身份？具体说，是奴隶，还是农奴，或者仍然是民户？汗谕虽未明说，可是，很显然，这次编丁隶庄，是汗、贝勒为惩罚辽民叛逃而采取的措施，束缚很紧，庄丁的身份总会比过去未编时的民户要低一些。

《清太宗实录》卷一追述编庄情形说:“先是,汉人每十三壮丁,编为一庄,按满官品级分给为奴。”这就明确了,过去的民户、民人,被迫充当庄丁后,就沦落为奴,下降为汗、贝勒、满官等庄主占有的奴仆了。

这种庄丁虽是奴仆的身份,但并不是奴隶。根据有二:一是新编拖克索的庄丁,交纳封建地租,有自己的私有经济。汗谕规定,一庄有地一百晌,八十晌供庄丁“自身食用”,二十晌作正赋。这里把庄丁“自身食用”的八十晌地和作为正赋的二十晌地明显地区别开了。这个“正赋”,就是封建性质的剥削,就是封建劳役地租。这样的庄丁与过去衣食于主的阿哈不一样,后者耕田所得的全部产品皆被家主直接占有,二者之间有着重要的区别。二是这时的阿哈已不能随意杀害,家主杀死阿哈,是犯法的,要受惩处。阿哈如此,庄丁也不会例外。

可见,这种庄丁不是衣食于主、可以任意杀害的“会说话的工具”——奴隶,而是交纳地租、有少量私有经济、不能随便杀死的封建农奴。这次新编的拖克索,也就成为汗、贝勒、满官占有的农奴制庄园了。

第四,租、赋合二为一,加重了对庄丁的压榨。按照汗谕的规定,一庄十三丁、七牛,耕地百晌,二十晌作正赋。这个规定,是增加了剥削量,还是有所减轻?若系多征,为什么能多征?这二十晌“正赋”仅只是地租吗?要解答这些疑问,需和过去的情况比较分析。

进入辽沈以前,对女真一般诸申的剥削,是一牛录出十丁四牛屯垦闲地,所获粮谷全交国库。一牛录有三百丁,平均三十丁出一丁。

进入辽沈后,曾经一度规定,每丁授地六晌,每三丁耕官田一晌。一晌地为六亩,平均每丁耕官田二亩。一丁领地三十六亩,耕官田二亩,自耕地和官地的比例是十八比二。

再看后金正式实行的计丁征赋制。天命七年正月努尔哈赤赐给恩格德尔的平虏堡民，每丁交银二钱三分、谷二斗三升。如以每丁耕地三十六亩计，平均每亩纳赋谷一、二升。天命八年督堂说，每丁征赋谷、赋银、赋料合共征银三两，按时价一斗八升谷值银一两计，三两银折谷五斗四升，每亩征谷一升二合。

依照编庄的汗谕，十三丁的“自身食用”地为八十晌，每丁有三十七亩。十三丁耕“正赋”地二十晌，平均每丁耕九亩，比三丁耕官田一日（即一丁耕官田二亩）的规定增加了三四倍。按亩产一石折算，九亩正赋地收九石谷，每丁食用地三十七亩，平均每亩需交正赋谷二斗四升多，比计丁征赋的官赋增加了十多倍。

与明制相比，明朝政府规定，官田每亩征税五升三合，民田减二升，苏松一带按私租收税，每亩征谷二三斗以上。明代辽东军屯，嘉靖年间，每亩征额粮一斗一升多。

由此可见，天命十年编的庄，剥削率是很高的，每亩收的“正赋”，甚至比明代辽东军屯的“屯田子粒”还要多。

新拖克索租赋的显著增加，与当时土地占有、人身依附、阶级结构和生产关系的变化，是密切相连的。

编庄以前，征税较少，是因为土地占有者是民户，是后金国汗的黎民，不是奴仆，因此是交的封建赋税，是后金国沿袭明朝旧制征收的民田赋税。现在，土地转归汗、贝勒直接占有，从原来的民田变为汗、贝勒的庄地，就应该收地租，地租当然比田赋多。同时，还由于汗、贝勒又是后金国之主，汗即国，八贝勒共治国政，因此，不仅要收地租，而且这些土地原来应该交的田赋，也应由汗、贝勒征收。这样，所谓每庄二十晌正赋，便不仅有地租，还有田赋。租、赋合二为一，两种剥削项目同时并存，当然要比原来的民田重得多。兼之，耕作者已不是民户，不是一般的臣民，而是庄丁，是身份十分低贱的奴仆。耕牛也由庄主置买，当然要从重盘剥了。

这也是后金统治者要编民立庄的原因之一，既用以镇压反金斗争，加强控制；又用来增加租、赋，保证剥削来源。

第五，这次编丁立庄，标志着封建农奴制成为后金国的主要的生产关系。后金各地，原来皆有汉民，或“各守旧业”，或“计丁授田”，经营农业，耕种田地，不论是人丁的数量，还是耕地的面积，都超过了汗、贝勒、八旗官将占有的人丁和庄地。现在，这些汉人已从“民户”下降为奴，编进汗、贝勒的拖克索。这样一来，封建农奴制的拖克索就星罗棋布，遍及各地，成为后金国中占地最广、劳动力最多的拖克索，封建农奴制也就成为后金社会中占居统治地位的生产方式。

这样大规模地采用一个标准建立起来的庄园，绝不是从空而降，突如其来。每庄皆有十三丁、七牛，地百晌，以二十晌作正赋，以八十晌供庄丁“自身食用”，都采用封建农奴制的剥削方式。这就表明，在此之前必有先例，必然早已存在有这种性质的拖克索，而且数量不会少，正在不断发展，否则，努尔哈赤就不会这样办理了。前面谈过天命九年正月努尔哈赤赐给恩格德尔弟兄的拖克索，就是天命十年大规模编丁立庄的先例[1]。

反过来，天命十年的编庄，也必然要对过去建立的奴隶制拖克索产生强烈的影响。天命十年的编庄，是在镇压反金人员的威逼下佥汉民充当庄丁的。在可以任意处置民人的有利条件下，后金统治者不建立旧有的奴隶制拖克索，不扩大奴隶制的范围，却偏偏设置封建农奴制的庄园，大力发展封建生产关系，这最清楚不过地表明了，遭到满汉人民沉重打击的旧日奴隶制剥削方式已经完全腐朽，已经无力延续和扩大。这次的编庄，更促使原来的

1 《满文老档·太祖》卷六〇、六一载：天命九年正月，努尔哈赤赐恩格德尔及其妻、子女真拖克索九个、汉人拖克索九个。女真拖克索人丁不一，有女真七丁的拖克索四个，四丁的拖克索四个，三丁的拖克索一个。而九个汉人拖克索的丁数都是一样的，都是十丁。

奴隶制拖克索向封建农奴制庄园转化。到顺治元年，奴隶制拖克索已进入历史博物馆了。

第六，这次编丁立庄，是在辽沈地区发生的一次倒退，必难长期延续。天命十年十月的编庄，对后金统治阶级来说，是从原来的奴隶制向封建制过渡，应当说是一个进步。但是，这次编庄，对辽沈地区，对辽民来说，却是一次大的倒退。

辽沈地区，长期封建化。封建土地所有制，久已存在，是本地区的主导形式。明朝政府虽在辽东开垦了二三百万亩军屯，形式上是国家所有，是封建国有土地，但明中叶以后，军屯迅速转化为将官、豪强的私产，仍旧属于封建土地私有制范围。现在，经过编庄，所有民田，所有私有土地，都被汗、贝勒霸占，夺为己产。按比例来说，中国历代封建王朝的皇帝及其近亲子侄诸王公，很少拥有努尔哈赤及诸贝勒这样多的私有土地，很少占有这样多的庄丁。没有哪一个朝代，民田竟像这样一下子被皇帝、贵族霸占，这是后金辖区发生的一次巨大的变化。

从人身依附关系看，辽东地区居民长期在封建社会中生活，地主以及有小块土地的自耕农是封建国家的臣民，是一般的黎民百姓，不是某一个人的私属和奴仆。佃农虽遭受地主奴役，但长期以来，主要剥削形式是封建租佃制，僮仆的比例不大。现在，所有辽民，皆被降为庄丁，降为汗、贝勒的奴仆，降为封建农奴，退回到一千多年前三国、魏晋时期“私属”、“部曲”的奴仆状态，在人身依附方面是很大的倒退，人身奴役更加严重，压迫的方式更野蛮。

从剥削形式看，每十三丁耕正赋地二十晌，这样大规模地采用劳役地租的剥削方式，更为古老，更加落后。在关内汉族地区，在八旗军队进驻前的辽东地区，虽也有力役地租，但毕竟是少数，是局部情况，像这样使力役地租成为本地区的主要的地租形态，是自秦汉以来没有过的，更是大的倒退。

倒退的直接结果就是加重剥削，使整个宽阔的辽东的田土都变成汗、贝勒、满官的庄地，全体辽民都遭受难以忍受的力役地租剥削和野蛮的人身奴役，严重地破坏了辽东地区的生产。

十　奴隶占有制国家向八和硕贝勒“共治国政”制的封建国家过渡

天命六年三月努尔哈赤率领八旗兵丁进入辽沈以后，奴隶主专政的后金国发生了重大的变化，开始向封建国家过渡，形成了八和硕贝勒共治国政的新的政权组织形式。

八和硕贝勒（亦简称八贝勒）共治国政，是努尔哈赤晚年确定的治理国政制度，这在中国历史上，还是少有的。《满文老档》载录了努尔哈赤规定八和硕贝勒共治国政的重要“汗谕”，摘译如下：

（天命七年）三月初三日，八子（按，即八和硕贝勒）相会，问于汗曰：天予之政，何以平定？天福何以永承？

汗曰：继父为国主者，毋令豪强之人为君。以豪强之人为国主时，恐其恃力自恣，得罪于天也。一人之识见，能有几何，能及众人之议乎！尔等八子为八王，若八王同议，可无失矣。选择不拒尔等八王之意之人，使继尔父为国之主。若不取尔等之言，不行善道，尔等则更换尔等八王任置之汗，选置不拒尔等之言之贤者。更换之时，若不心悦诚服而有难色者，岂能任尔不善之人之意乎？若如斯，则以恶者更代矣！

尔等八王之内，治理国政诸事时，若一人有得于心而言，另七人由此而发之。若己不能解，又不能从他人之得而发其言，徒只缄默，则当换其人，使其下之子弟为王。更换之时，若不心悦诚服而有难色者，岂可任尔不善之人之意乎？若如斯，则以恶者更代矣。

若有事外出，当议告于众而行，未议，勿行。若集会而见尔等八王任置之国主时，一二人，勿集会，众人皆集后，入见，商议国政，处理事务。祭家神、祭天，诸事当告于众而行。

八王议后，设女真大臣八，汉大臣八，蒙古大臣八。其八大臣之下，设女真理事官八，汉理事官八，蒙古理事官八。众理事官审理后，告诸大臣。诸大臣拟定后，上奏于八王。八王审断所拟定之罪。

八王须贬斥奸诡之人，进举忠直之人。八王跟前，设女真巴克什八，汉巴克什八，蒙古巴克什八。

国主一月内，于初五、二十日两次升殿。新年初一，向堂子叩首，向神主叩首完毕之后，国主先向众叔兄叩首，然后，坐汗之宝座，使受汗亲身叩首之众叔兄等，皆齐坐于一处，受国人之叩首。

八固山贝勒，若尔之固山，与他人之固山发生争吵，不经众审理之后，毋得单独入告，若独告，必争执矣。经众审理之后，入告，无怨言矣。贝勒自身，欲取乐而放鹰行围，未经众议，勿行。……

弟兄之间，互相怨恨之时，可明发其怒。若隐其怒，不明言而诉于众人，则系用计骗人之邪恶心者矣，众人将判尔于罪也。

汗父之所定八分所得之外，若另自隐匿，贪取一物，隐匿一次，革其一次应得之物。若隐匿二次，革其二次所得之分。若隐匿三次，则永革其应得之分矣。

若不牢记汗父之教谕，不取诸兄弟之言，仍经常行为悖逆，初则课罚。若复不听从，则取其诸申。若不以取诸申而怒，匡正其身，则事毕矣。若怒，则不杀尔，而羁牢之。

若不受此言，行为背理，天地神祇，一应诸神，将皆厌之，殃及矣，岁寿不至，中途而死。若牢记汗父教谕，不违背，持正直之义，天地神祇，一应诸神，尽皆眷佑，加岁延寿，世代永存矣。[1]

这道汗谕十分重要，它清楚地、具体地规定了八和硕贝勒共治国政制度的基本内容，是确定后金国政权组织形式的总纲。

这样长的训谕，虽然内容很多，但概括起来，就是一句话，即八和硕贝勒共治国政，后金军国大事皆由八和硕贝勒商议、裁决、处理。具体来说，八和硕贝勒共治国政制主要包括以下七个方面的内容。

第一，立汗罢汗，掌握最高统治权。顾名思义，一国的君汗，当然应是一国之主，应是本国最高的统治者，应是言出令行拥有绝对权威的君主。被尊为"英明汗"的努尔哈赤，就是这样握有全权的大金国汗。然而，努尔哈赤之所以登上"英明汗"的宝座，并不是由诸贝勒任置的，而是皇天委任的，诸贝勒、大臣却是由努尔哈赤任置的。他就经常讲："天任之为汗，汗任之诸贝勒、大臣。"既承奉天命，又任置贝勒、大臣，"眷养"穷民，当然应该掌握全部权力，当然是全国唯一的最高统治者。可是，今后就不一样了，继任为汗的人就不能像努尔哈赤那样处于独掌大权的崇高地位。这个汗，不是自封的，不是八和硕贝勒拥戴"劝进"即位的，而是由八和硕贝勒集议后 sinda 的。sinda 是动词 sindambi 的命令式。sindambi 意为"任置"、"放官之放"，是任命为某官某职的意思，是上对下的用词。这个词用得很好，它准确地、形象地反映了八和硕贝勒拥有立汗、罢汗的大权，是任置新汗，不是拥戴。并且，不任置豪强者为汗，不任置独断专行拒绝八贝勒

---

1 《满文老档·太祖》卷三八。

意见的人为汗。继任的汗，如果一意孤行，不听八贝勒的话，不行善道，则八贝勒共议后罢免其汗位，另行任置听从八贝勒旨意的“贤者”。一切以八贝勒意志为准，新汗由八贝勒任置，也可由八贝勒罢免，另行任置贤善的汗。这样一来，后金大权便不是被八贝勒任置的新汗一人独享，而是八贝勒分享了。

当然，这并不是说新汗完全是傀儡，新汗也是握有一定实权的统治者。一则他是后金国汗，虽是八贝勒任置的，总是一国之汗，其地位理应比和硕贝勒高一些。再则汗本身也是和硕贝勒，也是一旗或二旗的旗主贝勒（即和硕贝勒），可以支配本旗，至少拥有一旗（或二旗）的人丁，有本旗的兵力作后盾，议处国政时，既以汗的身份，又以和硕贝勒的资格参与商议。因此，继任的新汗也是拥有相当权力的，也是一个有实权的统治者，只不过不能像努尔哈赤那样独掌后金国大权罢了。

第二，努尔哈赤在汗谕中明确规定，八贝勒集会后同见任置的国主，“商议国政”，各种事务，皆集议而行。这就包括很多内容了。用兵、遣使、建立新制、废除旧规等军国大事，皆由此决定，皆集议而行。这就是明确宣布，后金国政务悉由八贝勒与汗集议裁行，八贝勒掌握了治政大权。

第三，汗谕规定，八贝勒共议后，置满、汉、蒙大臣与理事官各八人，一切案件由理事官审理后，告诸大臣。诸大臣拟定后，上奏八贝勒，由八贝勒审断。过去是诸贝勒审理后，报“英明汗”努尔哈赤裁决。这就是说，八贝勒从继任的新汗手中夺走了刑法大权，此后大小案件皆由八贝勒裁处。

第四，八和硕贝勒掌握了用人的权力。汗谕规定，八贝勒“须贬斥奸诡之人，进举忠直之人”。因此，确定奸诡、忠直的权归八贝勒所有了，谁奸，谁忠，不是臣僚本人自封，不是新汗钦定，而由八贝勒评断。用谁，罢谁，全由八贝勒议定。

第五，个别贝勒的惩处和八旗之间的争执，亦由八贝勒集议裁处。如果个别贝勒庸懦无能，无益于国，则由八贝勒共议后罢免劣王，另立其下的子弟。设若个别贝勒“行为悖逆”，不听诸贝勒的话，则分别轻重，初则罚银、罚人、罚物，再则夺取其所辖诸申，若仍不悔改，则关押牢中，沦为囚犯。这样，新汗就无权单独惩治各贝勒，无权裁处各旗之间的纠纷，八贝勒掌握了裁处八旗争执、惩罚个别贝勒的大权。

第六，汗谕第一次正式确定了“八分”制的原则。汗谕明确讲到，“汗父之所定八分所得之外”，不许隐匿贪取。所谓“八分”，就是归八和硕贝勒共有，按八家分配。不管是掠来的人畜，还是金银财帛，都按“八分”分取，不是由新汗一人独占。这就从财经上确定了八和硕贝勒共享后金收入的特权。

第七，同受国人朝拜。八和硕贝勒实权之大，地位之高，在朝会礼仪上也有所反映。汗谕规定，继任的新汗须先向“众叔兄”即诸贝勒叩首，然后才登上宝座，请诸贝勒并肩齐坐，同受八旗官将、诸申叩拜。这就从朝会礼仪上取消了新汗南面独尊的权力，体现了八贝勒执掌后金大权的实情，在礼仪上对八和硕贝勒共治国政制予以保证。

由此可见，努尔哈赤规定的八和硕贝勒共治国政，就是由八和硕贝勒共掌后金国最高统治权，共掌后金国军政财经各方面大权。

与过去相比，已经发生了一些相当明显的变化。以往，八旗贝勒虽然也有很大的权力，但最后仍须听从努尔哈赤的命令。按照努尔哈赤的说法，诸贝勒、大臣是汗之子，为汗养育，受汗恩赐，须对汗父“敬思弗忘”，若不尊敬汗父，“持贼盗奸诈凶暴之心，则将为汗所谴，遇逢忧患矣”[1]。诸贝勒为汗任置，汗父有权斥责贝勒、惩治贝勒。努尔哈赤就曾将长子褚英贝勒处死。

其所以出现八贝勒共治国政制，我认为有两方面的原因。一

1 《满文老档·太祖》卷四四。

是实行旗主贝勒（即和硕贝勒）统治本旗大臣、诸申、阿哈的八旗制度，必然导致八贝勒拥有很大特权。明万历十一年努尔哈赤起兵以后，其子弟叔侄从军厮杀，辖民率兵，已分别成为有人、有财、有权的大奴隶主、大贵族。特别是建立八旗制度后，努尔哈赤的亲信子侄成为分辖八旗的旗主贝勒，势力更大。进入辽沈后，通过“计丁授田”，汗和八贝勒成为后金国土地的最高所有者，满汉兵民领受汗、贝勒给予的田地，成为汗及八贝勒的封建依附农民，这就进一步加强了各旗主贝勒的实力，这样强大的八旗旗主贝勒，必然难于听从新汗的调遣，必然易闹分裂，易起争执。同时，各旗主贝勒之间，旗鼓相当，地位等同，也很难俯首听命，服从他人。努尔哈赤在时，固然可以支配八旗，调动各旗，死后，怎么办？谁能独主国政！这是八旗制度引起的后果，是八和硕贝勒“共治国政”制产生的重要因素。

另一方面，努尔哈赤已年过六十，精力大不如前，尚未确定继承汗位的人选，而且很难选定合适的嗣子。努尔哈赤有子十六，属于先后四个大福金生的有八子，即褚英、代善、莽古尔泰、德格类、皇太极、阿济格、多尔衮、多铎。努尔哈赤早就想择立继位者，以减少忙碌和监督儿子治政，培养其子才干，避免自己死后出现混乱。他曾两次指定儿子执政，但都不合己意而作罢。早在万历四十一年，努尔哈赤为了使诸申将来肯听从己子继位执政，乃令长子褚英主持国务，以便训练治政能力，树立威信。但褚英存心“褊狭”，虐待代善、阿敏、莽古尔泰、皇太极四弟和努尔哈赤重用的五大臣，并诅咒其父，阴谋为乱。努尔哈赤大怒，罢革其位，监于牢中，后来处死[1]。

努尔哈赤又命次子代善继褚英主持政务，并曾告诉诸子，将来由代善继位为汗。代善长期佐父执政，尊称大贝勒，审断案件，

1 《满文老档·太祖》卷二。

领兵出征，重大事务皆由他具体主持处理，报父努尔哈赤最后批行。但代善原系一个粗鲁武夫，习于砍杀，不善治政，且一再和努尔哈赤发生冲突，对父不敬。

一次是代善居然和继母富察氏即努尔哈赤之爱妻勾勾搭搭，行为不端，引父生怨。天命五年三月二十三日，妃泰察向努尔哈赤密告，大福金两次备饭，送与大贝勒代善吃，又每日两三次遣人至大贝勒家共议，大福金有两三夜私自出宫。此即告发大福金与代善有不正当的男女关系。努尔哈赤立即遣派达尔汉辖、额尔德尼等大臣调查。达尔汉辖等查后报告，情况属实。因努尔哈赤说过:“吾身殁后，大阿哥（指代善）须善养诸幼子和大福金”，“以有此言，故大福金倾心于大贝勒”，常遣人至代善家，每逢诸贝勒、大臣在努尔哈赤处集议或宴会时，大福金“以金珠饰身”，眉眼送情，与代善挨挨擦擦，诸贝勒、大臣皆已发觉，但畏惧代善和大福金，不敢告发。努尔哈赤得知大怒，寻一借口，痛斥大福金，本欲诛杀，因念其幼子无人照看，乃免其死，休离，令其离宫别居[1]。这一次，努尔哈赤虽未惩治代善，但已对彼甚为不满。

也就是在这一年，代善又公然与父争夺新建的府宅。后金国都自界藩迁萨尔浒时，努尔哈赤亲自视察，指定各贝勒建邸地址。修建完毕后，代善以己宅比努尔哈赤的汗宫更为“宽敞华美”，请汗父住己宅，与父对换。努尔哈赤同意后，代善却因汗宫狭窄，不便营建，不愿居住，而欲另选新的宽敞地方。岳托以父代善献房更地为理由，请准发八旗公中人丁一千修建。岳托以己宅比祖父汗宫更好，欲献与汗，请祖父观看。努尔哈赤看后决定，以其孙岳托府宅为汗宫，以子代善献的宅第为诸贝勒宴会地点，令代善住自己最早建造的住处。代善却嫌其地狭窄，不去，使二贝勒阿敏上奏。努尔

1 《满文老档·太祖》卷一四。

哈赤不满，带怒决定，以代善献的宅地为汗宫，而以岳托建好的府宅（即三处府宅中最好的府宅）给与代善。代善及其子岳托不仅修的府宅比汗宫更好，而且不听从努尔哈赤命令，偏不住汗父指定之地，与父争起房屋来了。这哪能获得汗父欢心！

但是，如果努尔哈赤不让代善继位，而令他子袭替，也有不便之处。一则代善是大福金所生，又系现存诸子中最大的儿子(褚英虽代善之兄，但已早死)。再则自从叫代善辅政以来，七八年中，皆系代善主持政务，权势赫赫。代善既是四大贝勒之首，尊称大贝勒，统辖本旗，其子岳托亦系一旗之主，也是旗主贝勒，八旗之中，代善、岳托父子占有二旗。代善之子硕托、萨哈廉也是经常领兵征战的贝勒，势力确比其他旗主贝勒更为强大。

在四位贝勒中，二贝勒阿敏系舒尔哈齐之子，为努尔哈赤侄，当然不能继位为汗。三贝勒莽古尔泰虽曾多次领军出征，但其生母富察氏与代善勾搭而被努尔哈赤休离，自然也难以入选。四贝勒皇太极机智聪敏，好用权术，善于用兵，颇有威望，但恃才骄傲，与某些贝勒的关系不甚融洽，也曾因过被努尔哈赤严加训斥。总而言之，难于找到能够独主政务单掌大权的合适人员。

就是在这样的形势下，努尔哈赤才决定不实行国主独尊的制度，而规定八和硕贝勒共治国政。努尔哈赤的这次汗谕，也就是巧妙地宣布，收回旧令，取消了原来说过的以代善承继汗位的谕旨。

从天命七年三月初三日宣布今后要实行八贝勒“共治国政”制起，到天命十一年八月，努尔哈赤掌握着最后决定权，日常政务，军、政、财、经、刑法等方面的事情，皆由八贝勒集议裁处，报汗批行。天命八年二月初三日规定，取消以往八贝勒家各遣人丁捕貂、采珠、打牲的旧制，改为集中全部猎获、采集物品，按“八分”分取，不许某旗多拿[1]。五月初五日，改变过去仅汗处存

1 《满文老档·太祖》卷四四。

有一个记载赏罚群臣的档子的旧例，设立八个档子，八贝勒各存一个。某官革职，各档同书；赏某官以职，同载于八档，将努尔哈赤训谕中令八贝勒执掌用人大权的规定进一步具体化了[1]。七月二十一日规定，若对女真宣布各事，应以“汗谕”名义下达，如果是对汉民宣布，则以“八贝勒之书”颁行[2]。这些规定，都体现了八贝勒共治国政的精神，也加强了八和硕贝勒治理国政的权力和威望。

天命十一年八月十一日，努尔哈赤病死，诸贝勒遵从八贝勒集议立汗的训谕，共同商议，大贝勒代善倡议立皇太极，诸贝勒赞同，皇太极遂被诸贝勒任置为汗。

从政权组织形式看，后金是八和硕贝勒执掌全国大权。从阶级实质看，这个后金国仍然是统治阶级借以奴役和镇压被压迫阶级的工具，仍然是剥削阶级专政的国家。但与进入辽沈前不同的是，这个国家已不再是为奴隶主阶级服务的奴隶占有制国家，而是迅速向大封建主、大农奴主专政的封建国家转化了。

这个国家镇压劳动人民，保护剥削阶级利益，维持统治秩序的阶级实质，在努尔哈赤的两次训谕中暴露得十分清楚。

天命八年正月二十七日，努尔哈赤训谕诸贝勒、大臣说：“天之子汗，汗之子诸贝勒、大臣，诸贝勒、大臣之子伊尔根，额真之子阿哈”。各子皆应尊父，“敬思弗忘”。伊尔根如果违背诸贝勒、大臣的“法禁”，阿哈若不尽力从事额真所委命的事，“而为贼盗奸诈凶暴之行”，则伊尔根将为贝勒、大臣惩治，阿哈将为家主斥责打伤，“遇逢忧患矣！”[3]这就是说，伊尔根、阿哈必须侍养贝勒、大臣和家主，当牛作马，俯首听命，不得违抗，否则，将被贝勒、家主斥责，为国重惩。这就是后金国对阿哈、伊尔根

1 《满文老档·太祖》卷五一。

2 《满文老档·太祖》卷五八。

3 《满文老档·太祖》卷四四。

的根本性的政策，也是这个国家维护统治阶级利益的阶级本质的体现。

努尔哈赤又委令总兵官达尔汉辖、巴都里、苏海、督堂乌尔古岱额驸、副将阿泰、孟哈图等人主管断罪、捕逃诸事，详细规定了各官应尽的职责，多达数十项[1]。名目虽多，实则主要包括两个方面的内容，即统治人民、镇压反抗和剥削劳动者。努尔哈赤把“审断国人之诸罪”放在首位，命总兵官达尔汉辖等十六个大臣专管审断国人之事，并具体规定有关官员负责建造监狱，给被捕的人“系上脚镣手铐”，斩杀被判死罪的人。努尔哈赤很重视捕捉逃人，指定官将专管追捕“逃人”，查寻踪迹，驰报消息，加强巡逻。努尔哈赤十分注意兵器的整修和军马的饲养，以便对外征战掠夺，对内平定“叛逃”。他责令总兵官、副将等大臣，认真监看各种用兵器具，如甲、胄、腰刀、弓、箭、鞍辔、梯、盾、车、船、锄、斧等，皆须整修完好，还要细心饲养战马。

同时，责成一些官将专门主管筑造城池，修建道路，架设桥梁，这既利于驻扎八旗官兵，加强对各地的控制，便于调遣军队，镇压人民起义；又可用来输送征收的赋谷、赋银，供应军粮，保证汗、贝勒生活上的享用。对诸申的严格束缚，也是各官应尽的职责，他们必须仔细查问前往拖克索的女真人丁。

另一方面，各官将一定要尽力催征赋谷，扩大汗、贝勒的收入。副将孟哈图等八人，专门主管“记录收纳、分与库谷”，管理“商贾贸易”，征收国税。他们还要经管繁殖耕牛，饲养牲畜，安置掠来的大批马牛羊猪。

叙述了八贝勒共治国政的情况和简要揭示后金国的剥削阶级实质后，我们可以进一步来探讨这个阶段后金国的性质问题，看看它是封建国家，还是奴隶占有制国家。要解答这个问题，不能

1 《满文老档·太祖》卷四二。

仅仅依据八贝勒共治国政或等级制、世袭法，就断言是什么性质国家。所谓八和硕贝勒共治国政，是讲的国家政权的组织形式，是指的八大贵族联合掌权，并不是说政权的性质。一个国家的政权采取什么样的组织形式，和这个政权是什么性质，是两个不同的问题，二者之间，虽有密切的联系，但终究不是一个问题。八和硕贝勒共治国政，八大贵族掌权，可以是八大奴隶主支配的奴隶制国家，也可以是八大领主专政的封建国家，只就此而言，是没法定论的。至于等级制、世袭法，也难分辨，奴隶社会、封建社会都有，也不能据此而判断。

要弄清国家的性质，必须从国家产生的条件、国家的本质及其所起的作用来考察。国家并不是什么抽象的东西，并不是个人主观意志的产物，而是建立在经济基础之上的上层建筑。国家是统治阶级奴役劳动人民的工具。因此，应当从经济基础和阶级结构来分析，看看当时占据主导地位的是什么样的生产关系，主要的对立的阶级是什么阶级，谁掌握政权，实行什么政策？这样才能正确判断后金国是奴隶占有制国家还是封建国家。

我认为，从天命六年三月八旗兵进入辽沈后，后金国便不再完全是奴隶制国家，而是开始迅速向封建国家转化。天命十年十月大规模地编丁立庄，标志着后金国基本上转化为农奴主专政的封建国家。

首先，在满汉人民长期持续英勇斗争的沉重打击下，旧有的奴隶制生产方式迅速没落，封建制急剧发展，上升为占居社会主导地位的生产关系。经济基础发生了这样重大的变化，上层建筑也就不能保持原状，也得顺从基础的要求，必须相应地调整，向封建国家转化。

其次，从阶级关系看，进入辽沈以后，奴隶主与奴隶已不是社会中的主要阶级，大多数奴隶主转化为封建主，阿哈逐步变为农奴，汗与八和硕贝勒成为最大的农奴主。这样的封建领主掌权的国家，自然不可能再是奴隶占有制国家，而必须向农奴主专政的封建国家过渡。

最后，从金国推行的路线和政策来看。根据前面各章的叙述，我们可以看得很清楚，在满汉人民坚持斗争的推动下，进入辽沈以后的后金国实行的各项重大政策，基本上都是朝着由奴隶制向封建制过渡的方向进行的。努尔哈赤反复强调的对待汉民的“各守旧业”政策，是一项承认辽沈地区原有的封建制的政策，是打击汉族贫困农民、保障汉族封建地主利益的政策。集中大量无主田地，“计丁授田”，使受田的汉民成为隶属于汗、贝勒的封建臣民，大批诸申从奴隶占有制国家统治的穷苦平民转变为领种汗、贝勒土地的封建依附农民，这也是扩大封建制的政策。后金国实行的计丁征赋佥役，是沿袭明朝旧制而来，加上了一点满族以人丁为主要计算单位的传统色彩，是封建的赋役制度。

特别值得注意的是，天命十年十月编丁立庄这一带有关键性质的措施。这次在后金辖区内大规模地佥丁隶庄，建立成千上万的封建农奴制庄园，勒令广大汉民下降为隶属于汗、贝勒的农奴，汗、贝勒成为历史上罕见的大庄园主、大农奴主，使采用封建制剥削方式的农奴制庄园遍布各地，成为人丁最多、田地最广的统治形式，这更是大力扩展封建制的政策，是为汗、贝勒、八旗官将农奴主服务的政策。实行这样的政策，维护封建主、农奴主利益的国家，自然是封建国家。

因此，可以断定，从天命六年三月进入辽沈以后，后金国已不再是一个完整的奴隶制国家，而是已经开始发生变化。天命十年十月的编丁立庄，则标志着后金国基本上转化为农奴主专政的封建国家，基本上过渡到封建社会。

十一　满汉人民坚持斗争，后金国向中央集权的专制主义的封建国家发展

天命十年十月以后，满汉人民坚持反对奴隶制残余、封建农奴制、满族贵族的野蛮统治的斗争，致使统治阶级不得不限制农奴制的剥削范围，奴隶制残余进一步衰落，封建化程度不断加深，后金国逐渐向中央集权的专制主义的封建国家发展。

天命十一年八月十一日努尔哈赤病死，其子皇太极继位为汗。九月，皇太极宣布释放大批庄丁为民。对于这个重大事件，《东华录》作了下述的记载：

> （天命十一年九月）丁丑，先是，天命十年十月，因辽阳、广宁诸处归顺之明绅衿，屡煽惑降民，潜引叛逆，尽察诛之，编其户口，每十三丁为一庄，按满洲各官品级，分给为奴。上虑分给日久，恐受凌虐，命按满洲官品级，每一备御，止给壮丁八名，以供使令，其余分屯别居，编为民户，选汉官清正者辖之，自此汉民无逃叛者。

我认为，《东华录》的叙述是不完全符合历史实际的。

第一，所谓“上虑分给日久，恐受凌虐”，意味着到这时为止，庄丁尚未被庄主“凌虐”，“受凌虐”乃是将来可能发生的事，现在并未出现。这寥寥十字，竟掩盖了大量农奴性质的庄丁遭受残酷剥削的血泪事实。

第二，这段记载，抹煞了汗、贝勒霸占土地、逼民为奴、建立成千上万的农奴制庄园的历史，隐瞒了这次取消大批拖克索释放庄丁为民的真实情况，缩小了这个措施的重大意义。

第三，《东华录》把减少庄丁的原因归诸于后金国汗皇太极

的“德政”，好像是他一旦善心发作，就愿把自己数以万计的拖克索扔掉，让受奴役的一二十万名农奴性质的庄丁白白地释放为民。这种解释是错误的。皇太极之所以释放大批庄丁，编为民户，主要是由于满汉人民的英勇斗争。

天命十年十月大规模地编丁立庄，表明了从生产关系、阶级结构到上层建筑都发生了显著变化，标志着后金国基本上由奴隶制过渡到封建社会，这在满族社会发展的历史上是一个进步，是满汉人民长期坚持斗争的重大胜利。

但是，以封建制代替奴隶制，并没有取消剥削。封建农奴制是农奴主压榨农奴的制度，而且是一种保留了浓厚的奴隶制因素的残酷的剥削制度。有压迫，就有反压迫，农奴性质的阿哈和封建依附农民的女真诸申必然要继续反抗，为争取自由而斗争。同时，对于辽东地区汉族劳动人民来说，从长期封建租佃制改变为野蛮的农奴制，虽然都是属于封建制剥削方式的范围，但无论是人身的奴役，还是地租、力役的榨取，都更加严重，可以说是一种倒退。因此，满汉人民的反抗更为激烈。这在皇太极的两次汗谕中反映得十分清楚。

天命十一年九月初，皇太极下谕说：“凡汉官、汉民，从前有私欲潜逃及令奸细往来者，事属已往，虽举首，概置不论。由是官民大悦，奸细绝迹”[1]。这段话清楚地表明了，下谕以前，汉民反金斗争并未停止，仍然不断逃亡，不断与明朝密使联系，进行抗金活动。

过了几天，皇太极下令释放大批庄丁为民。《清太宗实录》卷一载：“先是，汉人每十三壮丁，编为一庄，按满官品级，分给为奴，于是同处一屯，汉人每被侵扰，多致逃亡”，乃放出大量庄丁。这里的“多致逃亡”四字十分重要。连一贯反对人民抗金斗

1 《清太宗实录》卷一。

争、竭力掩盖真情的钦定官书都不得不写下“多致逃亡”四字，可见汉族人民在坚持斗争，广大庄丁冒着生命危险，冲破重重障碍，大批逃走。依赖庄丁耕田种地的农奴制拖克索，劳动力纷纷逃走了，这种拖克索能不发生危机吗？能维持原状吗？

正是由于满汉人民的坚决斗争，皇太极才下令，“每备御止给壮丁八、牛二，以备使令，其余汉人分屯别居，编为民户”[1]。按一备御只给庄丁八名计算，当时，共有七百多备御，即只留下五六千汉丁，作为农奴性质的阿哈，供各级满官役使，其余一二十万庄丁被编为民户，不是奴仆了，农奴制的范围大为缩小，满汉人民的斗争取得了重大的胜利。

满汉人民继续进行反对后金野蛮压迫的斗争。

虽然皇太极于天命十一年九月曾下严禁逃亡的命令，“已逃被获者，处死”[2]，但收效很小，不仅汉民大批逃亡，满、蒙人民也在逃走。天聪元年正月十四日，杜度贝勒属下巴布、瑚拉塔二牛录的十五名蒙古，自奉集堡逃走，后金国高级官将镶白旗佐管大臣吴拜、正白旗调遣大臣阿达海立即率兵追捕，尽杀逃人[3]。十八日，阿敏贝勒遣人回沈阳报告说：“自义州驰二百里外，取小铁山，我等之汉人逃亡者及明兵，得获甚多”[4]。

天聪元年六月二十三日，后金国汗皇太极下达了一道重要的“汗谕”。皇太极说：

治理政务之诸大臣，查明各旗之耕田、不耕田、有谷、无谷之人。不耕田、无谷之人，若系有兄弟之人，令其依于兄弟。若系无兄弟之孤独者，则令依于牛录下有粮之富人。

1 《清太宗实录》卷一。

2 《清太宗实录》卷一。

3 《满文老档·太宗·天聪》卷一。

4 《满文老档·太宗·天聪》卷一。

若系诸贝勒之随从贤善之人，问明其无谷不耕田之故，告诸贝勒。今闻，盗贼蜂起，乘马杀人行盗（当严加管辖，禁革官将私派）。[1]

《满文老档》编写者接着写道：

时国中大饥，斗谷值银八两，伊尔根亦有食人之肉者。是时，国中之银甚丰，然无处买卖，银之价贱，财贷诸物之价昂矣，一匹骏马值银三百两，一头好牛值银一百两，一匹蟒缎值银一百五十两，一匹毛青布值银九两。盗贼蜂起，盗马牛，杀人为乱。诸大臣向汗奏言：若不惩盗贼，不能禁止矣。汗曰：今年国谷损失，民将饿死，故为盗也。捕获者，鞭而放之，未捕获者，免之。粮谷歉收，我等之罪也，民无罪。言后，令是岁缓法，出库银，分与民。[2]

从皇太极的训谕和《满文老档》编写者的解释，可以看出三个问题：一是满汉人民，饥寒交迫，难以度日。在满族贵族、官将的残酷压榨下，租重赋急，役烦差苦，征战频繁，兵火不熄，疲于奔命，国无宁日，满汉劳动人民没法耕田种地，不易佣工求生，无法解决吃饭问题，以致形成大批劳动者无米谷不耕田的严重局面，甚至出现人相食的悲惨情景。皇太极令查各牛录下不耕田无米谷之人的状况，正反映出满族的许多诸申没有饭吃，没法耕田。当然，也不是所有满人都贫穷，各牛录中都有“有粮之富人”，他们乘人之急，利用汗谕的规定，借机剥削穷苦诸申。

二是满汉人民忍无可忍，奋起反抗。所谓“盗贼蜂起，乘马杀人行盗”，“盗马牛，杀人为乱”，虽是统治阶级的咒骂之词，

1 《满文老档·太宗·天聪》卷六。

2 《满文老档·太宗·天聪》卷六。

但我们也可从此了解到反金斗争形势是很好的，到处都在反抗，到处都在夺取地主的牲畜和后金国官牛官马，到处都在惩治土豪恶霸、打杀八旗官兵，造成了“乱”的形势，几乎达到了“不能禁止”的程度，严重地打击了后金统治阶级。

三是剥削阶级本性难移，仍要继续奴役劳动人民。面临满汉人民的强大斗争，后金国汗皇太极虽然不得不施用“宽狱”、发银，禁止八旗官将勒索黎民等办法，但没有取消农奴主专政的后金国对属民的压榨。这样，满汉人民无路可走，只有继续斗争。

逃亡是一种很有效的斗争方式，使汗、贝勒非常头痛，竭力设法对付。皇太极屡次下谕，禁止逃亡。他多次遣派八旗官兵，追寻逃人。天聪六年二月初一日，差诺谟依八大臣率兵往截境外逃人。第二日，又派巴雅尔图等大臣前往追击逃人。初三日，又谕令后金国各地八旗官兵，严查行者，捕获逃人[1]。

他一再重赏捕逃有功官将，为吴拜追杀十五名逃亡的蒙古，竟谕示群臣，大加褒奖，以诱劝各官抓紧搜查[2]。他谴责、惩处未获逃人的官将。天聪六年九月十九日，以瑚尔湖里追寻逃人未获，革其职，罚银。又以镶黄旗驻铁岭的瑚什姆游击闻知逃人逃走后，不亲自领兵追捕，下令降革其职[3]。

天聪九年七月，根据管理汉民官员辖属汉民的增减，酬定功罪，增丁的升官，减少的罚银降职[4]。第二年四月，皇太极又召集驻守边疆期满各官，察其捕逃情况，分别功罪，捕获多的升官，少的惩治[5]。

皇太极严厉处治逃人。天聪六年六月十八日，镶白旗罕岱牛

1 《满文老档·太宗·天聪》卷四九。
2 《满文老档·太宗·天聪》卷一。
3 《满文老档·太宗·天聪》卷四九。
4 《清太宗实录》卷二四。
5 《清太宗实录》卷二八。

录的两名汉人和吴赫里牛录的一名汉人私行逃走，被图尔格牛录的看守牧群人得获后，立即斩杀，并“于八旗示众”，以图威胁满汉人民不得逃亡[1]。

但是，严刑峻法不能扑灭满汉人民反对后金统治者、反对农奴制的斗争烈火；大军追捕，遍设关卡，也压抑不了人民争取自由的意愿。现先选录三条满族人民逃亡的材料。据《清太宗实录》卷六、卷八的记载，仅天聪五年据守南海皮岛的“逃亡满人”，即已多达数百人。崇德元年，被关押的满人三百三十丁、一千七百五十六口，突破牢笼，逃往吉林[2]。固山额真杜雷旗下公和尔本牛录的新满洲五人，因贫苦无力娶妻，告代善后不给，私行逃走[3]。可见，满族人民的逃亡，已是比较常见的现象，人数不少，一直持续不断。

汉民的逃亡，更为普遍，人数更多。天聪九年七月，查明三等梅勒章京高鸿中等十一名官员，所辖汉民，分别减少百分之十五到百分之五十，有的减少一百多丁，有的少了三百多丁，合计共减丁二千二百一十一名[4]。第二年四月，驻守边疆海州、盖州等八城官员伊勒慎等，分别查获逃人一百多人不等，共捕获一千三百二十九人[5]。一直到顺治元年清军入关以后，满汉人民仍以大量逃亡的方式来反对农奴制的野蛮剥削。

在满汉人民激烈反抗的推动下，后金国汗、贝勒采取了一些措施，对农奴主略加限制，扩大了一些阿哈、诸申首告离主的范围，缩小了各旗主贝勒的权力，逐渐向专制主义的中央集权制发展。

天聪元年九月初一日，后金国汗皇太极下谕：“若违法于祭祀、

1 《满文老档·太宗·天聪》卷五五。
2 《满文老档·太宗·崇德》卷五。
3 《清太宗实录》卷四七。
4 《清太宗实录》卷二四。
5 《清太宗实录》卷二八。

婚娶、安葬时杀卖马、牛、骡、驴，阿哈、诸申首告，许首告之人离主，取（所杀）牲畜给与告发之人”[1]。

天聪五年制定《离主条例》，规定：

> 一、除八分外，有被人讦告私行采猎者，其所取得之物入官，讦告者离主。一、除八分外，出征所获，被人讦告私行隐匿者，以应分之物，分给众人，讦告者准其离主。一、擅杀人命者，原告准其离主，被害人近支兄弟，并准离主，仍罚银千两。一、诸贝勒有奸属下妇女者，原告准其离主，本夫近支兄弟，并准离主，仍罚银六百两。一、诸贝勒有将属下从征效力战士隐匿不报，乃以并未效力之私人冒功滥荐者，许效力之人讦告，准其离主，仍罚银四百两。一、本旗人欲讦告其该管之主，而贝勒以威钳制，不许申诉，有告发者，准其离主，仍罚银三百两。此外，凡以细者讦诉者，不准离主，但视事之轻重审理。[2]

这个条例中所说的讦告者，系包括诸申与阿哈。与过去相比，对贝勒、大臣、家主对阿哈、诸申的奴役又增加了一点限制，诸申、阿哈有了较多的机会通过讦告而离开原主。它再一次以法令的形式宣布贝勒不能杀死诸申，家主不能杀害阿哈，杀死诸申、阿哈是违背国法的犯罪行为，被害的诸申、阿哈的亲属还可以离开原来残暴的主子。它规定贝勒不能奸污诸申妻女，强奸属下妇女，是国法不容的罪过，要被处治，罚交银两，被害者及其亲属也可以离开原主。这与以往相比，已有所不同。当年努尔哈赤之子塔拜强奸诸申妇女，不仅无罪，并且还将上告的受害者从重惩

1 《满文老档·太宗·天聪》卷一一。

2 《清太宗实录》卷八。

治，贬为阿哈。

这个条例也反映了汗与诸贝勒的斗争，汗对封建主、奴隶主的控制加强了，皇权有所增长，旗主贝勒的权力稍微削弱了一些。

崇德元年八月，以硕托（原系贝勒）打死有孕的女阿哈，法司审实议准，罚硕托银一百两，取一女以偿，取其三牛录之满洲及包衣牛录之满洲[1]。这一处罚，按当时的条件看，是相当重的。硕托是努尔哈赤之孙，父系和硕礼亲王代善，兄系和硕成亲王岳托，长期参与议政，领兵出征，势力不小。这样一个有权有势的大贵族，竟因打死一名阿哈，而被罚银、夺取牛录，这还是第一次。固然这与皇帝和旗主之间互相争夺权力有关，清帝皇太极正在加强对各个王、贝勒的控制，力图削弱各个旗主的势力。但也不能否认，阿哈被奴役的情况有了一点限制，不能任意打死，哪怕是硕托这样的大贵族，也不能随意杀害阿哈，杀死阿哈是违法行为。

皇太极努力提高皇权，缩小旗主的权力，取消八和硕贝勒共治国政的制度。天聪四年，他借弃守永平的过失，和诸贝勒议定，幽禁二大贝勒阿敏，尽夺其所属牛录[2]。天聪九年十二月，追定三大贝勒莽古尔泰篡逆大罪，将其正蓝旗并为已有。至此，原来的四大贝勒，除皇太极本人继位为汗外，只剩下大贝勒代善一人了。皇太极握有正黄、镶黄、正蓝三旗，势力空前强大。

天聪三年正月，取消三大贝勒（时阿敏、莽古尔泰仍在）按月分理政务的旧制，改命诸弟侄贝勒代之[3]。天聪五年七月，始设吏、户、礼、兵、刑、工六部，由诸贝勒分管。天聪六年正月，废除汗与三大贝勒“俱南面坐受”国人朝拜旧制，改由皇太极南

1 《满文老档·太宗·崇德》卷二四。
2 《清太宗实录》卷七。
3 《清太宗实录》卷五。

面独坐称尊。天聪十年四月，皇太极即帝位，改国号为大清，年号崇德，自称宽温仁圣皇帝，分封代善、济尔哈朗、多尔衮、多铎、豪格、岳托六人为和硕亲王，封阿济格、杜度等为郡王、贝勒。

天聪九年十月，皇太极下谕，取消 jusěn（诸申）旧称，定族名为“满洲”，命将各旗贝勒所属人员称为某旗贝勒家诸申。自此，原来的广大诸申被称为“满洲”，或通称为旗人、八旗兵丁，而诸申一词才正式成为满洲奴仆了。

随着旗主势力的逐渐削弱，皇权陆续增长，尤其是崇德元年改称大清国后，被尊为宽温仁圣皇帝的皇太极，势力空前强大，经常可以处治诸王、贝勒，大清国便由八和硕贝勒共治国政向中央集权的专制主义的封建国家发展。

明清纪元简表

皇　帝	年　号 （在位年限）	元年干支 （公元纪年）
太祖（朱元璋）	洪武（31）	戊申（1368）
惠帝（朱允炆）	建文（4）*	己卯（1399）
成祖（朱棣）	永乐（22）	癸未（1403）
仁宗（朱高炽）	洪熙（1）	乙巳（1425）
宣宗（朱瞻基）	宣德（10）	丙午（1426）
英宗（朱祁镇）	正统（14）	丙辰（1436）
代宗（朱祁钰）	景泰（8）	庚午（1450）
英宗（朱祁镇）	天顺（8）	丁丑一（1457）
宪宗（朱见深）	成化（23）	乙酉（1465）
孝宗（朱祐樘）	弘治（18）	戊申（1488）
武宗（朱厚照）	正德（16）	丙寅（1506）
世宗（朱厚熜）	嘉靖（45）	壬午（1522）
穆宗（朱载坖）	隆庆（6）	丁卯（1567）
神宗（朱翊钧）	万历（48）	癸酉（1573）
光宗（朱常洛）	泰昌（1）	庚申八（1620）
熹宗（朱由校）	天启（7）	辛酉（1621）
思宗（朱由检）	崇祯（17）	戊辰（1628）
*建文四年，成祖废除建文年号，改为洪武三十五年。		
太祖（爱新觉罗·努尔哈赤）	天命（11）	丙辰（1616）
太宗（爱新觉罗·皇太极）	天聪（10） 崇德（8）	丁卯（1627） 丙子四（1636）
世祖（爱新觉罗·福临）	顺治（18）	甲申（1644）
圣祖（爱新觉罗·玄烨）	康熙（61）	壬寅（1662）
世宗（爱新觉罗·胤禛）	雍正（13）	癸卯（1723）
高宗（爱新觉罗·弘历）	乾隆（60）	丙辰（1736）
仁宗（爱新觉罗·颙琰）	嘉庆（25）	丙辰（1796）
宣宗（爱新觉罗·旻宁）	道光（30）	辛巳（1821）
文宗（爱新觉罗·奕詝）	咸丰（11）	辛亥（1851）
穆宗（爱新觉罗·载淳）	同治（13）	壬戌（1862）
德宗（爱新觉罗·载湉）	光绪（34）	乙亥（1875）
爱新觉罗·溥仪	宣统（3）	己酉（1909）
1616年，努尔哈赤建立后金；1636年，改国号为清；1644年，清入关。		

◆ 制表参考《现代汉语词典》（第5版，商务印书馆，2010年）。

◆ 年中改元时，在干支后用数字注出改元的月份。

编后说明

《明清史学术文库》旨在整合出版上世纪以来，明清史学研究领域中学术影响深远的专题论著（暂未包括专有出版权与其他出版机构有合同约束的论著）。

由于所选书稿在此前分别由不同的出版社出版，因此在编辑制作过程中，我们尤其注重构建本丛书的体例。特作说明如下。

一　内容

为保持与相关领域学术发展同步，本丛书出版前，各册书稿内容均请作者、作者家属或相关学者在原著基础上作了厘正。

二　结构

丛书各册内容按照章、节等体例安排层级关系，图表按章排序。

三　文字

文献名、引文、年号、姓名等文字中，如遇异体字或无对应的现行简化字，则保留原字。

四　注释

1. 相同文献的相同版本信息，只在第一次出现时予以标注（该文献如在书中出现其他版本信息，则逐一标注；如来稿每则注释皆信息完整，且体例统一，则不予改动；如信息查询未果，则维持缺项）。

2. “二十四史”等常见古籍，如无特殊需要，皆不注明版本信息。

3. 古籍卷数用“卷”与汉字表示，如卷一九、卷一三五等。

五　年代换算

明清两朝的干支纪年不逐一换算成公元纪年，对于原著未附纪元表的专著，附以《明清纪元简表》，以便参考。

六　寄语

本丛书各册作者皆为相关领域学术大家，故每册卷首均设作者寄语。寄语或为约请作者提供，或从其专著中援引。

宫廷历史编辑室

二〇一二年七月

图书在版编目（CIP）数据

清朝开国史研究 / 周远廉著. — 北京：故宫出版社，2012.7

（明清史学术文库）

ISBN 978-7-5134-0286-6

Ⅰ. ①清… Ⅱ. ①周… Ⅲ. ①中国历史-研究-清前期 Ⅳ. ①K249.07

中国版本图书馆 CIP 数据核字（2012）第 163870 号

清朝开国史研究

著　　者：周远廉
责任编辑：陈连营　王志伟
封扉设计：李　猛
出版发行：故宫出版社
　　地址：北京市东城区景山前街 4 号　邮编：100009
　　电话：010-85007808　010-85007816　传真：010-65129479
　　网址：www.culturefc.cn　邮箱：ggcb@culturefc.cn
制　　版：保定市万方数据处理有限公司
印　　刷：保定市中画美凯印刷有限公司
开　　本：787 毫米 × 1092 毫米　1/16
印　　张：17.5
字　　数：230 千字
版　　次：2012 年 7 月第 1 版
　　　　　2012 年 7 月第 1 次印刷
印　　数：1～3000 册
书　　号：ISBN 978-7-5134-0286-6
定　　价：36.00 元